KB052414

머니 바이블

| 돈이란 무엇인지, 어떻게 해야 할 것인지에 대한 명쾌한 해답! |

돈에 관한 모든 것
MONEY BIBLE

데이비드 크루거·존 데이비드 만 지음 | 한수영 옮김

시아

과연 돈이란 무엇인가

"고상한 사람들에게 돈과 관련된 질문을 하면, 섹스와 관련된 질문을 받았을 때와 마찬가지로 고상한 척하며 모순과 위선이 가득한 태도로 대답할 것이다." 한 유명한 심리학자가 1913년 남긴 말이다. 바로 프로이트Sigmund Freud다.

프로이트가 이런 말을 남긴 지 100년이 지난 오늘날, 사람들은 섹스에 관해서는 어느 정도 개방적인 태도를 보이고 있다. 하지만 여전히 돈이 화두로 떠오르면 당황하거나 모순된 모습을 보이느라 분주하다. 그렇지 않다고 생각하는가? 그렇다면 저녁 식사에 초대를 받았을 때, 집주인에게 연봉이 얼마나 되냐고 물어라. 그럼 아마 다시는 저녁 식사에 초대받지 못할 것이다. 그리고 만약 현재 빚이 얼마나 되냐고 묻는다면 후식은 구경조차 하지 못할 것이다. 이것이 바로 우리가 돈을 대하는 태도이다. 아직 우리에게 돈은 침묵의 영역이자 금단의 영역이고, 그렇기에 돈에 대해서 제대로 파헤쳐 본 사람도 없다. 프로이트는 이런 말도 남겼다고 한다. "시가는 그냥 시가일 뿐이다. 하지만 500달러짜리 시가는 그냥 시가가 아니다."

확실히 돈과 우리의 관계는 이상하다. 우리가 버는 액수나 우리가 소유하고 있는 액수와 같은 단순한 숫자가 아닌, 그 이상의 의미를 지니고 있는 것이 분명하다. 만약 돈이 수학과 같다면 빚이 있는 사람은 하나도 없을 것이다. 숫자 자체는 단순하다. 하지만 우리가 돈을 가지고 하는 일은 매우 복잡하다. 그것은 우리가 돈에 의미를 부여하기 때문이다. 우리는 돈에 생기를 불어넣고, 자신의 감정을 토대로 특별한 가치를 주입한다. 그렇게 우리는 돈을 원래 그 자체보다 더 큰 존재로 만든다. 또 원래의 목적 외에 다른 목적으로 돈을 사용하며, 그로 인해 문제는 점점 더 복잡해진다.

돈은 돋보기다. 돋보기와 같이 돈을 통해 무언가를 볼 수 있으며, 또한 무언가를 과장한다. 알코올 중독자를 예로 들어보자. 돈으로 인해 알코올 중독이 더욱 심해지지 않는가? 그리고 습관적으로 불안해하는 사람이 돈까지 많으면 편집증에 시달리게 된다. 물론 자비롭고 남을 생각하는 사람의 손에서는 돈이 자애를 낳을 수도 있다. 그러나 이처럼 단순하게 돈이 우리의 현재 모습만 보여주는 것은 아니다. 때로는 우리가 어떤 사람이 되고 싶은지, 어떤 사람이 되기 싫은지, 어떤 사람이 되지 못해서 후회하는지와 같은 내용을 반영한다. 단순히 돈을 벌고, 모으고, 쓰기만 하는 사람은 없다. 우리 모두는 돈과 사랑에 빠지기도 하고, 장난삼아 돈에 손을 대보기도 하고, 돈을 갖고 싶은 열망에 사로잡히기도 하고, 돈을 경멸하기도 한다. 또한 돈을 이용해서 자신에게 상을 주거나 자신을 벌하기도 한다.

우리는 실제로 돈이 갖고 있지 않은 힘을 믿으며 살아가고, 어느 사이엔가 돈의 지배를 받고 있는 자신을 발견한다. 돈은 통제가 불가능할 정도로 미쳐 날뛰는 꼭두각시 인형과 같다. 돈은 우리를 막다른 골목에 밀어 넣고, 헛된 꿈을 불어넣고, 꿈을 산산조각으로 깨뜨린다. 하지만 반드시 기억해야 할 점은 꼭두각시 인형의 줄을 잡고 있는 사람이 바로 우리 자신이라는 사실이다!

사도 바울의 말처럼 돈은 수많은 악의 뿌리지만, 돈 자체가 그런 것은 아니다. 문제는 돈에 대한 애착이다. 부유함이나 재산, 혹은 이를 좇는 행위 자체는 우리 인생에 어떠한 문제도 일으키지 않는다. 단, 그렇게 좇는 와중에 자신을 잃어버릴 때 문제가 발생한다. 그렇다면 우리는 언제 자신을 잃어버릴까? 먼저 우리는 실제로 돈에 있지도 않은 의미를 돈에 불어넣고는 그 의미를 본인도 모르게 비밀로 숨긴다. 그러다 결국 자신의 돈 이야기를 쓴 사람이 자신이라는 사실도 모른 채, 자신의 돈 이야기에 끌려간다. 그러는 와중에 우리 자신은 사라지는 것이다.

지난 30여 년간, 나는 20년은 정신분석가로서 10년은 비즈니스 코치로서 돈의 숨겨진 면을 파헤치고, 사람들이 성공적으로 자신의 돈 이야기를 다시 쓸 수 있도록 돕는 일에 대부분의 시간을 쏟아왔다. 그러면서 발견한 사실은 대기업의 CEO건, 백만장자건, 혹은 중산층이건 간에 모두 한 가지 공통점을 갖고 있다는 것이다. 이들의 돈 문제는 사실은 돈의 문제가 아니었다. 그들이 들려주는 돈 이야기 속에서 진짜 문제를 찾을 수 있었다.

이 책은 당신의 돈 이야기를 이해하는 데 큰 도움이 될 것이다. 자신의 주변 환경을 형성하기 위해서 돈을 어떻게 사용해야 하는지, 그리고 그런 환경이 당신에게 어떤 영향을 주는지에 대한 내용이 자세히 설명되어 있다.

또 우리가 알게 될 사실 중에는 머리와 마음이 항상 나란히 움직이지는 않는다는 사실도 있다. 한쪽에서는 "은퇴를 준비하려면 계획적으로 행동해야 해!"라는 목소리를 내는 반면, 다른 한쪽에서는 "어이, 고급 브랜디 한 잔 더 하고, 신형 텔레비전도 하나 장만하자고!"라고 소리친다. 이렇게 양측이 팽팽하게 맞설 때, 우리가 돈에 관한 비밀의 언어를 제대로 이해하지 못한다면 결국 길거리에 나앉을 것이다. 이제 이 책을 통해 정신분석학, 신경학, 행동경제학의 측면에서 당신의 머리와 마음을 깊이 들여다볼 예정이다. 그리고 지난 수십여 년간 내가 쌓아온 경험과 사례를 발판삼아 체계적으로 주파수를 다시 맞추고, 마음을 다시 프로그래밍 하고, 습관을 바꿀 수 있도록 도울 것이다.

이 책 《머니 바이블The secret language of MONEY》은 당신의 수입, 지출, 자산, 투자에 관한 내용을 담고 있지는 않다. 하지만 수입, 지출, 자산, 투자를 바라보는 당신의 눈과 관리하는 방법에 변화를 가져다줄 것이다. 실제로 이 책에서 다루는 내용은 사람과 돈의 관계이며, 재정적인 성공을 비롯해 사람의 삶 전반에 돈이 어떻게 영향을 미치는지에 관한 것이다. 인간의 내면에서 일어나는 돈의 대화를 살펴볼 수 있는 기회도 될 것이다. 당신은 스스로를 얼마나 가치 있는 존재라고 생각하는가? 당신은 어느 정도의 돈을 받을 자격이 있다고 생각하는가? 당신의 돈이 당신에 대해서 어떤 이야기를 하고 있다고 생각하는가? 어느 정도 돈이 있어야 충분하겠는가? 이 책이 당신 삶에서 돈이 갖는 의미를, 더 나아가 당신의 인생에 관해 내면에서 일어나는 은밀한 대화를 살펴볼 수 있는 기회가 되길 바란다.

분명히 돈은 이야기를 한다. 근데 과연 무슨 이야기를 하고 있는 것일까? 우리가 돈을 통해서 하고 있는 이야기는 무엇일까? 대체 돈이란 무엇일까? 이 책에 그 해답이 담겨 있다.

Part ② 돈과 당신의 이야기

Part ❸ 새로운 돈 이야기를 써라

Part **1**

돈이란
무엇일까?

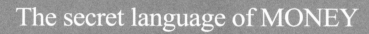

The secret language of MONEY

"돈을 만지거나, 돈에 대해 생각하거나, 돈을 벌거나, 돈을 쓸 때 행복한가? 아니면 스트레스를 받는가? 만약 행복하지 않다면 지금 당장 이 엄청난 책의 첫 장을 넘겨라."

_세스 고딘(《보랏빛 소가 온다》, 《린치 핀》의 저자)

Chapter 01

돈이 하는
이야기를 들어라

이웃에 뭔가 이상한 일이 생긴다면
누구를 불러야 할까? 고스트버스터즈!
뭔가 괴상한 것이 있는데 좋은 녀석 같지 않다면
누구를 불러야 할까? 고스트버스터즈!

— 레이 파커 주니어, 영화 〈고스트버스터즈〉 주제가

뭔가 이상한 일이 일어나고 있었다. 알렉스 포포프Alex Popov가 샌프란시스코 자이언츠Giants의 팩벨 파크Pac Bell Park 구장에 가기 위해 집을 나서면서 소프트볼 글러브를 챙길 때만 해도 좋은 일이 있을 것만 같았다. 하지만 결과는 그 반대였다.

2001년 10월 7일 일요일, 시즌 마지막 경기에서 자이언츠는 2 : 1 승리를 거두었다. 이날의 사건은 그뿐만이 아니었다. 1회 배리 본즈Barry Bonds가 다저스 투수 데니스 스프링Dennis Spring이 던진 변화구를 받아쳐 깔끔하게 담장을 넘긴 것이다. 이렇게 본즈는 시즌 73호 홈런으로 단일시즌 최다홈런 기록을 경신했다. 본즈가 날린 홈런볼이 관중을 향해 날아가자, 관객들은 입에 담기 어려울 정도의 거친 몸싸움을 마다하지 않았다.

본즈가 오른쪽 펜스를 넘어가는 홈런을 날리는 경우가 많다는 사실을 알고 있는 관중들은 스탠딩 석을 가득 메우고 있었다. 그리고 야구의 역사를 새로 쓰는 공이 자신의 손에 들어오길 기도했다. 그러나 그 중 단 두 명, 버클리에서 식당을 운영하는 포포프와 소프트웨어 엔지니어로 일하는 패트릭 하야시Patrick Hayashi만이 그 소원을 이룰 수 있었다. 공이 포포프의 글러브에 닿는 순간 사람들이 달려들면서 포포프는 바닥에 넘어졌다. 그리고 순식간에 눈에 불을 켠 팬들 아래에 묻혀버렸다. 이런 소란 가운데 하야시가 공을 손에 넣었다. (의견이 분분하기는 했지만) 당시 목격자들의 말에 의하면 하야시는 공을 쟁취하기 위해서 10대 소년을 물고, 포포프의 가랑이를 잡기도 했다고 한다. 후에 당시 소란 장면을 처음부터 끝까지 담은 비디오테이프를 판독했지만, 결국 명쾌한 답을 얻지는 못했다.

포포프와 하야시의 뜨거운 법정공방은 오랫동안 지속되었다. 이 둘은 양육권을 다투는 부부 못지않은 처절한 모습을 보였다. 20개월간 지속된 법정공방은 2003년 6월, 공을 경매 처분하여 양측이 수입을 반으로 나눠 가지라는 판결을 끝으로 막을 내렸다. 결국 그 공은 만화 시리즈 〈스폰Spawn〉을 만든 토드 맥팔레인Todd MacFarlane에게 45만 달러에 낙찰되었다. 그렇게 포포프와 하야시는 변호사 비용을 지불하기에도 턱없이 모자라는 22만 5천 달러를 각각 받게 되었다. 사실 포포프는 그 금액의 2배를 받는다 하더라도 변호사 비용조차 될까 말까 한 상황이었다. 더욱이 이들에게 경매 수익금 전액인 45만 달러에 대한 세금이 부과되었다.

거의 2년이나 되는 시간 동안 법정공방을 벌인 포포프와 하야시에게 남은 것은 빚뿐이었고, 맥팔레인은 45만 달러라는 저렴한(?) 가격에 거의 새 것이나 다름없는 야구공을 얻었다.

그러나 이 이야기는 여기에서 끝나지 않는다. 이보다도 더욱 이상한 일이 있다.

본즈가 깬 단일시즌 홈런기록은 마크 맥과이어Mark McGwire의 기록이었다. 맥과이어는 1998년 한 시즌 동안 70개의 홈런을 날렸다. 당시 70호 홈런볼 역시 맥팔레인에게 320만 달러에 팔렸다. 그는 기자들에게 320만 달러는 자신이 평생 모은 재산이라고 밝혔으나, 맥팔레인은 30만 달러에 맥과이어의 1998년 시즌 1호, 67호, 68호, 69호 홈런볼을 이미 사들인 상태였다.

사실, 공 하나의 제작비는 5달러에 불과하지 않은가?

과연 무슨 일이 일어난 것일까? 정말로 이상한 무언가, 일반적인 논리로는 설명할 수 없는 무언가가 있다. 포포프와 하야시, 맥팔레인의 이야기는 다소 극단적일 수도 있다. 하지만 우리가 알고 지내는 사람들의 사정도 이들과 별반 다르지 않다.

서른여덟의 나이에 홀로 아이들을 키우고 있는 바바라Barbara는 힘든 시기를 겪고 있는 중이다. 최근 남편과 이혼한 뒤, 10대 자녀들을 맡아 키우게 된 그녀는 서서히 중년으로 접어들고 있는 상황에서 적자를 면하기 위해서 발버둥치고 있다. 그녀의 고정수익과 얼마 되지 않는 자녀양육 지원금으로는 기본적인 생활을 하기에도 턱없이 부족하다. 그래서 지금 돈에 쪼들리고 있고, 앞으로도 그다지 상황이 좋아질 것 같지는 않다.

그러나 이런 힘든 상황을 헤쳐 나가는 바바라만의 방법은 아주 뜻밖이었고, 단순했다. 바로 쇼핑이었다. 위태위태한 주머니 사정에도 바바라는 자주 쇼핑을 가서 흥청망청 돈을 쓰곤 했다. 그녀는 하루에 250 달러짜리 실크 블라우스, 175달러짜리 은반지, 거기에 825달러짜리 은 귀고리까지 전부 사온 적도 있었다. 하루하루가 지나고, 지름신이 강림할 때마다 바바라는 자신과 가족들을 돌이키기 어려운 재정 파탄이라는 벼랑 끝으로 몰아가고 있었다. 그리고 벼랑 끝에 가까워질수록 그녀는 더 흥청망청 돈을 쓰는 것이다.

반면 로버트의 주머니 사정은 바바라와는 정반대였다. 바바라는 애초에 돈이 많지 않은 상태에서 시작했지만, 로버트의 주머니에서는 돈이 두둑했다.

로버트는 자신이 둘째가라면 서러워할 부자라는 사실을 알게 된 지 12년 정도밖에 되지 않았다. 그의 아버지는 세상을 떠나며 로버트에게 2,000만 달러를 물려주었다. 이는 그가 평생 동안 풍족하게 쓰고도 남을 액수였지만, 내가 그를 만날 당시 그는 빈털터리나 다름없었다.

비록 육체와 영혼은 아들 곁을 떠났지만, 로버트의 아버지는 평생동안 쓸 수 있는 돈과 값비싼 선물을 아낌없이 남겨주었다. 로버트는 아버지가 함께 있어주지 못하는 죄책감을 덜기 위해 유산을 남겨줬다고 생각했고, 물론 적은 액수는 아니지만 아버지의 빈자리를 달래기에는 턱없이 부족하다며 성을 냈다. 그렇게 아버지에 대한 분노를 달래지 못하고 "도박이나 엉뚱한 곳에 투자나 하면서 아버지 돈을 다 써버릴 테다."라고 말하곤 했다. 그가 이제까지 말도 안 되는 데에 투자한 돈과 포커로 잃은 돈의 액수는 점점 불어났고, 횟수도 점점 잦아졌다. 한 게임에서 수천 달러를 잃은 적도 있다.

아버지의 재산이 자신의 수중에 완전히 들어온 이후, 그는 계속해서 돈을 흥청망청 쓰며 파산으로 향하는 길을 성큼성큼 걸어왔다.

─〉 돈, 돈, 널린 게 돈

제2차 세계대전이 종식되고 50년간 미국에서는 아주 놀라운 일이 일어났다. 바로 미국인들이 점점 더 부유해진 것이다. 그것도 아주 많이! 20세기 후반 미국에서 창출된 부는 지구 어디에서도 찾아볼 수 없을 정도로 엄청난 액수를 자랑했다. 21세기가 시작될 무렵, 미국의 빈곤층은 1950년대 중산층보다 더 높은 삶의 질을 영위했다. 가난한 사람도 예전보다 더 큰 집에 살면서 좋은 차를 타고 다녔고, 음식이나 물과 같은 생필품을 저렴하고 쉽게 구할 수 있었다. 어떤 부의 잣대를 사용하더라도, 결론은 하나였다. 삶이 점점 더 윤택해지고 있었다.

하지만 윤택한 생활 이면에는 어두운 그림자가 드리워 있었다.

물론 평범한 사람들은 좋은 면만 보며 살았지만, 그 이면에는 전혀 다른 이야기가 숨어 있었다. 겉으로 보기에는 물질이 풍부해지고 있는 상황이었지만 저축률은 사상 최저를 기록했고, 부채율은 사상 최고치를 경신했다. 2001년 미국인들의 소비자부채는 1조 7,000억 달러에 달했으며, 이는 시중에 풀린 미국 달러의 거의 세 배에 달하는 액수였다. 더불어 개인 파산율도 하늘 높은 줄 모르고 치솟았다.

2008년의 상황은 최악에 다다랐다. 기업 스캔들, 부실 채권, 부동산 시장의 붕괴, 범세계적인 인구 이동으로 인해 역사상 최초로 진정한 의미의 국제금융 위기가 닥쳤다. 그리고 상승세를 타던 미국의 상황은 완전히 끝났다.

얼마나 이상한 일인가? 말로 표현하기 어려운 어마어마한 경제적 발전을 거뒀지만, 그동안 모은 것은 재와 같이 사라져버렸다. 또 이와 동시에 우리의 행복도 재정 상태와 함께 타버리듯 정신 건강은 피폐해졌다. 1957년에 경제상황이 정점에 다다른 이후부터 자신이 '아주 행복하다'고 평가하는 미국인의 수는 지속적인 감소세를 보여 왔다. 오늘날 우울증 환자는 50년 전과 비교했을 때 10배를 웃돈다. 육체적인 건강, 다른 사람과의 친밀감, 공동체에서 보내는 시간 등 윤택한 삶의 지표를 보면 어느 하나 빠짐없이 모두 하락세를 타고 있다.

쉽게 이해할 수 없는 상황이다. 더 많은 돈을 가질수록, 더 많은 재정적인 문제에 처하게 되다니 말이다. 삶의 기준은 높아지고 있지만 실제로 우리의 삶은 오히려 나빠졌다. 아무래도 돈을 많이 벌수록 더 많은 문제가 발생하고, 우리의 행동은 논리로부터 거리가 멀어지는 모양이다. 그래서 가진 것보다 더 많이 써버리고, 결국에는 싸우고 소송에 휘말리고 심지어는 이혼도 마다하지 않는다. 또한 신용사기나 횡령의 피해자가 되기도 하고, 혹은 도박에 빠져 쪽박을 차는 경우도 있다. 그렇게 우리는 돈 때문에 불행의 늪으로 점점 빠지면서 건강과 가족, 심지어는 생존에 대한 위협을 받는다.

우리는 왜 그러는 걸까? 분명 돈이 부족해서 그런 것은 아니다. 오히려 그 반대이다. 더 많이 가질수록 더 나쁜 일이 생기고 있지 않은가? 그렇다면 이런 상황을 해결할 수 있는 방법은 전혀 없는 것인가? 행복과 부를 동시에 추구할 수는 없는 것일까?

다행히도 방법은 있다. 돈이라는 지뢰밭에도 길은 있고, 그 길을 따라가면 행복과 만족감을 누리며 살아갈 수 있다. 성공을 포기하지 않고도 부를 쌓고, 재정적인 가치를 높이고, 부채를 줄이고, 돈 때문에 긴장하지 않고 살 수 있다는 말이다. 그러면서도 우리에게 중요한 건강, 행복, 가족, 친구, 사회, 직업 등을 포기할 필요도 없다. 다시 말해 우리의 삶, 어느 한 부분도 희생시키지 않아도 된다는 뜻이다.

그 길을 찾는 작업은 아주 단순한 질문에서 시작된다. 돈이란 무엇인가?

─〉 빙산의 나머지 부분

겉으로 보기에 돈은 지극히 단순하고, 쉽게 셀 수 있는 실체로 보인다. 정교하게 제작된 종잇조각이나 반짝반짝 빛나는 동전, 혹은 컴퓨터 모니터에 나타난 숫자, 수표에 적힌 숫자 정도로 말이다. 기본적으로 돈은 사물임에 틀림없다. 우리는 정보화시대에 살면서 사물로서의 돈에 대해 잘 알고 있다. 그래서 투자를 하며 이자를 계산해보기도 하고, 소비를 하며, 상점에서는 거스름돈을 제대로 받았는지 확인도 한다. 또한 소프트웨어 개발자, 투자 회사, 금융상담가, 라디오 방송, 텔레비전 프로그램, 재정 전문가의 도움을 받기도 한다. 우리가 사물로서의 돈을 완벽하게 이해할 수 있도록 돕는 조직이나 회사도 쉽게 찾아볼 수 있다.

그러나 이런 지식이 있더라도 우리는 여전히 돈 문제로 씨름하고 있지 않은가? 우리는 저축해야 할 때 소비를 하고, 팔아야 할 때 사들인다. 그리고 시간, 때로는 건강과 인간관계까지 돈과 맞바꿔 버린다. 그러면서 돈만 생기면 이런 것들은 쉽게 다시 찾을 수 있다는 믿음으로 살아간다. 아무래도, 뭔가 잘못된 것이 분명하다.

돈이 아무리 많아도, 우리는 돈으로 이상한 일을 할 때가 있다. 다음과 같은 상황을 머리에 그려보라.

지금 당신은 똑똑해 보이는 사람 60~70명과 함께 경매장에 있다. 경매진행자가 100달러 지폐를 보여주며, 진행 규정에 대해 설명한다. "입찰 단위는 5달러입니다. 최고 입찰자가 지폐를 갖게 되고, 두 번째로 높은 금액을 제시한 입찰자는 입찰 금액을 지불하되 아무것도 받지 못합니다. 참고로 말씀드리지만 이 지폐는 진짜 돈입니다."

몇 초 만에 입찰 금액은 100달러를 훌쩍 넘어섰고, 곧 300달러에 육박했다. 그중 두 명의 참가자 사이에 치열한 접전이 붙었다. 결국 한 사람은 465달러에 100달러 지폐를 갖게 되었고, 다른 한 사람은 460달러를 내고 아무것도 받지 못했다.

매우 충격적인 이야기가 아닌가! 어떻게 소위 지식인이라 하는 사람들이 실제 가치보다 네 배 이상에 달하는 금액을 지불할 수 있단 말인가?

세상 물정을 모르거나 돈에 대해서 문외한 풋내기들이 경매에 참여해서 그런 거라고 생각한다면 큰 오산이다.

위의 이야기는 실화이다. 하버드 존 F. 케네디 행정대학원Harvard's John F. Kennedy School of Government에서 맥스 베이저먼Max Bazerman 교수가 투자 전문가와 경제 전문가를 대상으로 경매를 열었다. 재정과 금융에 능통한 사람들이었지만, 100달러 지폐를 얻기 위해서 300~400달러를 지불했다.

더욱 놀라운 것은 이런 일이 처음이 아니었다는 사실이다. 위 실험을 600회 이상 실시한 베이저먼 교수는 다음과 같이 이야기했다. "100

달러 이하의 금액에서 낙찰이 된 경우는 600회 중에서 단 한 번도 없었습니다."

돈 자체가 그렇게 단순한 거라면, 뭐가 그리 복잡하겠는가? 우리 눈에 보이는 돈은 그저 하나의 사물에 불과하지만, 돈은 그 이상의 의미를 지니고 있다. 우리가 쉽게 접하는 현금과 부채는 빙산의 일각일 뿐이다. 나머지는 겉으로 보이는 실체나 사건 뒤에 숨겨져 있다. 우리 눈에 보이지 않는다고 없는 것은 아니지 않은가? 물 아래 숨어 있는 빙산을 간과하다가는 타이타닉 호처럼 깊은 물속으로 침몰해 버릴지도 모른다. 바바라와 로버트도 그러지 않았는가?

돈에 관한 이야기의 숨겨진 광대한 영역은 사물로서의 돈과는 아무런 관련이 없다. 대신 우리가 돈에 대해서 하는 이야기 대부분은 터무니없는 그런 이야기와 관련이 있다.

한 성공한 사업가는 돈에 대해서 내게 이런 이야기를 들려줬다.

"돈은 기분을 달래는 하나의 방법이에요. 저는 이따금씩 서재에서 이런 생각을 합니다. '이제 내가 얼마나 많은 힘을 가지게 되었는지?' 말이죠. 저는 원하는 건 뭐든지 할 수 있어요. 또 제 인생이나 다름없는 제 사업에 대해서도 생각해보고, 자신에게 이렇게 말하며 마음을 가다듬어요. '난 이제 벗어날 수 있다. 떠날 수 있다.'고요. 현재 제가 즐길 수 있는 유일한 것은 여길 떠나서 휴가를 가는 거예요. 돈을 좇는 일도 이제는 끝났어요. 이제 돈이 이만큼이나 있으니 돈 때문에 막막할 일도 없고, 다른 사람에게 굽실거릴 필요도 없어요. 저는 일단 어딘가에 돈을 투자하고 나면 그때부터는 아무것도 안 해요. 그냥 잊고 살죠. 돈은 권력이에요. 저는 권력을 갖고 싶지만, 돈을 피해요. 그러지 않으면 돈이 저를 조종할 테니까요. 저는 제가 가진 돈이 얼마나 되는지도 몰라요.”

이 사람은 스스로 셀 수도 없는 돈으로부터 자신을 분리해냈다. 그는 예전에 매일 하던 일에 의미를 부여하고, 감정을 부여하기 위해서 돈을 사용하고 있었다.

우리는 흔히 '돈이 이야기한다'라고 말한다. 그런데 무슨 이야기를 하는 것일까? 놀랍게도 돈은 '당신이 돈에게 이야기하라고 말하는 것을 이야기한다'는 것이다. 돈은 어떤 의미든 지닐 수 있는 신비한 존재이다. 우리는 돈을 정말로 갖고 싶어 목말라하지만 두려워서 갖지 못하는 대상으로 대신한다. 우리가 원하면서도 동시에 경멸하는 그런 존재가 되기도 한다. 우리는 자신이 얼마나 관심을 갖고 있는지, 혹은 관심이 없는지를 보여주기 위해서 돈을 사용한다. 때로는 성공과 행복을 위해서, 혹은 그러기 위해 발버둥치는 과정에서 돈을 사용한다. 어떤 이들에게는 자신감을 높이기 위한 수단이 되고, '의사소통'의 방편이 되기도 한다.

문제는 바로 우리가 돈에 부여하는 대부분의 의미가 눈에 보이지 않는다는 사실이다. 어쩌면 새 차를 원하거나 필요로 할 때 100% 합당한 이유가 있다고 겉으로 말하더라도, 속에서는 보이지도 들리지도 않는 대화가 일어난다. '새 차를 사게 되면 ~할 거야'와 같이 마음 깊은 곳 어딘가에서 새 차가 우리에게 지니는 의미를 속삭인다.

돈은 이야기한다. 우리 귀에 속삭이고, 때로는 우리의 잠재의식에게 이야기한다. 때로는 비밀이 없는 친구로서, 때로는 타락을 부추기는 친구, 원수, 보호자, 마약과 같이 우리에게 다가온다. 희망, 야망, 사랑, 절망과 같은 추상적인 개념을 담는, 눈에 보이는 그릇이 되기도 한다. 동시에 관심, 성공, 권력, 행복에 대해서 끊임없이 우리에게 귓속말을 한다. 관심의 징표, 성공의 상징, 권력의 척도, 행복의 보증수표, 나약한 자신을 위한 충전기는 돈의 또 다른 이름이기도 하다.

돈이 전하는 비밀의 언어가 여기에서 끝나지 않으므로 주의해야 한다. 은밀히 숨겨진 부분이 많기 때문에 쉽게 헤아릴 수 없을 경우가 다반사다. 더욱이 우리 자신은 돈이 사용하는 비밀의 언어를 말할 수 없기 때문에 돈과 관련해서 엉뚱한 짓을 할 수밖에 없다. 돈에 정신, 심리, 감정을 빼앗겨 돈의 손에 놀아나면 인생도 흔들리게 마련이다. 우리 중에 한 번도 돈과 관련된 실수를 저지른 적이 없는 사람이 있는가? 빚에 허덕이며 절망과 좌절을 경험해보지 않은 사람, 혹은 아는 사람 중에 그런 경험을 하지 않은 사람이 있는가? 우리는 지출을 지나치게 많이 하고, 턱없이 모자란 액수를 저축하면서 자신을 속이며 살아간다. 또한 정말로 원하지 않는 것을 탐하고, 정작 진정으로 필요한 것은 원하지 않는 경우도 있다.

우리는 왜 이런 끔찍한 우를 범하는 것일까? 이는 재정적인 목표가 아닌 다른 목표를 위해서 돈을 사용하기 때문이다. 우리는 지폐나 동전이 할 수 없는 무언가를 위해 돈을 사용한다. 가령 기분을 달래기 위해서, 자존심을 세우기 위해서, 다른 사람을 마음대로 움직이기 위해서, 존경을 받기 위해서. 그러는 가운데 돈은 원래의 존재가 아닌 그 이상의 존재로 탈바꿈한다. 우리가 돈에 의미를 부여하기 때문이다. 더불어 우리는 돈에 생기를 불어넣고, 감정적인 가치를 주입한다. 그렇게 우리는 돈을 원래 모습보다 더 큰 존재로 만든다.

그 결과 이상한 일이 벌어진다.

우리가 돈을 더 큰 존재로 만드는 순간, 즉 손으로 잡을 수 있는 동전, 지폐, 수표 이상의 존재로 만드는 순간부터, 우리는 더 이상 돈에 대해 이해하려 하지 않는다. 1달러는 100센트라는 기본 등식에도 변수가 생기고, 결국 돈에 대한 정확한 정의 자체가 불가능해진다. 아이러니하게도, 우리가 돈에 의미를 부여하는 순간부터 돈이 의미하는 바가 무엇인지 알 수 없다.

2008년 시작된 금융위기의 기저에도 이런 원리가 숨어 있다. 당시 부실했던 주택 융자 업계가 무너지면서 그 여파가 전 세계로 확산되었다. 대체 우리가 돈으로 뭘 하고 있던 것일까? 수백만 명이 자신의 재정 수준에 맞지 않는 집을 사기 위해서 갚지도 못할 액수를 융자받았다. 당시 자신들의 상품이 최고라며 사람들을 부추긴 금융 업계 탓도 있다.

전 연방은행 의장을 지낸 앨런 그린스펀Alan Greenspan은 자신의 생각이 현재의 금융 위기를 가져왔다는 사실에 적잖이 충격을 받았다고 고백했습니다. "아직도 어떻게 이런 일이 일어날 수 있는지 도무지 이해가 되지 않아요."라고 하더군요. 그래서 한번 제가 설명해보겠다고 했죠.

"은행들이 자격조차 되지 않는 사람들에게 주택 융자를 내줬고, '신용부도스와프credit default swaps'와 함께 팔아 넘겼습니다. '신용부도스와프'란 원래 실물의 가치가 하락할 경우를 대비하여 판매자가 구매자에게 기본적으로 제공하는 보험이죠. 그러나 일반 보험과는 달리 신용부도스와프에 대해서는 제대로 규제가 이뤄지지 않았고, 그래서 기업 책임 규정에도 미치지 못할 정도로 허술했습니다. 그 결과 모든 것이 무너지면서 그 여파가 삽시간에 퍼져나갔죠. 돈이 주머니에 들어올 때 사람들은 '어떻게'라는 질문에 대해서는 전혀 생각해보지 않고 무조건 '좋아!'라고 외치니 말이죠. 아무튼, 저는 잘 모르겠습니다. 전문가는 제가 아니라 선생님이시지 않습니까?"

– 세스 마이어스Seth Myers, 2008년 10월 25일
〈생방송 토요일 밤Saturday Night Live〉 방송 중

금융위기가 우리에게 남긴 가장 중요한 교훈은 돈 문제에 관한 한 우리의 생각과 실제 행동이 다를 수 있다는 사실이다. 더욱이 돈의 언어 중에는 거의 극비 수준인 부분도 있기 때문에, 아무리 전문가라 하더라도 그 의미를 제대로 파악할 수 없음을 몸소 깨닫는 계기가 되었다.

Money Quiz 〉

다음 퀴즈를 통해 정확한 결과를 얻으려면 빈칸에 정확한 숫자를 적어야 한다. 또한 하단 설명을 먼저 읽어봐서는 안 된다.

1. 현재 나의 연 수입은 _____다.
2. 돈 때문에 걱정하거나 문제에 부딪히는 일 없이 재정적인 만족감과 함께 행복을 얻으려면, 나의 연 수입은 _____가 되어야 한다.

이제까지 수백 명의 사람들에게 물어봤지만, 열 명 중 아홉 이상은 2번 질문의 답이 1번 질문의 답보다 두 배 정도 많았다.
즉, 현재 연 수입이 5만 달러인 사람이 자신의 주머니 사정에 만족하려면 10만 달러는 있어야 한다는 말이다. 연 수입이 50만 달러인 사람의 경우, 현재의 수입이 앞의 사람이 원하는 10만 달러의 다섯 배에 달하지만, 그래도 여전히 자

신의 현재 수입의 두 배에 달하는 100만 달러가 있어야 만족할 것 같다고 답했다.

더욱 놀라운 사실이 있다. 이 질문에 답변을 하고 나서 실제로 수입이 두 배가 된 사람들이 있었다. 하지만 그들은 여전히 늘어난 수입의 두 배를 벌어야 자신이 행복해질 수 있다고 믿고 있었다. 다시 말해, 원래 5만 달러를 벌던 사람이 지금은 10만 달러를 벌고 있지만, 행복해지려면 20만 달러가 필요하다고 답했다.

이 결과가 시사하는 바는 무엇일까? 돈의 액수 자체는 크게 중요하지 않다는 사실이다. 액수가 변하더라도 이야기는 바뀌지 않고 그대로이지 않은가? "내가 행복해지려면 수입이 지금의 두 배가 되어야 해."라고 말한 사람의 재산이 두 배가 되건, 세 배가 되건 달라지는 것은 없다. 어떤 한 사람의 이야기가 아니라 우리 이웃들의 이야기이다. 이처럼 논리와는 담을 쌓은 듯 말도 안 되는 떼를 쓰는 사람들이 주위에 널려 있다.

─〉 최고의 스트레스, 돈

"부자가 되는 방법에 대한 자구책을 다룬 책은 많이 있지만, 심리학과 재정 계획, 심리와 돈을 함께 다룬 책은 거의 없다."는 내용이 〈뉴욕 타임스The New York Times〉의 '금전 장애money disorder' 관련 기사에 실린 적이 있다. 돈은 여전히 문화적으로 금기시되고 있으며, 그렇기에 미국에서 돈을 공개적으로 거론하는 사례는 극히 드물다고 전문가들은 말한다. 월 스트리트에서 시작된 금융 폭풍을 계기로 수많은 사람들이 자신의 투자자산, 은행 계좌를 비롯하여 돈과 자신의 관계를 다시 생각해보게 될 거라고 심리학자들은 예측했다. 금융위기에 대한 소식이 전해지기 전인 지난 2008년 6월, 이미 미국심리학회American Psychological Association에서는 응답자의 75%가 최고의 스트레스 요인으로 돈을 꼽았다는 연구 결과를 발표한 바 있다.

　돈은 이야기를 한다. 때로는 큰 소리로 외치고, 때로는 작게 소곤댄다. 우리를 구슬리기도 하고, 무언가를 약속하기도 하고, 영감을 불어넣기도 하고, 동기를 부여하기도 하고, 협박을 하거나 설득을 하기도 한다. 하지만 돈이 들려주는 비밀의 언어를 이해하는 기술을 연마하지 않는 우리가 이해할 수 있는 내용은 일부에 불과하다. 그렇기에 우리는 돈을 가지고 이상한 행동을 하고, 스스로 충격을 받아 절망에 빠지는 것이다. 지식인들도 수입보다 많은 액수를 지출하고, 고상한 사람들도 사기를 당한다. 논리적인 사고에서 둘째가라면 서러워할 사람도 돈을 위해서 자신의 여가시간을 포기하고, 그러면서 지금 잃은 시간을 나중에 돈으로 살 수 있다고 믿어 의심치 않는다. 우리는 사랑, 행복, 권력, 특권, 허가, 자존심을 사기 위해서 돈을 사용한다. 하지만 결과적으로는 목적지와는 정반대로 향하고 있는 자신을 발견하게 된다.

　마치 다른 어떤 힘이 우리를 조종하는 것처럼 보일 때도 있다. 갑자기 당황해서 주식을 팔아버린 적이 있지 않은가? 돈도 없으니 비싼 시계를 사면 안 된다는 사실을 알면서도 어느새 손목에 비싼 시계를 차고 있지 않은가? "새 텔레비전을 장만할 금전적인 여유가 없어."라고 말해놓고서는, 저녁때는 새 텔레비전 앞에 앉아 있지는 않은가? 마치 다른 사람이 그 텔레비전을 사다 놓은 것처럼, 눈앞에 있는 영수증을 보며 귀신이 곡할 노릇이라고 생각한다. "아무래도 고스트버스터즈라도 불러야 할까봐."

　하지만 귀신은 이 일과 아무런 상관도 없다. 지금 돈이 말하고 있는 이상한 이야기는 누구의 결정에 의한 것일까? 바로 당신이다. 돈이 어떤 이야기를 했으면 좋겠다고 당신이 머릿속에 그리는 그림과 실제로 당신의 결정하에 돈이 들려주는 이야기는 일치하지 않는다. 복잡하게 들릴 수도 있는데, 이는 실제로 복잡하기 때문에 그럴 수밖에 없다. 복잡하게 만드는 주체 역시 바로 우리 자신이다. 돈이 비밀의 언어를 사용하는 이유는 우리가 돈 이야기를 우리 자신에게는 비밀로 하려 하기 때문이다.

우리 모두가 로버트처럼 거액을 상속받는 것도 아니고, 그렇다고 바바라처럼 혼자 아이들을 키우느라 버둥거리는 것도 아니고, 포포프나 하야시, 맥팔레인처럼 야구 마니아도 아니다. 하지만 우리 모두에게 공통점이 있기는 하다. 돈의 의미와 돈이 들려주는 이야기를 이해하는 각자만의 방법이 있다는 점이다.

우리에게 반가운 소식은 비밀의 언어를 해독할 수 있는 방법을 배울 수 있다는 사실이다. 일단 방법을 배우고 나면 우리는 더 큰 부를 얻을 수 있으며, 행복감과 만족감을 동시에 누릴 수 있다. 이 책에서 우리는 당신의 돈 이야기가 무엇인지 살펴보고, 만약 그 이야기가 당신이 원하는 것이 아니라면 새롭게 쓰는 방법을 알아볼 것이다.

Chapter 02

내게 돈이란
○○○다

돈은 권력이다. 어떤 이가 말했다.
돈은 쿠션이다. 또 다른 이가 말했다.
돈은 악의 뿌리이다. 또 다른 이가 말했다.
돈은 자유를 의미한다. 오래 전부터 전해져 내려오는 말이다.
돈은 이 모든 것, 그 이상이다.
돈만 있으면 원하는 건 뭐든지 살 수 있다.
돈으로 모든 것을 살 수 있다.
사랑, 인품, 자유, 영원한 생명, 침묵, 평화는 제외하고….
— 칼 샌드버그(Carl Sandburg)의 《민중이여, 옳습니다(The People, Yes)》 중

2001년에 실시된 전국가정 여행조사National Household Travel Survey 결과, 평균적으로 한 가구에 1.9대의 차량이 있는 것으로 확인되었다. 1960년대 다섯 가구 중에 한 가구만 차량을 갖고 있던 것과 비교하면 장족의 발전이 아닐 수 없다.

그런데 아주 흥미로운 사실이 있다. 운전자에 대해 조사한 결과, 가구당 평균 운전자 수는 1.8명인 것으로 나타났다. 만약 미국의 모든 운전자가 동시에 자신의 차에 타고 거리에 나온다면, 약 1천만 대의 차량은 차고나 주차장에 그대로 서 있다는 말이다. 다시 말해, 미국인들이 소유한 모든 자동차를 한 번에 움직이는 것은 기술적으로 불가능하다. 차량 한 대를 소유하고 관리하는 데에 매년 1만 달러가 소요된다는 점을 감안하면, 매년 1,000억 달러가 굴러다니지도 않는 차에 들어간다는 계산이 나온다.

실제로 운전할 수 있는 것보다 더 많은 차를 갖고 있는 것은 효용성 측면에서는 이해할 수 없는 일이다.

여분의 차는 필요하지도 않으며, 사용할 수도 없지 않은가? 그렇다면 우리는 왜 주차장이나 길거리에 가만히 주차해둘 차에 1,000억 달러를 쏟아 붓는 것일까? 이는 자동차가 '자동차'가 아니기 때문에 가능하다. 출근하기 위해서, 쇼핑센터에 가기 위해서, 야구장에 가기 위해서 자동차에 1,000억 달러를 들이는 것이 아니다. 우리는 자동차가 아닌 전혀 다른 것에 돈을 쓰고 있는 것이다.

예전에 브리타니라는 환자를 상담한 적이 있다. 브리타니는 내가 만난 최초의 강박적 충동 쇼핑 증상을 지닌 사람이었다. 그녀를 처음 만난 것은, 오래 전 정신과 의사로서 환자들을 상담하던 시기였다. 브리타니와의 상담은 돈이 말하는 비밀의 언어에 더 큰 관심을 갖고 주의 깊게 살펴보는 계기가 되었다.

기분이 우울할 때 브리타니는 손에 잡히는 대로 무언가를 사고 싶은 충동이 든다고 설명하며 이렇게 말했다. "갑자기 옷을 사고 싶은 강한 욕구가 솟구쳐 오르면 저는 곧바로 집을 뛰쳐나가서 쇼핑몰로 돌진하게 돼요. 그 욕구는 공허함과 비슷해요. 갑자기 미칠 것만 같고, 그러면서 방전된 듯 힘이 빠져요. 그런데도 흥분은 가라앉지 않아요."

그녀의 경우에는 사람들에게 버림받았다는 생각이 강박적 충동 쇼핑에 작용했다. 그녀는 네 살 때 부모님이 이혼을 했고, 양쪽 집을 오가며 지내다가 결국에는 외삼촌, 고모, 할머니, 외할머니 집을 떠도는 신세가 되었다.

브리타니는 이런 상황에 놀라울 정도로 금방 적응했고, 감정을 교환

하는 매개체로 돈을 사용하는 법을 배웠다. 뭔가 사고 싶을 때에는 그 것을 사줄 누군가를 찾아서 원하는 물건을 손에 넣었다. 그녀가 기분 이 안 좋을 때에는 매번 그녀의 어머니가 옷을 사줬다. 또한 어떻게 해 야 아버지에게 돈을 탈 수 있는지도 잘 알고 있었고, 할머니와 할아버 지도 예외는 아니었다.

브리타니에게 돈은 돈이 아니었다. 위태위태한 관계를 묶어주는 일 종의 접착제와 같았다.

Money Quiz

만약 이런 브리타니의 행동이 합리적이지 못하다는 생각이 든다면, 미국인들 의 차고를 다시 들여다볼 필요가 있다. 브리타니가 쇼핑몰에 가는 것과 마찬 가지로, 현재 차고에서 잠자고 있는 천만 대의 차량은 돈이 말하는 비밀의 언 어의 대표적인 예이다. 우리는 꼭 필요하지도 않으면서 원래의 목적 외에 다 른 목적으로 매년 수천억 달러 이상을 자동차에 지출하고 있다. 여기에 아주 근본적인 어떤 힘이 작용하고 있으며, 이는 우리가 돈을 버는 방법, 액수, 소비 하는 방법에 중요한 영향을 미친다.

이 힘에 대한 이해를 돕기 위해서, 각자의 예를 살펴보자. 먼저 다음 질문에 한 단어로 대답하라. 너무 오래 생각해서는 안 되며, 나중에 본 장의 뒷부분에서 다시 생각해볼 기회가 있을 것이다. 우선 지금은 곧바로 머릿속에 떠오르는 단어를 적어라.

내게 돈은 _____ 다.

답변을 통해서 '돈 = ????'라는 당신만의 등식이 설립되었으며, 이는 당신이 돈에 부여하는 가장 중요한 의미이다. 본 등식은 당신이 사람, 사물, 사건을 바 라볼 때 작용하는 필터나 창문과 같은 역할을 한다. 더불어 크고 작은 결정을 할 때 결정의 토대가 되기도 한다.

전형적인 백인 어머니들에게 돈은 '안전'이다. 그래서 가격은 비싸지만 통계 를 통해 안전성이 입증된 볼보(Volvo) 자동차를 원한다. 남편들에게 돈은 '자유'를 의미한다. 그래서 그들은 알래스카의 거친 눈보라를 뚫고 나가는 모습을 상상하며 SUV를 선택한다. 실제로 알래스카는커녕 주차장 밖으로 나가는 일조차 드물지만….

돈이 들려주는 비밀의 언어는 개개인마다 다르며, 각자의 등식에 따라 결정된다. 그러나 그중에는 공통되는 의미도 상당히 많다. 한 예로 문화에 따라 의미가 정해지는 경우도 있으며, 사람들은 자신도 모르는 사이에 문화가 정해준 돈에 의미를 부여하며 살아간다.

─〉 돈은 자유다

돈이 있으면 대체적으로 선택의 폭이 넓어지기 때문에, 돈이 자유를 의미한다고 생각하는 사람이 많다. 이는 전혀 놀라운 사실이 아니다. 그들은 무한한 부만 있으면 이제까지 우리를 옭아매 온 족쇄에서 해방될 수 있으며, 앞에는 탄탄대로가 펼쳐질 것이라고 생각한다. 어린 시절부터 시작된 박탈감, 공허함, 지루함, 절망감 따위는 훌훌 날려버리리라! 돈이 바로 진리이고, 진리가 우리를 자유롭게 하리라! 로또에 당첨만 되면 비로소 자유로워지리라고 생각한다.

그러나 잭 휘태커의 이야기를 들어보면 전혀 그렇지 않다는 사실을 알게 될 것이다. 2002년 크리스마스 아침에 눈을 떠보니 그는 3억 1,400만 달러에 달하는 로또 당첨금의 주인공이 되어 있었다. 이제까지 자신이 상상해온 것보다 훨씬 더 어마어마한 부자가 된 것이다.

그러나 그 후 몇 년간 그는 끝없는 자유와 풍요를 누리기는커녕, 그의 돈을 노리는 사람들에게 시달려야만 했다. 결국 아내와 이혼하고, 소송에 시달리고, 친구들뿐만 아니라 가족들과도 불화가 생기면서 그의 삶은 만신창이가 되었다. 그에게 용돈을 두둑이 받으며 예쁨을 받던 손녀는 약물 과다복용으로 사망하여, 폐차된 자동차 트렁크에서 우비에 싸인 채로 발견되었다.

─〉 돈은 능력이다

부가 안겨줄 자유를 꿈꾸며 복권을 사는 사람들이 있는 반면, 돈의 노예가 될까봐 돈을 멀리하는 사람들도 있다.

랄프도 그중 한 사람이었다. 그는 회계학을 전공했지만 한 직장에서 장기간 근무하지는 않았다. 누군가의 아래에서 일하는 것이 그를 갑갑하게 했기 때문이다. 랄프가 중요시하는 것은 자발성이었기에, 다른 사람으로부터 명령받는 상황을 별로 좋아하지 않았다. 그렇기에 직장을 잡더라도 곧 그만두고 자신이 원하는 것을 찾아 나섰다.

랄프는 돈이 오히려 그의 자유를 갉아먹는다고 생각해서 차라리 돈을 더 벌 수 있는 기회를 마다했다.

그러다 아버지가 세상을 떠나고, 랄프가 아버지의 유언을 실행하는 일을 맡았다. 아버지는 랄프가 어렸을 때 가족들이 함께 보낸 호수에 자신의 유골을 뿌려달라는 유언을 남겼다. 하지만 당시 무일푼이었던 랄프는 호수로 향하는 비행기 티켓조차 살 여유가 없다는 사실에 어안이 벙벙했다. 결국 아버지의 유골함을 동생에게 맡기며, 꼭 그 호수에 뿌려달라고 당부했다. 그러면서 깨달은 사실이 있다. 그동안 그는 자유를 잃을까봐 돈을 멀리하며 애써 왔지만, 정작 그가 하고 싶은 일을 막은 것은 돈이 아니라 빈 지갑이었다.

─〉 돈은 안전이다

재정적인 측면에서 안전이란 측량과 달성이 모두 가능한 목표이다. 특별한 목적에 대한 계획, 추구를 위한 적절한 전략, 현 위치 확인을 위한 지도, 도착 여부를 파악할 수 있는 측량 가능한 결과와 같은 요소만 모두 충족되면 불가능할 이유가 전혀 없다.

반면, 정서적인 측면에서의 안전에 대해서는 특별한 해법이 없다. 1장에서 보았던 머니 퀴즈를 생각해보자. 우리가 '충분'하다고 생각한 금액이 자꾸만 커지지 않는가? 마치 영원히 계산할 수 없는 원주율처럼…. ('충분'에 대한 질문은 11장에서 다시 살펴보기로 하자.)

돈이 안전, 사랑, 권력과 같은 정서적 욕구를 충족시켜줄 것이라고 생각하는 사람은 결코 자신이 지닌 돈이 '충분'하다고 생각하지 못한다. 본인이 원하는 어떤 존재가 되기 위해서 돈을 사용할 때에는 아무리 많은 돈도 결코 '충분'하지 않다.

─〉 돈은 사랑이다

"나는 돈에는 별로 관심이 없어요. 돈으로는 사랑을 살 수 없잖아요." 하는 존 레논John Lennon과 폴 매카트니Paul McCartney의 노래는 지금도 수백만 명의 팬들이 즐겨 듣는 노래이다. 하지만 정작 이들의 삶을 들여다보면, 하나같이 돈으로 사랑을 사려고 애를 쓴다.

그러면서 머리로는 돈과 사랑이 별개의 영역이라고 되뇌며 자신을 설득하려 한다. 하지만 우리의 현실에서는 돈과 사랑의 경계가 모호해지는 경우가 많고, 이 경우 긍정적인 결과를 기대하기 어렵다.

브리타니의 부모님처럼 이혼을 해서, 혹은 일에 빠져 사느라 자식

곁을 지켜주지 못하는 미안함에 자식에게 돈이나 선물을 주는 부모들이 있다. 따뜻한 사랑을 주지 못하는 대가로 차가운 돈을 (혹은 더 차가운 신용카드를) 사용하는 것이다.

돈과 사랑의 관계가 항상 이처럼 명백한 것은 아니다. 때로는 사랑하는 사람과의 관계를 유지하는 것보다 돈을 사용하거나 관리하는 게 훨씬 더 쉬워 보일 때도 있다. 다른 사람과의 관계보다 사업이 훨씬 더 통제하기 쉽지 않은가? 그래서 관계보다는 돈을 가까이하는 사람들도 많다.

우리는 또한 자녀, 배우자, 부모님, 친구 등에 대한 사랑을 보여주거나 증명하기 위해서 돈을 사용한다. 물론 상대방이 그러길 원해서 그렇게 하는 경우도 있다. 심지어는 지역사회, 신, 나라에 대한 사랑을 기부금, 헌금 등으로 표현하기도 한다.

돈으로는 사랑을 살 수 없지만, 우리가 사는 세상을 보면 그럴 수 있는 것처럼 보인다.

─〉 돈은 행복이다

돈과 행복이 비례한다는 생각은 현대 사회에 널리 퍼져 있다. 이 말은 진실일까?

연구진들은 돈을 우울증 치료제에 비유하며, 행복을 가져다주지는 못한다고 말한다. 그러나 돈과 우울증 치료제 모두 일종의 불행에 대한 방어막 역할은 할 수 있다. 예를 들어 돈이 있으면 더 나은 의료 서비스를 받을 수 있고, 안전하고 인심 좋은 동네에서 좋은 살림살이를 갖고 살아갈 수 있지 않은가.

하버드 대학교 심리학과의 대니얼 길버트 박사Dr. Daniel Gilbert는 엄청
난 부와 소비가 행복에 미치는 지속적인 효과는 미미하다는 사실을 증
명했다. 실제로 우리가 돈으로부터 얻을 수 있는 행복은 우리의 기대
에 크게 밑돈다는 것이 그의 주장이다. 한 예로, 사람들은 임금이 인상
되면 혹은 더 좋은 살림살이를 장만하면 더 행복해질 거라고 생각하고
기대하지만, 현실은 그렇지 않다. 또한 임금이 인상되어서 실제로 기
분이 좋아졌다 하더라도, 그 효과는 오래가지 못한다. 일리노이 대학
교University of Illinois 심리학과의 데이비드 마이어스 박사Dr. David Myers는
상속, 복권 당첨, 승진 등의 사건을 경험하면 처음에는 흥분하지만, 곧
흥분은 사라지고 오히려 우울함이 찾아올 수도 있다고 말한다.

예일 대학교Yale University 정치학과의 로버트 레인Robert Lane 교수는 소
득이 행복에 미치는 효과의 정도가 미미하여 측정이 어려운 것이 사
실이지만, 가난한 가정에서는 그 효과가 크게 나타났다는 연구 결과를
발표했다. 분명 어느 정도 범위 내에서는 돈으로 행복을 살 수 있다는
말이다. 다시 말해, 어느 정도 돈이 있으면 생필품을 살 수 있고, 그러
면 더 이상 생존을 위해 버둥거릴 필요가 없어지기에 행복해질 수 있
다. 그 이상의 액수에 대해서의 부와 행복의 비례관계는 현실보다는
허상에 가깝다고 봐야 한다.

─〉 돈은 권력이다

'돈 = 권력'이라는 등식은 유년 시절에 시작된다. 갓 태어난 아기는
주변 환경을 통제할 수 있는 힘을 지니고 있다. 울기만 하면 곧바로 누
군가 달려와 밥을 주고, 기저귀를 갈아주고, 안아주고, 달래주지 않는

가? 사랑받고 자라는 건강한 아이에게는 세상을 움직일 수 있는 힘이 있다.

하지만 성장과 함께 아이의 권력은 점점 희미해진다. 그리고 곧 이전에 자신이 휘둘렀던 권력이 모두 사라져버렸다는 사실을 깨닫는다. 그리고 나서는 어른들(특히 부모님)이 지닌 무한한 힘을 동경하며, 주위 어른들을 따라 자신의 힘을 키우려 한다.

이처럼 부에 대한 사람들의 일반적인 환상은 모든 것을 마음껏 주무르던 갓난아기 시절에서 비롯된 것이다. 주위를 둘러보면 거의 모든 사람들이 부와 권력을 동일시하며 동경한다. 돈은 우리가 어느 정도의 권력을 지니고 있으며, 존경을 받고 있는지 보여주는 성공의 잣대 역할을 한다. 즉 돈은 우리의 권력, 지위, 사회에 미치는 영향력, 우리의 가치를 보여주는 기준인 셈이다.

그러나 이는 양날이 선 검과 같다. 돈이 권력을 의미하는 순간, 돈은 마법에 걸린 빗자루처럼 스스로 움직이며 권력을 휘두른다. 1장에 나왔던, 서재에 앉아 이제까지 자신이 돈으로 쌓아 올린 권력에 대해 생각해보던 사업자의 말을 다시 한 번 떠올려 보자.

"저는 이따금씩 서재에서 이런 생각을 합니다. '이제 내가 얼마나 많은 힘을 가지게 되었는지?' 말이죠. 저는 원하는 건 뭐든지 할 수 있어요. 또 제 인생이나 다름없는 제 사업에 대해서도 생각해보고, 자신에게 이렇게 말하며 마음을 가다듬어요. '난 이제 벗어날 수 있다. 떠날 수 있다.'고요. 현재 제가 즐길 수 있는 유일한 것은 여길 떠나서 휴가를 가는 거예요. 돈을 좇는 일도 이제는 끝났어요. 이제 돈이 이만큼이나 있으니 돈 때문에 막막할 일도 없고, 다른 사람에게 굽실거릴 필요도 없어요. 저는 돈을 피해요. 그러지 않으면 돈이 저를 조종할 테니까요. 저는 제가 가진 돈이 얼마나 되는지도 몰라요."

―〉 돈은 시간이다

지난 수천 년 동안 문화와 함께 돈과 시간을 측량하는 법이 발전해 왔다. 돈은 단순한 물물교환 수단에서 가치의 척도로 발전했고, 시간은 단순히 낮과 밤으로 구분하거나 농사를 지을 수 있는 계절과 그렇지 않은 계절로 구분하던 수준을 넘어서 오늘날에는 시, 분, 초까지 계산한다.

현대 과학과 상업은 현대적인 의미의 시간을 발전시켰고, 무역 상인들의 번성과 산업화로 인해 시간도 상품적인 가치를 갖기 시작했다. 즉, 시간도 돈으로 계산할 수 있는 시대가 온 것이다. 시간당 임금을 계산하는 현대사회에서 우리는 시간을 '쓰고', '절약하고', '낭비한다'.

시간에 대한 이 같은 개념은 우리 생활에 깊숙이 침투해 있다. "시간이 얼마나 걸리나요?"는 우리가 하는 일에 관한 질문이고, "집에서 직장이나 학교까지 얼마나 걸리나요?"는 우리가 어디에 사는지에 관한 질문이다.

오늘날 모든 구매 과정에서는 이중 거래가 이뤄지고 있다. 당신은 시간과 에너지를 쏟아서 돈을 벌고, 그 돈으로 상품이나 서비스를 구매한다. 이때 우리가 구매하는 상품이나 서비스는 다른 사람이 시간과 에너지를 쏟아서 만든 결과물이다. 이런 시간과 돈의 관계는 계란과 닭의 관계와 비슷하다. 우리는 돈을 위해서 시간을 포기하면서, 나중에 돈으로 지금 잃은 시간을 다시 사겠노라 생각한다.

─〉 돈은 자립이다

아이가 처음으로 걸음마를 하는 것처럼, 우리는 처음으로 중요한 물건을 사기 위해서 돈을 쓴다. 가령 생애 첫 자동차, 첫 보금자리, 혹은 첫 데이트를 위한 저녁 식사와 영화 티켓을 사기 위해 돈을 쓴다. 이쯤 되면 자립할 때가 된 것이다. 반대로 말해서 일찍 상속을 받은 사람의 경우 자립이나 야망에 대한 감각이 부족할 수 있다.

내게 상담을 받은 존도 그런 사람 중 하나였다. 그는 당시에 아버지가 설립한 다국적 기업의 고위 관리자로 근무하고 있었다. 그의 관리 하에 부서는 문제없이 잘 돌아가고 있었지만, 그의 마음속에는 알 수 없는 불만이 자리 잡고 있었다. 어느 날 존이 찾아와서 자신이 자립하지 않고 아버지 회사에 들어가겠다고 결심한 이야기를 들려줬다. "혜택이 너무 많잖아요. 그런 아버지 회사를 들어가지 않는 게 오히려 어리석은 짓이라고 생각했어요. 제가 만약 아버지 회사가 아닌 다른 회사에 들어갔다면 이 정도 자리까지 올라갈 수 있었을까요? 저는 잘 모르겠어요."

존은 부를 쌓을 수 있는 자리를 물려받으면서 자신의 가치에 대해 의심을 품었다. 존보다 더 빨리 부자가 되는 아이들, 가령 금 수저를 물고 태어난 덕분에 어린이 펀드를 갖고 있는 아이들도 비슷한 경험을 한다. 자아 정체감이 아직 형성되지 않은 상태에서 펀드 배당금을 받게 되면, 자신의 미래는 이제 재정적으로 안정되었다는 생각으로 인해 돌이킬 수 없는 영향을 받게 된다. 반면 금 수저를 물고 태어나지 않은 아이들은 어쩔 수 없이 자립심을 키워야 하고, 그 과정에서 돈과 다양한 관계를 맺는다. 어른이 되어서 부를 축적한 사람은 이전에 갖지 못했던 부에 익숙하지 않기 때문에 자녀들과 함께 적응하기 위해 노력해야 한다.

자수성가한 기업인들의 성격에 대한 한 연구를 보면, 이들의 자립심이 성공의 토대가 되었다는 사실을 알 수 있다. 이들 중 대부분은 어렸을 때 부모님으로부터 자주 꾸중을 듣거나 혼이 나서 반항심을 품고, 독립해서 성공하려고 애를 썼다고 한다. 그렇다 보니 (상사와 같은) 권력에 굴복하기를 싫어해서 회사에서 쫓겨나는 일이 잦았다. 또한 이들은 오히려 불황과 같이 성공 확률이 낮을 때에 번창한 것으로 나타났다.

이렇게 자수성가한 기업인들 대부분에게는 돈에 대한 욕망보다는 존경받는 기업을 세우고 싶은 욕망이 더 크게 작용했다. 성공에 대한 열정이 이들의 성공에 큰 힘이 된 것이다.

─〉 돈은 의존이다

어떤 이들에게는 돈이 자립을 의미하지만, 또 어떤 이들에게는 정반대로 의존을 의미하기도 한다.

니나는 음반 가게를 열고 싶었지만, 위험에 대한 두려움으로 아무것도 할 수 없었다. 그녀는 어렸을 때부터 어머니의 통제를 받으며 살다가, 고등학교 때 사귄 남자친구가 선택한 대학교에 따라 입학하며 집에서 독립했다. 결혼 후에는 남편이 모든 결정을 도맡았다. 때로는 남편의 결정에 화가 날 때도 있었지만, 이의를 제기하지는 않았다. 그렇게 그녀의 지지와 협조로 모든 것은 남편의 손에 의해 움직였다.

남편이 그녀에게 돈을 주기는 했지만, 창업에 대해서는 다시 생각해보라고 설득했다. 그러면서 사업 자체가 위험하기도 하고, 지금 끌어쓸 수 있는 돈보다 더 많은 돈이 필요할 수도 있다고 말했다. 사실 니나가 상속받은 돈만으로도 창업을 하기에는 충분했지만, 그녀는 남편의 말에 귀를 기울이고 남편 뜻을 따랐다. 예전에 그녀의 부모님이 그랬던 것처럼, 남편도 그녀가 자신에게 의존하기를 바랐다.

니나는 (예전에) 어머니의 도움 없이, (현재는) 남편의 도움 없이 자신이 성공할 수 있다는 확신이 들 만큼 자신의 능력을 시험해본 적이 없었다. 그저 모든 것을 잘 알고 있는 누군가가 자신에게 해야 할 일을 알려주는 게 당연하다고 생각하며 살아왔다.

돈이 말하는 이야기는 작가에 따라 달라지는 이야기다. 즉 독립선언문이 될 수도 있고, 독립을 포기하는 각서가 될 수도 있다는 말이다.

—〉 돈은 자신의 가치이다

베키는 자신의 과거를 이렇게 회상했다. "내가 어렸을 때 아무도 날 믿어주지 않았어요. 내 주위 사람들은 내가 대학교조차 졸업하지 못할 거라고 말했어요. 돈만이 내가 사용할 수 있는 수단이었고, 돈만이 남들이 나를 믿게끔 만들어줬어요. 부인할 수 없는 사실이에요. 어렸을 때, 부모님이 저를 믿어주신 적은 많지 않아요. 제가 또래 여자애들보다 달리기를 잘한다거나 성적이 좋다는 사실이 확실하게 증명된 경우에만 믿어주셨죠."

올해 서른네 살이 된 그녀는 자신의 보험 회사를 운영하고 있을 정도로 성공한 커리어우먼이 되었다. 어떤 잣대에서도 그녀는 자신을 확실하게 증명할 수 있다.

"제가 이룬 업적을 보여주기 위해서 많은 시간과 에너지를 쏟았어요. 제가 그들의 사랑을 받을 만한 자격이 있다는 사실을 보여주려고요."

과연 그녀의 뜻대로 되었을까?

"전 다른 무엇보다도 그들이 저를 자랑스럽게 생각해주길 바랐어요. 지금도 그래요." 그녀는 잠시 말을 멈추더니 한숨을 쉬었다. "이제는 남편이 저를 자랑스럽게 생각해주길 바라는 마음에 또다시 발버둥치고 있네요."

베키는 '돈＝자신의 가치'라는 등식에 얽매인 나머지, 측량 가능한 재정적인 결실을 통해 측량할 수 없는 무언가를 얻기 위해 싸워왔다.

베키처럼 우리 중 다수는 자신에게 맞는 일을 해서 매우 놀랄 만한 업적을 성취하고도, 알 수 없는 불만을 느낀다. 그러면서 다른 업적을 달성하거나 돈을 더 모으면 불만이 해소될 거라고 자신을 타이른다. 혹은 이직과 같은 삶의 변화가 잘못된 부분을 바로잡고, 부족한 부분을 채워주리라 믿는다. 하지만 그렇게 해서 원하는 결과를 얻는 사람이 과연 있을까?

개인의 가치는 우리가 시장에서 부르는 물건값이나 통장의 잔고와는 분명히 차원이 다르다. 하지만 이에 대해 헷갈려하는 경우가 자주 있다.

─〉 돈은 두려움이다

돈과 관련된 우리의 감정이 재정과는 전혀 상관없는 부분까지 엉망으로 만드는 경우가 자주 있다. 예를 들어 은행에 대출을 신청했는데 거부당하면, 다른 사람에게 거절당하는 것에 대한 두려움이 되살아난다. 그러다 보니 시간을 두고 협상을 해서 자신에게 유리한 조건을 얻어내기보다는 은행이 어떤 조건을 제시해도 대출 승낙만 떨어진다면 무조건 받아들이는 경우가 많다. 즉 상대방이 자신을 받아주었다는 안도감이 찾아오고 거절에 대한 두려움이 경감되면서, 동시에 일을 서두르고 싶은 생각으로 판단력이 흐려지는 것이다.

무언가가 부족하거나 없을 때 느끼는 두려움은 우리 마음속 깊이 뿌리내리고 쉽게 사라지지 않는다. 한 여성은 일회용 접시를 이용할 때마다 초조함을 느낀다고 했다. 어렸을 때 그녀의 가족은 원래 살던 집에서 쫓겨나고, 그 과정에서 가족의 재산까지 모두 잃었다고 한다. 그때의 아픔이 일회용 접시를 볼 때마다 떠올라서 그녀를 괴롭히는 것이다. 현재 그녀의 주방에는 그릇이 10세트나 있다고 한다. 그녀도 모르는 사이에 그녀가 갖고 있는 돈의 용어 사전에는 '돈'보다는 '무일푼'이 깊이 자리 잡고 있었다.

─〉 돈은 자비다

이상理想을 표현하기 위한 수단으로 돈을 사용하기도 한다. 가치를 표현하기 위해서 사용할 때, 돈은 가장 높고 선한 이상의 상징이 된다. 돈은 사회 공헌에 대한 우리의 의도를 표출하는 수단이 되며, 이상을 향한 비전을 그리는 붓이 된다. 19세기 기업가 앤드류 카네기Andrew Carnegie는 자신의 이름 앞에는 세계 최고의 부자라는 수식어를 달고 살았지만, 부를 축적하는 행위를 최악의 우상숭배라고 묘사했다. 그리고 말년에는 자신이 모은 재산을 기부하여 세기의 박애주의자로 기억되었다. 카네기는 "돈 말고는 가진 것 없는 사람만큼 불쌍한 사람도 없다."라는 명언을 남겼다. 돈은 돈 그 자체보다 훨씬 더 높은 존재가 될 수 있지만, 그래봐야 도구일 뿐이다. 때로는 돈이 도구 이상의 역할을 하는 것처럼 보이지만, 결국 도구일 뿐인 것이다.

─〉 돈은 탐욕이다

어떤 이들에게 돈은 더 많은 돈을 의미한다. 일종의 더 큰 부에 대한 약속어음 정도?

이반 보에스키Ivan Boesky는 내부자 거래로 체포된 후, 돈에 대한 자신의 열망을 "자신도 어떻게 할 수 없는 부끄러운 병"이라고 표현했다.

사회 사상가인 존 러스킨John Ruskin은 1860년 이런 말을 했다. "언젠가 캘리포니아에서 선박이 난파했을 때, 금궤 100kg을 넣은 주머니를 몸에 묶은 채 해저에 가라앉아 죽은 승객 한 명이 발견되었다. 그가 금의 주인이었을까? 아니면 금이 그의 주인이었을까?"

─〉 돈은 질투다

비자카드 광고에 이런 문구가 실린 적이 있다. "아메리칸 익스프레스 카드는 왜 초록색일까요? '질투' 때문에……." 이보다 더욱 적절한 비유는 없을 것이다. 신용카드 업계는 사람들의 초록 빛깔 질투, 시샘과 같은 감정을 충족시키기 위해서 다양한 상품을 내놓고 있다. 질투는 단테가 작성한 치명적인 죄악 목록 중에서도 7위 안에 들어간다. 우리 모두는 자신에게 없는 것을 다른 사람들이 갖고 있는 모습을 보면 분노를 느끼고, 그러면서 새로운 욕망이 시작된다.

낮은 자존감이 질투의 형태로 나타나거나, 질투가 낮은 자존감의 형태로 나타날 수도 있다. 대중매체에서는 계속해서 우리에게 외모, 부, 특권에 대한 이미지를 심는다. 그러다 보니 진정한 롤모델을 찾을 생각은 하지도 않고 영화배우 등을 자신의 경쟁자로 삼는 일이 다반사다. 광고에서는 필요하지도 않은 물품이나 서비스에 대한 열망에 불을 붙인다. 질투는 진지하게 생각할 겨를도 없이 순식간에 발생하는 단순한 사건에서 시작된다. 가령 자신의 내면과 다른 사람의 외면을 비교하는 일처럼 말이다. 하지만 이는 적절한 비교가 아니므로, 비교를 통해 자신에게 좋은 결론을 얻을 확률은 거의 0에 가깝다.

'돈 = 행복'의 경우 부족한 무언가를 돈으로 채우려고 하지만, 질투의 경우는 부족하다는 느낌에 정지 버튼을 누르고 겉으로 부유한 것처럼 보이려 한다.

지나친 부는 많은 사람들이 보는 텔레비전 프로그램처럼 진정한 무언가를 숨기고 있는 경우가 많다. "누가 백만장자가 되고 싶나요?" ABC 방송국이 만드는 유명한 퀴즈쇼의 진행자가 외치는 이 질문은 "백만장자가 되고 싶지 않은 사람 누구 있나요?"를 의미한다. 사실 돈에 대한 우리의 질투는 모순된 집착이며, 남의 불행을 고소해하는 마음과도 같다. 유명한 부자가 몰락하는 모습을 보면 고소하지 않은가? 우리는 엄청난 부뿐만 아니라 자멸에도 마음을 빼앗긴다.

→〉 돈은 수치다

자신이 추구하던 이상대로 살아가는 데에 실패하면 돈을 객관적으로 관리하기 어려워진다. 가령 공과금이나 세금을 제때 납부하지 못하게 되면 일종의 수치심이 찾아온다. 또한 갚기 어려운 대출금이라도 떠안고 있으면 돈과 관련된 우편물이나 전화는 피하게 된다. 장기적으로 수표책을 결산하는 등의 일을 잊어버리거나 귀찮아서 안 하다 보면, 점점 눈덩이처럼 불어나서 나중에는 손조차 쓰기 어려운 상황에 처하게 된다.

수치는 모든 재정적인 문제에 따라다니며, 우리가 안고 살아가는 또 하나의 상반된 감정이다. 대부분의 경우 임금, 부채, 주택담보대출과 같은 돈 문제는 금기시되는 주제이다. 돈이 우리 삶에서 중요한 역할을 하고 있는 것은 사실이지만, 돈에 대해서 직접적으로 언급하는 것은 불경스러운 일이자 상대방에 대한 모독이 될 수 있다. 그러므로 예의바른 사람은 절대 돈에 대한 주제를 입에 담지 않는다.

아주 어렸을 때부터 그렇게 배운 결과이다. 가정 내에서는 수입, 자기자본, 주요 채무, 상속 등에 대해서 논의하는 것을 암암리에 금지하고 있다.

소설가이자 수필가인 다프네 머킨Daphne Merkin은 자신의 어머니와 돈에 대해 논의한 뒤, 돈에 대한 금기를 깼을 때 느낀 수치심을 다음과 같이 묘사했다.

"그 주제를 입 밖으로 꺼냈을 때 돌이킬 수 없는 더러운 감정이 치솟았다. 마치 리어 왕의 딸 중 하나처럼. 물론 심성이 고운 코델리아Cordelia가 아닌 가식적이고 탐욕스러운 고네릴Goneril이나 리건Regan처럼. 어머니는 (생전에 아버지와 마찬가지로) 돈에 대한 토론에 열중하신 적이 없으며, 그럴 때마다 '네가 알 바 아니다!'라며 다그치셨다. 사실 요즘 어머니는 모기 한 마리 제대로 잡을 기운도 없으시지만, 돈 문제를 꺼내자 격분하셨다. 특히 다른 가족의 수입은 작가 특유의 호기심에서라도 관심을 가져서는 안 되는 질문이라고 목소리를 높이시며, 방에서 나를 쫓아내셨다."

─〉 돈은 기회다

어떤 이들은 자신의 재정 상태를 안정적으로 유지하는 데 필요한 공과금을 납부하기 위해서 돈을 사용한다. 다시 말해, 돈에는 이미 우리가 살고 있는 생활수준을 유지할 수 있는 힘이 있다. 그러나 또 어떤 이들에게 돈은 현상 유지를 넘어 현재의 상황에 변화를 주기 위한 수단이 되기도 한다.

"중산층의 한 사람으로서, 나는 무언가를 삽니다."라고 방송인 폴 포드Paul Ford는 미국공영방송National Public Radio에서 말했다. "하지만 부유한 사람들은 돈으로 무언가를 하죠. 부유한 사람들은 백만 달러로 존경심, 협력, 새로운 사업을 삽니다. 즉, 이들에게는 돈으로 기회를 만들거나 친구를 살 수 있는 능력이 있습니다. 또한 자신의 생각을 토대로 사업, 별장, 감세 수단을 확보하는 데 돈이 중요한 역할을 하죠. 저는 그들이 어떻게 그렇게 할 수 있는지 이해해보려고 노력했습니다." 포드는 덧붙였다. "주식시장, 금융파생상품, 합병, 회계 등에 대해서 알려고 발버둥을 쳤죠. … (그들은) 돈을 불이라고 생각하고, 돈을 신호라고 생각하며, 기회가 다가오는 소리를 듣는 법을 알고 있습니다…."

위 글을 보면 화자가 돈이 사용하는 특정 언어를 배우기 위해 노력한 흔적이 보인다. 그러면서 자신이 원어민이 아닌 '중산층 억양'을 지니고 있다는 사실을 고백한다. 돈을 기회로 생각하는 사람들은 마치 자석처럼 돈을 끌어당기는 듯하다. 반면 돈을 끝나지 않는 덫이라고 생각하며 돈 문제가 제로섬 게임이라고 생각하는 사람에게는 돈을 밀어내는 힘이 있다.

─〉 돈은 확인이다

공허함이 찾아올 때마다 쇼핑몰에 가서 흥청망청 돈을 써대던 브리타니의 이야기를 기억하는가? 그녀의 머릿속에는 돈이 바닥날 수 있다는 사실이 입력되어 있지 않은지, 갖고 싶은 것이 있으면 뭐든지 다 가질 수 있다는 생각을 갖고 있는 듯하다. 물론 머리로는 그렇지 않다는 것을 알고 있지만, 행동은 그렇지 않다. 왜 그럴까? 돈이 비밀의 언어로 계속해서 그녀에게 귓속말을 하기 때문이다.

브리타니의 광적인 쇼핑은 어릴 때 부모님의 이혼에서부터 시작되었다. 어른이 되어서도 그녀는 미친 듯이 쇼핑을 계속한 탓에, 신용카드 고지서가 날아오는 날이면 어머니건 아버지건 누구건 찾아가서 도움을 청해야만 했다. 어쩌면 이렇게 돈을 달라고 부탁하는 과정에서 부모님과의 관계가 조금 더 가까워지는지도 모른다. 브리타니와 같은 부류의 사람들은 돈을 써야만 자신의 존재를 확인할 수 있다고 생각한다. 그들에게 돈은 다른 사람과의 관계를 확인시켜주는, 눈에 보이는 중요한 존재이다. 돈을 그렇게 사용하는 사람들은 거의 원어민 수준으로 돈의 언어를 구사하여 자신이 원하는 바를 달성한다.

─〉돈은 통제다

다른 사람을 움직이기 위해서 돈을 지렛대, 감옥, 무기 등으로 사용하는 사례에 대해서는 수많은 연구가 이루어졌다. 하지만 주체가 왕, 군인, 부유한 지주에 한정되는 것은 아니다. 현실을 들여다보면 우리도 서로에게 그렇게 하며 살아가는 것을 알 수 있다. 기부금으로 남에게 주건, 혹은 원천 징수로 남에게 받건, 돈은 다른 사람 특히 사랑하는 사람들을 통제하기 위해 가장 널리 사용하는 수단이다. 분명 좋은 부모라면 어느 정도 돈으로 아이들을 통제하거나 움직이려 했다는 죄책감을 느낄 것이다.

필자의 경우 자녀가 대학교에 입학하기 위해 다른 도시로 이사를 가고 난 후 몸소 깨닫고 있다. 부족하지 않을 만큼의 용돈을 주되, 집에 전화를 거는 비용과 집에 올 때 사용하는 교통비에 대해서는 무조건적으로 지원을 해주기로 했다. 대신 친구와 통화한 통신료나 다른 곳에 놀러 가느라 사용한 교통비는 용돈에서 해결해야 한다. 어쨌든 용돈에는 한계가 있어야 한다.

─〉돈은 핑계이다

앞에서는 가까운 사람을 통제하기 위해서 돈을 사용하는 경우를 살펴보았다. 이에 못지않게 상대방을 피하기 위해서 돈을 사용하는 이들도 적지 않다. "일 때문에 파티에 못 가게 됐구나. 대신 선물과 카드를 보낸다."

부모의 경우 자신의 빈자리에 대한 미안함으로 아이들에게 돈을 쓴다. 대표적인 예로 '디즈니랜드 아빠'를 들 수 있다. 이들은 돈, 선물,

(추억할 만한) 휴가로 자신의 죄책감을 덜길 원한다. 때로는 이런 돈이 교회, 자선단체, 꽃집으로 흘러들기도 한다.

단순히 옆에 있어주지 못하는 미안함 때문에만 돈을 쓰는 것은 아니다. 실제로 자기가 생각했던 부모가 되어주지 못해서 그런 경우도 있다. 그래서 비싼 선물로 자녀와의 관계에서 자신이 잘못한 부분을 감추려 한다. 마치 뺄셈 문제에서 뒷자리 수가 모자라면 앞자리에서 10을 꿔오듯이 말이다.

그러나 1장의 로버트의 이야기에서 봤다시피, 로버트는 아버지로부터 2,000만 달러를 받았지만 모두 도박을 비롯한 엉뚱한 투자로 날려버렸다. 돈은 그다지 좋은 핑계, 알리바이가 되지 못한다.

─〉 돈은 활기다

마이크는 프로젝트에 참여하고 있는 동안은 "살아 있음을 느낀다."고 한다. 그는 눈앞에 도전과제가 있고, 위험한 일이 있을 때에만 남들이 자신의 가치를 인정해준다고 느낀다. 그래서 프로젝트를 하나 마치고 나면 잠깐 쉴 틈도 없이 다음 프로젝트에 뛰어드는 것이다. 곧바로 프로젝트를 시작하지 못해 공백 기간이 잠시라도 생기면 안절부절못한다.

"일을 하나 완수하고 나면, 바로 그동안 프로젝트를 하며 느꼈던 흥미가 모두 사라져요. 그리고 거래를 성사시키고 나면 곧 공허함이 찾아오고, 제 자신이 무능력한 놈 같고 그래요. 그래서 계속해서 일을 해야 해요."

"좋은 일이 생길 때면 언제 또 나쁜 일이 생기지는 않을까 초조해요.

거래를 성사시켜서 50만 달러를 벌어도, 놓친 1,000달러에 아쉬워해요. 그렇기에 저는 제가 하는 일을 즐기지 못해요. 사실 돈을 버는 건 쉽지만, 즐기는 법을 배우는 게 어렵네요."

그동안 돈도 많이 모았고 업계에서 인정도 받고 있지만, 마이크는 아직도 만족하지 못한다. 그는 하루도 제대로 쉬지 못하며, 오늘도 새로운 프로젝트에 뛰어들어 열심히 돈을 벌고 있다. 살아 있음을 느끼기 위해서.

"제가 스릴을 느낄 때는 무언가를 쫓을 때에요. 달성할 때가 아니라요. 지금 제가 휴식을 취하고 현재를 즐긴다면, 저는 곧 제 야망을 잃게 될 거예요."

─〉 돈은 점수판이다

많은 사람들이 돈을 척도로 삼아 자신이 얼마나 일을 잘하고 있는지 확인한다. 엄밀히 말하면 억지로라도 돈을 기준으로 자신의 성과나 인생 자체를 측정해보려 노력한다. 대체 자신이 이룬 업적 혹은 인생은 무엇이고, 돈은 무엇일까? 누군가 설명해보라고 한다면, 설명하지 못할 것이다.

우리의 삶 자체를 측정 혹은 채점할 필요가 있을까? 누군가의 성과나 업적을 판단하기 위해 사용할 수 있는, 그러면서 인간을 판단하기 위해 사용하는 보편적인 잣대가 존재할까? 한 예로 내가 데이비드 크루거라면, 매일 혹은 분기별로 내가 얼마나 '데이비드 크루거'의 삶을 잘살고 있는지 확인할 수 있는 저울, 잣대, 줄자가 존재할까?

분명한 사실은 우리 모두, 최소한 다수는 그러고 있다는 것이다. 특히 외적인 '매력'과 직위는 가장 애용되는 기준이다. (하지만 누군가가 매력적인지 아닌지 판단하는 주체는 바로 우리 아닌가?) 어쨌든 사람의 삶을 평가하는 기준 중, 음악의 도레미와 같이 딱 떨어지는 그런 기준은 이 지구상에 존재하지 않는다.

사람들은 "내가 잘하고 있는 건가?"와 같은 해로운 질문을 자신에게 던지면서, 돈과 우리가 돈을 주고 사는 것을 통해서 그 답을 찾고 있다.

《거래의 기술The Art of the Deal》이라는 책을 보면 도널드 트럼프Donald Trump가 아드난 카쇼기Adnan Khashoggi라는 억만장자의 저택에 갔던 부분이 나온다. 그곳에서 도널드는 방의 크기를 보고 놀랐다고 한다. 실제로 이전에 그가 봤던 어떤 방과도 비교가 안 되는 엄청난 크기였다. 도널드는 곧바로 트럼프 타워Trump Tower에 있는 자신의 펜트하우스 인근의 아파트를 사들여서는, 사이의 벽을 허물고 건물을 연결하여 아드난의 방보다 훨씬 더 큰 엄청난 거실을 만들었다.

"솔직히 말해 제겐 길이가 24m나 되는 거실이 필요하지 않습니다. 단지 제 자신이 거대한 거실을 갖고 있지 않다는 사실이 불안했습니다."라고 도널드는 시인했다.

─〉 돈은 뭐든 될 수 있다

숲에서 길을 잃고 헤매던 한 행인이 사티로스(반은 짐승이고 반은 사람인 괴물) 가족이 사는 동굴에 들어가게 되었다. 행인은 처음에는 손을 따뜻하게 하기 위해서 입김을 불다가, 잠시 후에는 수프를 식히기 위해서 입으로 바람을 불었다. 그러자 사티로스는 겁에 질려서는 그에게 나가라고 했다. 이유인즉슨, 입으로 뜨거운 바람과 찬바람을 모두 낼 수 있는 존재는 믿을 수 없다는 것이었다.

돈이 유용한 이유는 한없는 융통성 때문이다. 더욱 엄밀히 말하면, 당신이 돈에 어떤 의미를 부여하건 그대로 나타난다. 한 예로, 같은 1달러라고 하더라도 우리는 다른 의미를 부여한다. 가령 길에서 주웠을 때에는 대수롭지 않게 써버리고, 선물로 1달러를 받은 경우에는 크게 고민하지 않고 써버린다. 반면 월급으로 받은 돈은 1달러라고 하더라도 고심에 고심을 거듭한 뒤 사용하고, 은행에 저축한 경우에는 아주 위급한 경우를 제외하고는 쓸 생각조차 하지 않는다.

돈은 인간의 입김과 마찬가지로, 차가울 수도 있고 뜨거울 수도 있다. 차가울지 뜨거울지에 대한 결정권은 당신에게 달려 있다. 돈은 강력하면서도 융통성이 있기 때문에 당신의 감정에 쉽게 반응한다. 당신이 야망, 불안, 시기, 두려움, 질투, 경쟁심, 죄책감 등을 느끼면 곧바로 이를 반영한다. 당신이 경쟁을 좋아하건, 걱정이 많건, 공상을 좋아하건, 불안에 떨건, 혹은 그 밖에 어떤 감정을 느끼건 돈은 당신의 감정에 맞는 해답을 제시한다.

감정에 충실하게 결정을 내리는 경우는 어떠할까? 이런 사람일수록 돈이 우리의 귀에 은밀히 속삭이는 말의 위력은 대단하다. 특히 모순된 결정이나 앞으로의 자멸을 예고하는 결정 대부분은 돈이 필요한 순간에 발생한다. 실제로 돈이 너무 많이 들기 때문에 '불가능해', '너무 비싸'라는 말을 하면서도, 귓속말에 속아 이성적인 사고가 마비되면 현실과는 전혀 다른 방향으로 행동하게 된다.

색상이나 줄무늬를 볼 때 착시현상으로 우리가 받아들이는 정보에 조작이 생길 수 있는 것처럼, 우리의 감정과 돈 역시 조작되는 경우가 잦다. 이때 돈은 해답, 문제, 원인, 혹은 결과가 된다. 돈은 성공에 대한 두려움이나 실패에 대한 두려움, 충동이나 무력증의 공통 언어가 되기도 한다. 혼자 서는 것이 두렵거나, 누군가의 보살핌을 받고 싶을 때 내는 목소리는 금융위기에 허덕이며 살려달라고 소리칠 때 내는 목소리와 같다. 우리는 감정을 조절하거나, 업적을 확인하거나, 죄책감을 덜거나, 애착을 형성하기 위해서 돈을 사용한다.

돈은 어떤 내용이든, 어떤 의미든 전달할 수 있다. 돈은 꿈에서와 같이 우리 마음대로 원하는 의미를 부여할 수 있다.

─〉 당신의 돈 등식

돈이 말하는 비밀의 언어를 배우려면 어떻게 해야 할까? 가장 먼저 당신이 현재 돈에 대해서 어떤 신념이나 추측을 갖고 있는지 의식적으로 정확하게 살펴봐야 한다. 당신의 재정 결정 뒤에 숨어 있는, 보이지 않는 동기와 의미를 밝히는 데 다음 과제가 도움이 될 것이다.

1. 최근 구입한 상품 중 가격이 100달러(10만 원) 이상인 것 세 가지를 적어보라.

----

2. 위의 상품이 당신에게 어떤 의미를 지니고 있는가? 다시 말해, 위의 상품에 대해서 당신이 느끼는 감정은 무엇인가?

----

3. 만약 그 상품으로 당신이 위의 감정을 느끼지 못한다면, 그래도 그 상품을 그 가격에 구입하겠나?

----

4. 3번 질문에서 '아니요'라고 대답했다면, 즉 그 상품으로 2번의 감정을 느끼지 못하고 그저 상품 그 자체로만 의미가 있다면, 그 상품이 얼마라면 구입하겠나?

모두 작성했으면, 잠시 자신이 적은 답을 살펴보라. 돈이 당신에게 말하는 비밀의 언어를 볼 수 있는 눈이 조금은 떠졌는가? 위의 상품을 구입할 때, 왜 그 상품을 구입하고 있는지 실용적인 측면과 감정적인 측면을 모두 인식했는가?

그럼 이제 이번 장을 시작할 때 던졌던 질문에 대해 한 번 더 생각해 보자. 혹시 답이 변했는가?

다시 빈칸에 한 단어로 답하라.

내게 돈은 _____다.

Chapter 03

돈이냐 행복이냐
그것이 문제로다

강　　도 : 꼼짝 말고 손들어! 가진 돈 다 내놔! 안 그러면 목숨이 위험할 테니!
[침묵이 흐른 뒤 다시]
이봐, 돈 내놓을래, 아니면 죽을래? 당장 선택하라고!
잭 베니 : 잠깐만요! 시간 좀 주세요. 지금 열심히 생각하고 있어요!

　　물론 위의 이야기는 베니가 자신의 생명보다 돈을 더 소중하게 생각하는 지독한 구두쇠라는 내용의 농담이다. 이런 농담으로 베니는 오랫동안 눈부신 활약을 해왔고, 전형적인 잭 베니 식의 개그를 만들어냈다.
　　개그가 아니라면 누가 현실에서 그렇게 답하겠는가? 과연 이런 사람이 있을까?

─〉 비싼 취미
　　데니스의 취미는 물건을 수집하는 것이다. 그중에서도 그녀는 어렸을 적부터 사기로 만든 인형을 열심히 모았다. 그렇게 인형을 사서 모으다 보면 그녀의 마음대로 모든 것이 돌아간다는 생각이 든다는 것이다. 인형을 사서 정리할 때만은 그녀가 만든 세상이 그녀의 손에 움직였기 때문이다.

그녀와 함께 그녀의 취미도 성장해서, 30대가 되자 그녀는 직거래가 아닌 카탈로그를 통해서 인형을 구입하기 시작했다. 40대가 되었을 때에는 인터넷 쇼핑을 시작했고, 하루에 몇 시간 동안 컴퓨터에 앉아서 온라인 경매에 참여하며 더 많은 인형을 손에 넣고자 했다. 그러면서 스스로에게 자신이 만들고 있는 인형 컬렉션은 값으로 따질 수 없는 것이라고 말했다.

온라인 쇼핑을 자제하려는 노력은 번번이 수포로 돌아갔다. 그녀는 일주일 단위로 컴퓨터를 사용하는 시간과 온라인 쇼핑에 사용하는 액수를 정해놓았지만 소용없었다. 자신의 외로움, 공허함, 좌절감을 치유하려면 인터넷 쇼핑을 해야 한다며 끊임없이 자기합리화를 했다. 그러나 그런 자기합리화에도 불구하고 인터넷 쇼핑은 좋은 해결책은 아니었다. 새로운 인형이 도착한 순간, 아주 잠깐 동안은 기분이 좋아졌지만 이내 공허함이 몰려왔다. 그러다 그녀가 컴퓨터 앞을 떠나는 경우는 몸이 아주 피곤하거나 돈이 바닥났을 때뿐이었다.

나는 그녀가 마흔세 살이 되었을 즈음 처음으로 그녀를 만났다. 당시 그녀는 인형 수집에 관해서는 전문가 수준이었고, 그녀의 컬렉션 역시 상당한 가치를 지니고 있었다. 더불어 그녀가 매일 인형을 정리하고 컬렉션을 준비하기 위해 몇 시간을 투자하는 것은 기본이고, 매달 인형 구입과 관리에 8천 달러에서 1만 달러를 지출했다. 그렇게 그녀가 인형에 몰두하는 동안 물려받은 유산은 한없이 새나가고 있었다. 더욱 현실적으로 말하면 그녀의 생명이 빠져나가고 있었다.

베니에게 "돈 내놓을래, 죽을래?"라고 물었던 강도가 만약 데니스를 만나서 "인형 컬렉션을 내놓을래, 아니면 죽을래?"라고 물었다면, 그녀는 뭐라고 답했을까?

—〉 돈의 비용

나는 여덟 살의 나이에 농장에서 처음 노동을 시작했다. 더운 여름날 나는 아버지를 위해서 목화를 땄는데, 당시 목화 농장의 한 줄을 수확하면 벌 수 있는 돈은 10센트 정도였다. 날씨는 더웠고 일은 힘들고 더러웠다. 그해 여름 내가 번 돈은 진정한 땀의 결실이었다.

일이 끝나면 같은 반 친구들끼리 모여서 시장경제에 발을 담그러 갔다. 농장에서 잡일을 하여 받은 동전 꾸러미를 주머니에 넣고, 가장 가까운 가게로 달려가서는 방금 번 동전을 음료수나 사탕과 교환했다. 물론 나도 그중 한 명이었다. 음료수와 사탕은 순식간에 사라졌고, 내가 힘들게 일해서 번 돈도 함께 사라졌다. 나는 피로와 땀에 절은 채로 서서 이런 생각을 했다. '한나절이나 목화를 따서 번 게 고작 사탕이란 말인가?'

돈을 위해 치러야 하는 대가에 대해 어린 시절에 배운 교훈 중 하나이다. 나는 10센트로 사탕 몇 개를 살 수 있는지에 대해서는 정확하게 알고 있었지만, 사탕을 얻기 위해서 내가 무엇을 치러야 하는지 그 대가에 대해서는 알지 못했다. 이때 단순히 돈으로 물건을 사는 것이 아니라는 사실을 배웠다. 돈도 당신이 무언가를 지불해야만 얻을 수 있는 것이 아닌가? 그리고 얼마 후부터는 자신에게 이런 질문을 던졌다. "이 음료수는 과연 내가 목화를 따면서 했던 고생만큼의 가치가 있는가?" 내 대답은 대부분 부정적이었다.

그냥 이야기만 들으면 아주 간단한 교훈처럼 보이지만, 실제로는 우리 뒤에 숨어 있기 때문에 잘 보이지 않는다.

Money Quiz ⟩

인생에서 당신이 소중하게 생각하는 것 다섯 가지를 적으시오.

1. --

2. --

3. --

4. --

5. --

이 중 기꺼이 돈과 바꿀 수 있는 것은 무엇인가?
정말로 당신이 소중하게 생각하는 것 다섯 가지를 적었다면 "하나도 없어요!"
라고 대답해야 한다. 당신에게 정말로 소중한 것이라면 왜 고작 돈과 바꾸겠
는가?
한편, 위의 목록에 적은 내용에 따라서 때로는 질문에 대한 답변을 또 다른 질
문으로 대신할 수 있다. "돈이라면 얼마를 얘기하는 건데요?"
소설을 토대로 제작한 영화 〈은밀한 유혹(Indecent Proposal)〉에서 데이비드 머
피(우디 해럴슨 분)와 다이애나 머피(데미 무어 분)는 이 문제를 가지고 심각하
게 고민한다. 부동산 업계에 불황이 닥치고 하룻밤 사이에 실직자가 된 후,
모든 것을 잃을 위기에 놓인 이들은 대박의 꿈을 안고 라스베이거스로 향한
다. 도박도 잘 풀리지 않아 상심한 데이비드에게 어마어마한 부자가 접근해
와서는 부인과 하룻밤을 보내게 해주면 그 대가로 백만 달러를 주겠다는 제
안을 한다.
어렸을 때나 지금이나 우리는 항상 끝없는 딜레마를 안고 살아간다. "누군가
백만 달러를 준다면 '비열하거나 불쾌한 행동'을 하겠는가?"라는 질문으로
적지 않은 사람들이 고민에 빠진다. 이제는 텔레비전 프로그램에서도 더 이
상 "어떻게 돈 때문에 저런 짓을 할 수 있어?"와 같은 환상만을 보여주지는

않는다.

정치인이나 운동선수, 재계 인사가 도박을 해서 이제까지 쌓아온 모든 것을 날려버렸다는 기사는 끊이지 않고 나온다. 그런 기사를 볼 때면 우리는 혀를 차며, 절대 자신은 그렇게 하지 않을 것이라고 생각한다.

하지만 과연 그럴까? 아마 아닐 것이다. 극적인 상황을 가정해보자. 데니스나 영화 속 데이비드 머피에게 그랬듯이, 누군가 엄청난 액수의 돈을 제시한다고 말이다. 하지만 잘 생각해보면, 이보다 더 적은 액수가 연관된 문제에서도 우리는 고민이 비슷하지 않았을까?

우리가 흔히 행하는 타협의 유형 몇 가지에 대해 살펴보자. 대부분의 경우 자신의 상황을 온전히 깨닫지 못한 채로, '삶에서 가장 중요한 의미를 지닌 것이 무엇인가'에 대한 답을 찾으려고 발버둥친다.

─〉 시간보다는 돈

우리가 돈을 지불한 대가로 포기하는 것의 대표적인 예가 바로 시간이다.

시간은 노동의 세계에서 가장 기본적인 교환 단위이며, 그렇기에 더 많은 돈을 원하는 사람은 더 많은 시간을 사용해야 한다.

하지만 시간 자체는 우리가 원하는 것이고, 돈 자체는 우리가 원하는 것이 아니다. 여론 조사기관인 퓨Pew에서 실시한 조사 결과를 보면, 응답자 중 67%는 여가시간을 가장 중요하게 생각했고, 부를 가장 중요하게 생각한 사람은 13%에 불과했다.

하지만 과연 현실에서도 그럴까? 미국인들이 연간 사용하지 않는 휴가일수는 160만 년에 달한다. 직장인들이 더 큰 부, 명예, 승진을 위해서 여가시간을 포기한다는 사실을 보여주는 증거이다.

시간과 돈에 관한 가장 모순된 부분은 다시 시간을 얻기 위해서 돈을 모은다는 것이다. 하지만 그렇게 돈을 모으는 동안 시간은 그대로 멈춰 있을까?

─〉 자유보다는 돈

라마가 시작한 개인 사업은 번창했다. 다른 사람 아래에서, 혹은 일전에 비슷한 업종의 아버지 회사에서 일할 때에는 나타나지 않았던 창의력을 발휘하여 회사를 성장시킬 수 있었다. 그렇게 지난 12년 동안 여가시간을 포기하고 모든 에너지를 쏟았다. 그는 자신의 회사를 운영하는 것이 즐거웠다.

라마는 자신이 성취한 자유를 세상에 드러내기 위해서 돈을 사용했다. 즉, 자신이 원하는 것을 아무 때나 했다. 그리고 이제까지 자신이 이룬 업적과 자신이 모은 돈을 보면 기분이 좋아졌다.

하지만 그는 자신의 회사를 다국적 대기업에 팔아서 현금을 받기로 결심했다. 그가 쉽게 거절할 수 없는 막대한 수준의 이득이 생기는 거래였기 때문이다. 그렇게 회사를 넘긴 후에도 그는 회사에 남아 컨설턴트로 계속 일을 했지만, 마음이 편치 않았다. 예전과는 비교도 되지 않는 엄청난 부자가 되었고, 이제는 더 이상 회사를 책임져야 하는 CEO도 아니었지만, 한번 가라앉은 마음은 좀체 나아지지 않았다. 마침내 그는 깨달았다. 자신이 자유의 상징인 돈을 얻기 위해서 결국 자유를 포기했다는 사실을.

─〉 건강보다 돈

1969년 일본의 한 신문사에서 근무하던 한 젊은 직원이 뇌졸중으로 사망했다. 그의 사망은 공식적으로 첫 번째 과로사로 기록되었고, 후에 〈이코노미스트 _The Economist_〉는 '과로사'와 '자기파멸'을 비슷한 단어로 정의했다. 또 1980년대에는 일본에서 과로가 사망 원인으로 판명되면서, 유족들에게 백만 달러 상당의 위자료를 지불하라는 판결이 나왔다.

과로사는 건강을 포기하고 돈을 선택했을 때 나타나는 극단적인 결과이다. 우리 주위를 살펴보면 사망에 이를 정도는 아니더라도 자신의 건강을 해치면서 과로하는 사람들이 많이 있다. 미국보건협회American Institute of Health의 발표에 따르면 인사이동, 보상, 보험, 의료비용, 생산성 감소 등의 형태로 발생하는 스트레스 비용이 3천억 달러에 이른다고 한다. 또한 불안 장애나 우울증과 같은 정신 건강문제도 증가 추세를 보이고 있는데, 이 역시 직장과 돈에 관련된 스트레스가 원인인 것으로 나타났다.

우리는 정신적으로 또한 물리적으로 고통을 받고 있으며, 이 문제는 점점 더 악화되어 가고 있다.

─〉 가족관계보다 돈

주말에 공원에서 아버지가 아들과 함께 공놀이를 하고 있다. 이 모습이 우리의 현실인가? 아마 과거에는 현실이었을지 모르지만, 지금은 분명히 아니다. 성인 미국인이 한 주 동안 아이들과 놀아주는 시간은 약 40분이라고 한다. 이는 우리가 쇼핑을 하거나 텔레비전을 보는 시간보다 훨씬 적은 수준이다.

우리가 돈의 언어를 잘 이해하지 못한다는 사실을 몸으로 느끼는 사람이 단지 우리의 아이들뿐일까? 돈은 커플이나 부부 불화의 가장 흔한 원인이다. 미국재무설계협회Financial Planning Association는 커플과 부부의 결별 사유의 상당수가 돈과 연관이 있다고 발표했다. 이처럼 불화의 원인 대부분이 돈과 연관되어 있다는 사실은 밝혀졌지만, 여전히 우리는 자신이 기분 나쁘다는 사실을 표현하거나 혹은 주도권을 잡기 위해서 돈을 수단으로 삼는다. 누가 재정을 관리하는가? 큰 액수의 지출이 있을 때 누구에게 결정권이 있는가? 돈과 관련하여 이견이 생기면 어떻게 해결하는가?

'돈 = 권력'이라는 등식은 사랑과 행복이 넘치는 관계까지도 모두 파괴할 수 있다.

─〉 행복보다 돈

《웰빙 : 쾌락 심리학의 기초Well-Being : The Foundations of Hedonic Psychology》라는 책을 보면 학자들이 돈과 행복의 관계에 대해서 연구를 하는 것이 나온다. 그리고 연구를 통해서 (외모와 지능의 연관성과 마찬가지로) 돈과 행복의 연관성이 약하다는 사실을 입증한다.

그렇다면 행복과 가장 깊은 연관이 있는 것은 무엇일까? 바로 결혼이다. 그렇다면 결혼생활을 통해서 행복을 얻어야 하지만 안타깝게도 현실에서는 금전적인 이득 때문에 서로에게 상처를 준다. 결혼 후에 우리에게 행복을 주는 가족과 친구와의 관계, 삶에 대한 열의, 운동, 영적 생활도 역시 돈을 좇는 동안 우리가 놓치는 것들이다. 부를 축적하여 행복해지려는 우리의 노력은 오히려 행복을 좇아내고 공포, 시기, 탐욕, 수치를 불러온다.

─〉 부보다 돈

돈을 추구하는 과정에서 부를 희생시킨다는 것이 말이 될까? 상당히
모순된 말처럼 들리지만, 실제로 우리가 그렇게 하고 있다는 증거가
곳곳에서 발견된다.

2005년 4월 미국은 공식적으로 소비 강국이 되었다. 미국인들의 한
달간 소비는 세금 공제 후 수입을 넘어섰고, 이로 인해 마이너스 저축
률을 기록했다. 이런 추세는 2006년에도 계속되었고, 대공황 이후 처
음으로 연간 지출이 연간 수입을 웃돌았다. 즉, 2006년과 2007년 가계
부를 보면 미국인들이 단순히 파산한 것이 아니라 빚더미에 앉아 있다
는 사실을 확인할 수 있다.

21세기 초반으로 거슬러 올라가면 대공황으로 최악의 경제 상황이
나타났다. 그 후 서서히 수입이 증가한 덕분에 저축을 할 수 있는 액수
도 커졌다. 하지만 수입의 증가와 함께 지출도 증가했고, 결국은 수입
을 뛰어넘었다. 이러한 지출의 동력은 바로 우리의 돈 이야기에 있다.

Money Quiz 〉

더 나아가기 전에, 앞에 나왔던 질문을 다시 생각해보자. 단, 이번에는 약간 수
정이 되었으며, 이는 자신에 대한 통찰력을 확인할 수 있는 기회가 될 것이다.

지금 당신은 돈을 얻기 위해서 당신의 인생에서 무엇을 희생시키고 있나?

─〉 돈, 돈, 또 다른 목적…

우리의 가족, 건강, 행복을 돈과 바꾸겠냐는 질문에 우리는 거의 항상 자동적으로 "아니요!"라고 답한다. 그러나 현실에서는 그렇게 하고 있는 자신을 발견하게 된다. 왜 그럴까?

왜 우리는 우리에게 가장 소중한 것을 돈과 바꾸는 것일까? 돈이 두 가지 언어를 말하는 데에 그 해답이 있다. 첫 번째 언어는 덧셈과 뺄셈과 같은 아주 간단한 산수이다. 당신은 돈을 소유하고, 지출하고, 벌고, 저축한다. 흑백논리로 설명할 수 있는 명확한 내용이자 대차대조표, 가계부를 보면 확실하게 알 수 있는 숫자이다. 지극히 단순하다. 그러나 돈은 그 밖에 또 다른 언어, 비밀의 언어를 사용한다.

재정적인 목적이 아닌 다른 목적으로 돈을 사용하는 습관과 행태를 지니고 있기 때문에 이상한 행동을 하는 것이다. 다른 목적이라 하면 기분 전환, 자신감 회복, 상대를 통제하기 위한 수단, 경쟁을 위한 도구 등이 될 수 있다. 이처럼 다양한 목적으로 우리가 돈과 상호관계를 맺는 동안 돈은 다양한 의미를 지니게 되며, 이 과정에서 돈이 지닌 의미가 서로 상충하는 경우도 있다.

2장에서 우리는 우리가 돈에 부여하는 다양한 의미와 그 의미로 인해 우리가 세상을 보는 눈에 어떤 색안경이 형성되는지 살펴보았다. 그러나 이는 시작에 불과하다. 우리가 돈에 부여한 의미가 세상을 보는 눈에만 영향을 미치는 것이 아니다. 우리 자신을 보는 눈에도 영향을 미친다. 더불어 돈이 우리에게 어떤 의미인지 우리 스스로 이야기하고 있다. 앞에서 살펴본 돈이 지닌 숨은 의미를 '돈이 말하는 비밀의 언어 어휘' 정도로 표현할 수 있다. 그렇다면 지금 살펴보고 있는 내용은 '돈이 말하는 비밀의 언어 및 숙어' 정도로 보면 무리가 없을 것이다.

돈은 우리가 세상과 자신을 보는 일종의 렌즈이며, 우리의 희망과 두려움을 반영하는 프리즘이다. 우리가 렌즈에 가까이 갈수록 렌즈는 우리가 원하는 자아, 혹은 부인하는 자아를 보여주는 거울이 된다. 즉, 돈이 말하는 비밀의 언어가 자아진술서self-statement가 되는 셈이다.

자아진술서란 자신의 경험과 관점을 보여주는 독특하고 개인적인 수단이다. 한 예로 행동과 말은 개인의 신념과 현실을 여실히 보여주는 자아진술서이다. 가치, 자신감, 기회, 장애물, 욕망, 경쟁 등의 측면에서 돈 역시 자아진술서의 역할을 한다고 볼 수 있다. 우리가 돈에 대한 생각과 경험 혹은 돈 자체에 대해서 이야기할 때, 우리는 우리 자신에 대해서 이야기하고 있다.

예를 들어, 과시적 소비conspicuous consumption는 빨간색 스포츠카를 사서 사람들이 북적거리는 도시 한복판을 달리는 것이다. 혹은 중년의 위기가 찾아왔을 때 빨간색 스포츠카를 사서 타고 이혼한 부인 집에 가는 것이다. 두 가지 경우 모두 당신에 대해서 이야기해준다.

우리는 돈이라는 거울을 통해서 우리가 되고 싶은 자아상, 혹은 될까 봐 두려워하고 있는 자아상을 본다. 돈은 우리가 꿈꾸고 갈망하는 것과 우리가 두려워하고 부족함을 느끼는 것을 반영하는 일인이역을 한다. 돈이라는 거울을 통해서 보는 자신의 모습이 좋을 수도, 혹은 싫을 수도 있다. 그 결과에 따라서 우리는 돈을 갈망하며 탐하기도 하고, 멸시하며 냉대하기도 한다. 혹은 이 네 가지 모두를 동시에 하기도 한다.

돈은 로르샤흐Rorschach 테스트의 이미지와 같다. 불규칙한 잉크 반점에 불과하지만, 우리가 거기에 의미를 부여하는 순간 우리의 해석은 개개인의 공상만큼이나 다양해진다.

─〉 돈의 비밀의 언어는 어디에서 시작되는 건가?

돈의 비밀의 언어는 오래 전부터 시작되었다. 우리는 이미 태어나기 전에 부모님의 말, 행동, 태도를 통해서 돈의 언어를 형성하는 어휘와 구문론의 틀이 잡히기 시작했다. 우리는 한국어, 영어, 스페인어 등 우리의 모국어를 배우는 것과 같은 방식으로 돈의 언어를 배운다. 세상에 나옴과 동시에 (혹은 어머니의 배 속에서부터) 단어와 문장이 우리의 귀로 흘러 들어오고, 조금씩 귀에 들리는 말과 의미를 짝짓기 시작한다. 단순히 단어에만 매달리지 않고 손동작, 억양, 보디랭귀지, 목소리 톤을 통해서도 의미를 파악한다. 돌쯤 되면 주위에서 자주 접하는 동작, 얼굴 표정, 억양, 문구 등을 모방을 통해서 습득한다.

어렸을 때에는 돈과 상관없는 삶을 살지만, 유아기를 벗어남과 동시에 우리 삶에 돈의 영역이 커진다. 무시무시한 세상에서 아무런 도움을 받을 데도 없고, 그렇다고 직장이 있는 것도 아닌 고작 60cm 키의 어린아이는 자신의 무력함과 맞서 싸우기 위해서 어마어마한 부에 대한 판타지를 그린다.

초등학생쯤 되면 우리는 돈이 지닌 힘에 관심을 갖고 구매 계획을 세우기 시작한다. 그러나 비디오 게임기 등 원하는 물건을 살 수 있는 돈을 충분히 모아야만 계획이 완성된다. 가끔 대인관계가 우리 그림에 한 획을 긋기도 한다. 멀리서 숙모나 삼촌이 오시면 크리스마스에 새로운 MP3를 손에 넣을 수 있지 않은가?

청소년기가 되면 우리는 또래 집단에 들어가게 된다. 하지만 대부분

또래 집단에 들어가려면 돈이 일종의 자격요건처럼 작용한다는 사실을 알고 있는 사람은 거의 없다. 또래 집단에 들어가면 비슷한 스타일의 옷을 입고 음악을 들어야 한다. 또한 금요일 밤에 영화 모임에라도 가려면 돈이 필요하다.

청소년기가 지나면 대학 교육을 통해서 지금 있는 돈으로 미래에 벌 돈을 산다(물론 대학에서 맥주를 마시고 안주도 먹어야 하지만…). 사회에 첫발을 내딛는 사람에게 돈은 자신의 상대적인 가치를 보여주는 수단이다. 이 시기 우리에게 중요한 것은 관계, 가족, 안정에 대한 토대를 다지는 일이다.

이 시기에 금전과 관련된 어떤 일이 발생하여 그 의미를 파악해야 하는 일이 생기면, 우리는 부모님을 롤모델로 삼는다. 그러나 이때에도 꼭 기억해야 할 점은 돈의 언어를 가르치는 행위와 배우는 행위 모두 무의식중에 이뤄진다는 것이다. 공과금, 교육비, 축구화와 같은 주제가 등장했을 때 나타나는 축 처진 어깨, 깊은 한숨, 주름이 깊이 팬 이마는 무언의 언어가 들려주는 단서이다.

친구, 동료, 배우자, 그 밖에 중요한 사람과 관계를 형성할 때 우리는 무의식적으로 돈의 언어를 주고받는다. 때로는 상대방이 사투리를 사용하고 있다는 사실을 느끼고는 자신도 알게 모르게 거부하려 몸부림을 친다. 어려서부터 가까이 지낸 사람과는 비슷한 돈의 언어를 사용하는데, 물론 그중에는 다른 부분도 있게 마련이다. 부모가 되면 우리는 우리의 비밀의 언어를 아이들에게 전수한다. 아이들이 보는 부모의 행동, 말, 목소리 톤, 억양이 아이들에게는 일종의 롤모델이 된다. 거의 대부분의 경우 우리는 의식하지 못한 채로 이 모든 것을 하고 있다.

─〉 다시 찾아온 비싼 취미

인형 수집에 끝없는 집념을 지닌 데니스를 기억하는가? 그녀의 행동이 비밀의 언어의 특정 문구를 이야기하고 있다는 사실을 알고 나면 겉으로는 도무지 이치에 맞지 않는 듯한 집념도 이해가 갈 것이다.

우리 모두가 그렇듯이 데니스의 기본 어휘는 어린 시절 성립되었다. 데니스는 유복한 가정에서 태어나서 부모님으로부터 (최소한 물질적인 측면에서는) 많은 것을 받으며 자랐다. 부모님은 항상 데니스에게 최고만을 선물했고, 해외여행에라도 다녀올 때에는 양손에 선물 꾸러미를 들고 왔다. 그러나 부모님 모두 사업을 하시느라 출장이 잦았고, 그래서 데니스와 언니를 돌봐 주는 사람은 거의 유모와 가정부였다. 한번은 엄마 옷장에 들어가서 모피 코트를 둘러보았다. 어린 데니스는 코트의 냄새와 그 느낌이 너무 좋았다. 마치 엄마가 자기를 꼭 안아주는 것만 같았다.

어린 시절 데니스는 부모님이 하는 비밀의 언어를 배웠다. 특히 물질(비싼 물건)이 애정, 친밀감, 칭찬, 인정과 같은 가치를 대체하는 차용증서와 같은 의미를 지닌다는 사실을 배웠다. 이런 어형변화는 흔히 나타나는 현상이다. 그러나 데니스의 경우 부모님과의 거리감, 부모님의 잦은 출장이 가장 큰 문제는 아니었다. 데니스가 세 살이 되던 해부터 3년간 유모가 그녀의 언니를 성폭행했고, 언니는 데니스를 성폭행했다. 유모가 언니를 성폭행한 사실이 밝혀지자 유모는 곧바로 해고당했고, 언니는 치료를 받기 시작했다. 덕분에 언니가 데니스에게 행하던 성폭행은 중단되긴 했지만, 언니가 데니스에게 한 만행은 밝혀지지 않았다. 그러다 열네 살이 되던 해 데니스는 치료를 받기 시작했고, 그러면서 언니에게 당한 일들을 다시 떠올리게 되었다.

　어른이 된 데니스는 돈을 쓸 때면, 자신이 뭔가를 통제하고 있다는 기분이 들었다. 그녀는 원하는 것은 무엇이든 손에 쥘 수 있었고, 수집한 인형을 정리할 때면 자신이 지배자가 되었다는 느낌이 들었다. 이는 어린 시절 언니에게 성폭행을 당할 때, 지배하기보다는 지배를 당할 때와는 전혀 반대의 상황이었다. 그녀에게 돈은 애정과 칭찬이라는 의미와 더불어 지배, 자기 방어, 자율성을 의미했다.

　데니스는 옆에 다른 사람이 없으면 외롭고 공허했고, 이런 그녀의 마음을 달래주는 것은 바로 쇼핑이었다. 인형을 수집할 때만은 자신이 유능하게 느껴졌다. 데니스는 인터넷을 통해서 신용카드로 물건을 구입할 때는 마치 '공짜'로 얻는 것 같다고 말했다. 그렇기에 그 순간만은 만족할 수 있었고, 앞으로 있을 재정 문제 등에 대해서는 생각하지 않았다. 쇼핑에 열중해 있는 동안 자신의 판단력이 흐리다는 사실을 깨닫기는 했지만, 모든 집중력은 오로지 갖고 싶은 상품을 향해 있었다. 즉, 그녀는 '충동의 노예'가 되었다.

　데니스는 인터넷 쇼핑을 마친 후 자신의 정신 상태를 장기간에 걸쳐 분열된 상태라고 묘사했다. 컴퓨터 앞에 앉아 있는 동안은 의식을 지워버리기 때문이다. 이는 어렸을 때 언니로 인해 받은 정신적인 충격에서 벗어나려는 시도의 연장선이다. 실제로 벗어나기는 어렵기 때문에 자신의 정신을 분열시키는 것이다.

　계속되는 인형 쇼핑에 재정이 위축되자, 그녀는 인형 쇼핑을 줄이려 했다. 하지만 그것은 모두 헛수고였다. 인형을 계속 사들이면서 건강과 재정 면에서 문제가 생기자 그녀는 인형 쇼핑을 줄이기로 마음먹었다. 하지만 헛수고였다. 우리는 돈과 관련한 논리적인 생각과 행동이 불일치하는 것을 흔히 경험한다. 이는 우리가 돈으로 두 가지 혹은 그 이상의 다른 내용을 동시에 이야기하기 때문이다.

의식적으로 남에게 들려주기 위해서는, "나는 진귀한 예술 작품을 수집하고 있어요."라고 말하고 있다. 정말 그런 거라면 인형 쇼핑을 멈추는 것은 일도 아닐 것이다. 그러나 비밀의 언어로는 무수한 메시지를 전하고 있다.

돈을 통해 그녀는 말한다.

"나는 가치 있는 존재다. 나는 중요한 존재다. 나는 전문가다."

돈을 통해 그녀는 말한다.

"나는 혼자가 아니다."

돈을 통해 그녀는 말한다.

"내게 다른 사람의 동정 따윈 필요 없다. 내가 지배권을 갖고 있다."

돈을 통해 그녀는 말한다.

"내가 통치자다. 나는 누군가의 희생양이 아니다."

돈을 통해 그녀는 말한다.

"내 주위에는 아름답고 순결한 것이 가득하다."

그 밖에도 돈을 통해 그녀가 전하는 메시지는 수십 가지가 넘을 수도 있다. 하지만 어느 것 하나 의식의 세계에서는 우리 귀에 들리지 않는다.

─〉 언어를 넘어서

극단적인 소비 성향을 갖고 있으며, 어린 시절의 정신적인 충격이 그런 행태의 뿌리가 된 데니스의 예를 살펴보았다. 하지만 당신과 나도 그리 다르지는 않다. 우리는 모두 어린 시절 불완전한 삶을 살았고, 불완전한 사람들과 함께 살았다. 또한 우리 모두는 돈을 통해서 자주 이야기하는 레퍼토리를 갖고 있으며, 그런 레퍼토리는 대부분 심하게 뒤얽혀 있고 고도로 은밀한 내용이다.

우리가 돈을 통해서 말하는 모든 내용을 큰 그림으로 살펴보면, 우리가 단순히 비밀의 언어만을 다루는 것이 아님을 깨닫게 된다. 비밀의 언어는 비밀의 이야기를 창조한다. 비밀의 이야기에 대해서는 4장에서 살펴보기로 하자.

Chapter 04

자신의 이야기를
써라

일사, 난 고상한 척하는 데에는 소질이 없어요.
이 미친 세상에서 우리 세 사람의 고민쯤은 콩 한 줌만도 못한 것일 테지요.
언젠가 당신도 이해하게 될 거요.

— 릭, 영화 〈카사블랑카(*Casablanca*), 1942〉 중

1940년 프랑스 몽티냐크 마을에서 소년 네 명과 로봇이라는 개 한 마리가 함께 보물찾기에 나섰다. 마을 어디엔가 보물이 가득한 동굴이 있는데, 이제까지 아무도 보물을 찾지 못했다는 전설이 내려져 오고 있었다. 아이들이 동굴을 찾았을 때, 그 안에는 금이나 은 따위는 보이지 않았지만 대신 다른 보물이 가득했다. 좁은 입구를 지나가자 멋진 벽화 수천 점이 눈앞에 펼쳐졌다. 연구진들이 이곳 라스코 동굴에서 확인한 그림만 2,000점이 넘었고, 벽화는 약 1만 7,000년 전인 구석기 시대의 작품으로 추정되었다.

라스코 벽화를 통해 사람들이 놀란 점은 단순히 고도의 예술적 기교만이 아니다. 그림의 내용이 순차적으로 연결된다는 점에 사람들은 감탄했다. 왼쪽에서 오른쪽으로 그림을 보면 사람들이 동물 떼를 추격하는 모습, 동물을 잡는 모습, 의기양양해서 집으로 돌아오는 모습이 나

란히 그려져 있었다. 토드 맥팔레인Todd MacFarlane의 만화책처럼, 고대의 벽화는 연속적으로 발생하는 사건을 차례대로 보여주고 있었다. 쉽게 말해 고대 벽화가 우리에게 이야기를 들려주는 것 같았다.

라스코 동굴 벽화는 인간이 사용하는 스토리텔링의 초기 예라고 볼 수 있다. 또한 호모 사피엔스의 삶에서 이야기가 얼마나 중요한지 보여주는 결정적인 증거이기도 하다. 이러한 전통은 오늘날까지 사라지지 않고 지속된다.

처음에는 어휘·단어에 대해서 살펴보았고, 이제는 단어가 우리에게 들려주는 이야기를 살펴볼 차례이다. 이야기에 대한 욕구는 모든 인간이 공통적으로 지닌 고대부터 이어져 내려오는 특징인지도 모른다. 라스코 벽화와 수메르인들의 점토판에서부터 오늘날의 미니 홈페이지와 블로그에 이르기까지 인간은 지속적으로 이야기를 통해 뭔가를 기록하고, 뭔가를 깨닫는다.

시간의 순서에 따른 구조를 보면, 스토리텔링은 완전히 굳어진 우리의 습성임을 알 수 있다. 초기에는 탄생과 사망, 번개와 천둥, 별자리와 계절, 일식과 같이 이해하기 어려운 사건을 이해하기 위해서 이야기를 사용했다. 오늘날에는 의학, 기상학, 천문학이 고도로 발달하여 모두 이해할 수 있게 되었지만 우리는 감정, 욕구, 희망, 꿈과 같은 미지의 분야를 설명하기 위해서 여전히 이야기를 사용하고 있다.

예를 들어, 한 어머니는 어린 자녀와 더 오래 시간을 보내기 위해서 직장을 포기하고 집에만 있기로 했다. 또 다른 어머니는 어린 자녀의 삶의 질을 높이기 위해서 회사에서 열심히 일하고 귀가한다. 이 둘의 공통점은 무엇인가? 둘 다 내면의 신념, 자신도 모르는 사이에 자신에게 들려주는 양육 이야기에 따라 살고 있다는 사실이다.

첫 번째 어머니가 대외적으로 이야기하는 내용은 '집에 있는 엄마'이지만, 내면에서는 이렇게 이야기한다. "나는 좋은 부모야. 아이들과 함께 집에 있고, 또한 내 시간을 아이들을 위해 사용하잖아. 내가 만약 이렇게 하지 않는다면 그건 아이들에 대한 사랑이 부족하기 때문일 거야."

두 번째 어머니가 대외적으로 이야기하는 내용은 '워킹맘'이지만, 내면에서는 이렇게 이야기한다. "나는 좋은 부모야. 난 아이들이 부족함 없이 지내도록 뭐든 가장 좋은 것을 주잖아. 내가 만약 이렇게 하지 않는다면, 그건 아이들에 대한 사랑이 부족하기 때문일 거야."

두 사람 모두 아이들에게 관심이 많고 헌신하는 부모이다. 아이들에게 더 좋은 것을 주고, 자신이 아이들을 위해서 최선을 다하고 있음을 증명하는 일, 그것은 두 사람이 공통적으로 바라는 것이다. 그 밖에도 이들은 수많은 공통점을 지니고 있다.

하지만 이들의 행동을 보면 전혀 반대이다. 이유는 단 하나, 이들 내면의 이야기가 다르기 때문이다.

이야기는 의미를 지니고 있고, 단순한 서술 이상이다. 서술은 사건이나 생각을 연결하는 수준에서 그치지만, 이야기는 구성요소 간의 관계와 사건의 인과관계를 보여준다. 즉, 무엇이 무엇의 원인이 되고, 무엇이 무엇을 의미하는지 모두 알려준다.

주위 환경에 대한 우리의 생각과 정체성은 이야기를 통해서 형성된다. 즉, 이야기를 통해서 세상과 우리 자신을 이해한다는 말이다. 단순히 쾌락이나 오락의 문제가 아니며, 생존의 문제이다.

우리는 정보를 접하면 일단 분류 작업부터 들어간다. 먼저 정보의 세부사항과 어형의 변화가 스스로 만들고 있는 이야기 줄거리에 맞는지 확인하는 것이다. 줄거리는 보통 자신만의 독특한 신념과 생각을 토대로 구성되고, 그 줄거리에 따라서 경험을 만드는 방식과 경험을 이해하는 방식이 결정된다. 다시 말해, 무한한 가능성의 바다에서 어떤 경험을 추구할지, 어떻게 접근할지, 이야기의 줄거리가 알려주는 것이다.

비행기 일등석에 탄 사람을 보면 어떤 생각이 드는가? 탐욕의 열매? 아니면 성취의 열매? 땀을 흘린 대가라는 생각이 드는가? 아니면 뜻밖의 횡재로 그 자리에 있다는 생각이 드는가? 질문에 대한 대답은 당신의 이야기 줄거리에 달려 있다.

우리는 자신에게 들려주는 이야기의 구성에 들어맞고 신념에도 벗어나지 않는 정보를 탐색한다. 그러다 기존 신념에 맞는 정보를 만나면 입력하고, 그렇지 않으면 무시하는 것이 우리의 모습이다. 먼저 자신의 인생에 대한 대본을 작성하고, 그 대본대로 살아가려 한다. 아무리 자신의 신념에 한계가 있어도 말이다. 주위 환경을 엮어서 만든 이야기를 통해 우리는 자신의 존재를 만들어간다.

이것이 바로 이야기의 핵심이다. 우리 주위의 바위, 나무, 일몰과 마찬가지로 이야기는 그 자체만으로는 존재하지 않는다. 또한 이전에 미리 존재해서 우리가 우연히 만나는 것도 아니다. 오직 우리가 만들어야만 존재하는 것이 바로 이야기이다. 다시 말해 이야기는 우리가 의식적으로 혹은 무의식적으로 하는 선택의 산물인 것이다.

─〉 두 이야기

처음 로베르타를 만났을 때, 그녀는 비즈니스 스쿨을 졸업하기 위해서 안간힘을 쓰고 있었다. 졸업을 위해 필요한 실습 기간 중 처음 2년 동안 결과가 좋지 않은데다가 지난 6개월간 더욱 상황이 악화되어 학교에서 정학당할 위기에 처해 있었다.

상법 수업 때마다 로베르타는 여자 교수에게 차별대우를 받는다며 불평을 늘어놓았다. 더불어 다른 사람들과의 관계에서도 자신이 희생자라며 울분을 토했다. 그녀는 정서적으로 불안정한 상태에서 한 남자와 사랑에 빠졌다. 하지만 그 남자는 임신한 그녀에게 어떠한 재정적 지원도 하지 않고 그냥 떠나버렸다. 그렇게 해서 그녀의 피해의식은 더욱 커져갔다. 이런 이야기를 하는 로베르타는 마치 불평분자collector of injustices 같았다.

흥미롭게도 로베르타는 직업이나 금전적 측면에서 자기 자신에 대해 상당히 높은 기대치를 갖고 있었으며, 이는 그녀 가족 중 누구보다도 더 높은 수준이었다. 그녀는 큰 야망을 갖고 있었지만, 그 야망을 이루려면 먼저 내면에 자리 잡은 장애물을 극복해야 했다. 그게 바로 로베르타가 살고 있는 이야기였고, 그 결과 승리의 파도 속에서 그녀는 패배를 움켜잡는 놀라운 성향을 갖게 되었다.

또 다른 이야기는 미첼의 이야기이다. 몇 해 전만 해도 미첼은 해군 출신으로 건장한 몸을 자랑하며 샌프란시스코에서 여행 가이드로 활동했다. 그러다 오토바이 사고를 당해 몸의 65%에 심한 화상을 입었고, 손가락과 얼굴은 끔찍한 흉터로 뒤덮였다. 피부이식 수술을 셀 수도 없이 여러 번 받은 후, 미첼은 마음을 추스르고 콜로라도로 이사를 갔다. 그리고 그곳에서 사업가로 성공을 거두었고, 결국에는 시장에 당선되었다.

그러다 어느 날 경비행기를 타고 가던 중 두 번째 불의의 사고를 당했다. 비행기의 한쪽 날개에 문제가 생겨서 비행기가 추락했고, 그는 휠체어 신세를 지게 되었다. 화상은 말할 것도 없고 몸의 일부가 마비되어서 휠체어 없이는 이동하기조차 힘들었다. 이런 상황에서 미첼은 어떻게 했을까? 그는 다시 마음을 추스르고 정치가로서 활발하게 활동을 재개했고, 지금은 유명한 보수파 정치인으로 전 세계를 다니며 연설을 하고 있다.

"몸이 마비되기 전에 내가 할 수 있는 것은 10,000가지였어요. 지금은 9,000가지고요. 잃어버린 1,000가지에만 매달리며 살 수도 있었지만, 나는 내게 남은 9,000가지에 집중했어요."

로베르타의 삶과 미첼의 삶에 차이점이 보이는가? 두 사람은 각기 다른 이야기를 살아갔다. 그게 가장 큰 차이점이다. 그 나머지는 이야기 전개의 세부사항에 불과하다.

─〉 우리의 이야기가 현실에 영향을 미친다

두 명의 인류학자가 똑같은 유인원 집단에 각각 침투하여 1년간 생활하며 관찰하기로 했다. 그 둘은 성격, 철학, 교육 등 모든 부분에서 비슷한 점이 많았다.

1년 후 그들이 돌아왔을 때 사람들은 그들이 비슷한 경험을 했으리라고 기대했다. 하지만 그들의 경험은 하늘과 땅 차이였다.

첫 번째 인류학자의 경우 처음 적응기간이 지난 후에는 유인원들에게 일원으로 인정을 받고, 사회에 흡수되었다. 그리고 그곳에 머무는 동안 상당한 일체감과 편안함을 느꼈다고 전했다.

반면 다른 인류학자는 적응기간이 끝나고서도 여전히 아웃사이더로 주변을 맴돌았다. 아웃사이더로 지내면서 항상 방심하지 않고 주의를 기울이며 생활했고, 그 결과 집단의 일원으로 인정받지 못한 채 갈등을 겪었다고 한다.

두 결과가 이처럼 다르게 나올 수 있는지 몇 개월간 고심한 끝에 원인이 밝혀졌다. 두 인류학자의 차이점 한 가지. 바로 두 번째 인류학자는 그곳에 가면서 총을 가져갔다는 점이다.

어느 누구에게도 총을 보여준 적도 없고 사용한 적도 없기에 유인원들 중에서 그 인류학자가 총을 소지했다는 사실을 아는 이는 하나도 없었다. 하지만 인류학자 자신은 알고 있었다. 상황이 나빠지면 곧바로 총을 꺼내겠다는 생각을 갖고 지낸 것이다. 반면 총 없이 간 인류학자는 온전히 자신을 맡겼다. 자칫하면 자신이 다칠 수도 있다는 사실을 알고 있었지만 감수했다.

이 두 사람은 전혀 다른 두 개의 이야기를 가지고 똑같은 상황에 들어갔다. 그리고 전혀 다른 현실을 만들어낸 것은 상황 그 자체가 아니라 그들의 이야기이다.

전혀 상반된 결과를 만들어낸 것은 총이 아니라는 사실을 명심해야 한다. 총이 아니라, 자신이 총을 가지고 있음을 알고 있다는 사실이었다.

우리는 인생을 살아가면서 어떤 상황에 처할 때, 두 번째 인류학자처럼 총을 숨기고 들어간다. 우리가 숨긴 총은 바로 우리가 살고 있는, 우리가 직접 쓴 이야기이다. 이야기의 구성은 잘 보이지 않지만, 심지어는 우리의 눈에도 잘 보이지 않지만, 그렇다고 이야기가 우리 삶에 미치는 영향이 미미하다는 의미는 결코 아니다.

─〉 사실, 우리의 이야기가 현실을 만든다

캔자스 대학교 부설 병원University of Kansas Medical Center에서는 한때 가슴에 꿰맨 흉터가 있는 환자들을 심심치 않게 만나볼 수 있었는데, 그들은 불편하기는 하지만 행복하다고 이야기하곤 했다. 이들이 받은 내유동맥접합술이라는 심장수술은 관상동맥경화로 병원에 온 환자들에게 주로 실시되었는데, 수술을 받은 환자들은 일시적으로는 경미한 불편을 느끼지만, 금방 그동안 고생한 협심증과 관상동맥경화의 위험에서 해방되었다.

사실 환자들은 수술을 받았으니 엄청난 차이를 느끼는 것이 당연한 일이라고 생각했다. 하지만 그들이 받은 것은 진짜 수술이 아니었다는 사실을 알면 많이 놀랄 것이다.

이 환자들은 1950년대 캔자스 대학교 부설 병원에서 실시한 연구의 참가자였고, 그중 일부만 진짜 수술을 받았다. 나머지 환자에 대해서는 좁은 부위를 절개했다가 꿰맸을 뿐 진짜 수술은 진행하지 않았다. 일반적으로는 혈액의 흐름을 원활히 하기 위해서 두 개의 동맥을 묶지만, 가짜 수술을 한 환자들은 칼만 대었다가 곧바로 봉합했다.

하지만 수술을 받은 환자들은 열이면 열 모두 다 나았다고, 그래서 이제는 일을 다시 할 수 있다고 이야기했다.

더욱 놀라운 일이 있다. 내유동맥접합술은 훗날 증상에 별 도움이 되지 않는다는 사실이 밝혀지면서 주위를 놀라게 했다. 실험에서 '진짜' 수술을 받은 환자의 70%가 나아졌다고 대답한 점을 생각하면 놀라는 것이 당연했다. 의학적 측면에서 볼 때 내유동맥접합술은 적합하지 않은 수술 방식이므로 오히려 상태를 악화시킬 수 있었지만, 수술을 받은 환자들이 나아졌다고 대답했으니 말이다.

캔자스 대학교 부설 병원의 실험은 플라시보 효과, 즉 가짜 효과나 가짜 치료로 환자의 상태가 나아지는 효과의 극적인 예라고 할 수 있다.

플라시보 효과는 생각이 현실에 미치는 막대한 힘을 보여주는 결정적인 예이다. 우리는 가벼운 두통에서 천식에 이르기까지 다양한 질병에서 플라시보 효과를 경험한다. 즉, 실제 치료가 미치는 효과와 우리가 생각하는 효과가 다를 경우 우리가 생각하는 효과가 더 강하게 나타나는 경우가 많다는 말이다. 플라시보 효과에서 노시보라는 용어가 나왔다. 노시보 효과란 의약품이나 치료의 부작용이나 건강에 미치는 해로운 영향에 대해 환자에게 경고를 할 경우, 그 내용이 전혀 사실무근이라 하더라도 환자에게 부정적인 영향을 미치는 현상이다.

플라시보 효과에서 환자는 알약뿐만 아니라 기대 효과를 함께 처방받는다. 다시 말해서 어떤 일이 일어날 것이라고 들으면 대부분의 경우 그렇게 되고 있다고 믿고, 실제로 그렇게 만드는 것이다. 즉, 어떠한 경험을 기대함으로써 그러한 경험을 스스로 만든다.

플라시보가 진짜 의학적인 효과를 유발하는 것은 아니며, 단순히 이야기와 연관된 기대를 조장하는 것이다. 그리고 이야기에는 실제 의학적인 사실과는 전혀 반대되는 현상을 일으키는 힘이 있다. 플라시보는 일종의 선의의 거짓말이며, 현실이 될 허상이다.

우리가 알고 있는 것보다 훨씬 더 많은 부분이 플라시보와 노시보라는 실로 짜여 있다. 우리는 그저 이야기대로 살아가는 것이 아니라, 우리가 이야기다. 당신의 인생 이야기는 당신의 인생에 대한 이야기가 아니라, 바로 당신의 인생 그 자체인 것이다.

—〉 당신의 이야기는 무엇인가?

2006년에 개봉한 영화 〈스트레인저 댄 픽션*Stranger than Fiction*〉에서 불운한 국세청 감사 해롤드 크릭(윌 페렐 분)은 황당한 사실을 발견한다. 자신이 살고 있다고 생각하는 삶이 베스트셀러 작가가 쓴 이야기라는 사실이다. 하지만 문제는 크릭 자신이 이야기의 장르가 희극인지 비극인지 모르고, 작가도 어떤 장르인지 모른다는 사실이다.

당신의 인생은 어떠한가? 어떤 장르의 이야기인가?

잠시 자신의 인생을 생각해보면 질문에 대한 대답을 찾는 데 도움이 될 것이다. 오늘부터 앞으로 10년 동안의 자신의 모습을 상상해보라. 무엇이 보이는가? 앞으로의 상황이 지금 당신이 처한 상황과 다른가? 그렇다면 어떻게 다른가?

그럼 이제 현재와 10년 후, 그 사이의 시간에 대해서 생각해보자. 어떤 일이 일어나는가? "몰라요. 제가 어떻게 알겠어요?"라고 답할 수도 있다. 물론 모를 수도 있지만 한번 상상해보자. 앞으로 10년 동안 어떤 일이 일어날 거라고 기대하는가?

이제 자신에게 물어보라. 앞길에 어려움이나 장애물이 있는 것을 보았는가? 혹은 새로운 풍경, 업적, 성과를 보았는가?

"비관주의자는 자신에게 온 기회를 제대로 활용하지 못하는 사람이다. 반면 낙관주의자는 자신에게 찾아온 어려움도 기회로 만드는 사람이다."는 말은 해리 트루먼Harry Truman 대통령이 남긴 명언이다. 이로써 비극과 희극에 대한 전형적인 생각의 차이를 알았을 것이다.

물론 흑백논리처럼 우리의 인생이 이분되는 것은 아니며, 행복한 결말과 불행한 결말만 존재하는 것이 아니다.

《시학Poetics》에서 아리스토텔레스Aristotle는 이야기의 네 가지 장르 즉 비극, 희극, 서사시, 풍자극에 대해서 묘사한다. 물론 오늘날 우리가 극장에서 접하는 장르는 희극, 비극, 드라마, 모험영화, 경찰영화, 탐정영화, 서부영화, 멜로, 다큐멘터리, 전쟁 영화, 공상과학영화, 공포영화, 판타지, 풍자극, 익살극 등 훨씬 다양하다.

당신의 인생 이야기를 한 단어로 표현한다면?

내 인생 이야기는 _____다.

당신의 이야기에서 당신이 맡은 역할은?

등장인물이 없는 이야기는 없다. 영웅, 악당, 괜히 애매한 시간에 엉뚱한 장소에 있다가 초반에 살해당하는 무고한 시민 등 다양한 등장인물이 있다. 주연과 조연, 그리고 수천 명의 엑스트라가 모여서 하나의 이야기가 만들어진다.

당신의 인생 이야기에는 누가 등장하는가? 누가 희생자인가? 누가 친구인가? 주인공이 사랑하는 사람은? 그중에 당신은 누구인가?

내 인생 이야기에서 내 역할은 _____다.

어쩌면 해롤드 크릭처럼 당신도 이야기의 장르조차 모르고 있을 수도 있다. 혹은 로베르타처럼 자신이 희생자 역할이라고 생각할 수도 있고, 반대로 미첼과 같이 모든 역경을 이겨내는 영웅이 되고 싶어 하는지도 모른다. 때로는 자신이 한 행동을 부끄럽게 여길 수도, 자신이 이야기에서 악당인지 의심스러울 수도 있다.

그러나 이 모든 것은 일시적인 역할에 불과하다. 사실 당신은 그중 어떤 인물도 아니다. 물론 당신이 맡은 역할이 있기는 하지만 항상 변하지 않는가? 만약 당신의 인생에서 돈의 역할이 바뀌길 원한다면, 이를 달성하는 가장 효율적인 방법은 이야기에서 당신의 역할이 무엇인지부터 먼저 인식하는 것이다.

당신이 맡은 역할이 무엇인지 알아보기에 앞서 워너브라더스의 만화를 잠시 살펴보자. 척 존스Chuck Jones의 만화 〈루니툰즈〉에서 대피덕은 법원에서 허세 부리는 검객의 모습으로 등장한다. "물러서, 총을 든 병사들아! 내 칼을 받으라."라며 열변을 토한다. 그러면서 칼을 뽑아서 휘두르는 순간 갑자기 배경이 사라진다.

"헤이! 배경 담당자 누구야? 배경 어디 갔어?" 대피덕이 소리친다. 그러자 곧바로 배경이 나타나지만 법원이 아닌 이번에는 농장이다. 대피덕은 계획을 바꿔서 자신이 배경에 맞춰 연기를 시작한다. 천천히 "농장에 온 대피덕 이야이야오~." 노래를 부르며 주위를 산책한다. 그러나 만화가는 또다시 배경을 바꾸고, 대피덕 옆에 이글루가 나타난다.

상황은 점점 더 악화된다. 손에 들려 있는 기타를 연주해보지만, 기타 소리는 나지 않고 총소리, 당나귀 울음소리 등 이상한 소리만 난다. 이번에는 말을 하려고 하는데 원숭이 소리나 닭의 울음소리가 난다.

몸 전체가 없어지고 외계의 곤충 몸이 나타난다. 그리고 비행기에서 낙하산을 타고 떨어질 때에는 낙하산이 없어지고 그 자리에 뼈다귀가 나타난다. 그래도 여전히 배경에 충실하기 위해서 이번에는 망치로 뼈다귀를 친다. 그러자 뼈다귀가 무엇으로 바뀌었을까? 폭탄으로 바뀌더니 얼굴에서 터져버린다.

도무지 상황을 종잡을 수 없어지자 대피덕은 화가 나서 카메라를 노려보며 소리친다. "그만하면 충분하잖아! 이제 더 이상 잡을 지푸라기도 없다고. 책임자가 누구야? 숨지 말고 모습을 드러내란 말이야! 누구냐고! 응?"

그 순간, 만화가가 문을 그리고 문을 열자 대피덕도 좀 화를 가라앉히는 듯했다. 카메라가 멀어지면서 만화가의 작업대와 이 모든 소란을 그린 만화가를 잡는다. 벅스 버니는 우리를 보며 히죽거리면서 만화가의 유명한 마무리 멘트를 날린다.

"나 골칫덩어리 아니지?"

사실 골칫덩어리가 맞다. 우리의 인생 역시 때로는 골칫덩어리처럼 느껴질 때가 있다. 모든 일이 생각대로 되지 않을 때 말이다. 계속해서 배경이 바뀌고, 승리를 얻으려는 순간 배경이 농장으로, 이글루로 변해버리고, 위급한 순간에 낙하산이 뼈다귀로 변하고…. 우리가 무엇을 하건 상황은 마음대로, 창조주의 손에 의해 움직인다.

대피덕처럼 화를 내며 소리칠 수도 있다. "그만하면 충분하잖아! 책임자가 누구야?" 하지만 카메라가 멀어져서 이런 모든 상황을 만든 만화가를 비추는 순간, 벅스 버니가 아닌 바로 우리 자신임을 발견하게 된다.

때로는 자신이 영웅이나 악당, 계획을 하는 사람이나 계획을 따르는 사람, 가장 친한 친구나 원수, 승자나 패자라는 느낌이 든다. 하지만 이런 모든 역할은 일시적일 뿐이다. 그러나 당신이 평생 동안 변하지 않고 맡아야 할 역할은 단 하나뿐이다. 바로 작가다!

─〉 진행 중

당신의 이야기를 이해하는 데 있어서 가장 중요한 점은 진행 중이라는 사실이다. 당신의 인생 이야기가 때로는 '미리 정해져 있는 것은 아닌가, 그저 운명의 바람 따라 흘러가는 것은 아닌가, 태어나기 전에 미리 정해진 별자리 운세에 달려 있는 것은 아닌가'라고 생각될 때가 있다. 그러나 주위를 보면, 시작이 좋지 않더라도 결국에는 자신의 미래를 멋지게 바꾼 사람들을 볼 수 있다. 그런 수백만의 사람들 중에서 조금 더 알려진 사람들의 예를 살펴보면 엘비스 프레슬리Elvis Presley, 오프라 윈프리Oprah Winfrey, 빌 클린턴Bill Clinton, 미셸 오바마Michelle Obama가 있다. 바로 자신이 만든 새로운 이야기로 다시 태어난 이들이다.

〈포브스Forbes〉에 따르면 전 세계의 억만장자 중 3분의 2는 빈털터리로 시작했다고 한다. 부모님에게 유산을 물려받거나 로또에 당첨된 것이 아니라, 오히려 그 반대로 가난한 가정 출신인 경우가 많다. 《해리 포터Harry Potter》 시리즈의 저자인 J. K. 롤링J. K. Rowling도 그랬다. 첫 번째 책을 집필할 당시 그녀는 국가로부터 보조금을 받으며 아이를 키우고 있었다. 하지만 몇 년 후 그녀는 〈포브스〉에 책을 집필하여 억만장자가 된 첫 번째 작가로 소개되었다.

미래에 대해서 정해진 것은 아무것도 없다. 미래의 방향은 당신이 정하는 것이다. 당신 이야기의 작가로서 당신은 다시 쓸 수도, 수정할 수도, 새로운 장을 시작할 수도 있다. 영화감독처럼 대본을 수정할 수도 있고, 본인의 결정에 따라 "액션!"이나 "컷!"을 외칠 수 있다. 당신의 인생 이야기와 마찬가지로, 변덕스럽고 이상한 당신의 돈 이야기에 대해서도 그렇게 할 수 있다.

Chapter 05

돈의 유령에게
물어라

크리스마스란 네놈한테는, 버는 건 없는데 빚은 들입다 갚아야 되고, 한 시간도 벌이가 나아지지 못하는 주제에 공연히 나이나 한 살 더 먹고, 1년 열두 달, 어느 한 항목 적자가 아닌 데 없는 장부를 펴 들고 앉아 결산한답시고 머리 싸매는 때가 아니고 뭐냐? 내 마음 같아서는 그저 "메리 크리스마스" 어쩌고저쩌고 주절대는 머저리들은 그놈들이 크리스마스에 처먹는 푸딩하고 같이 익혀서 가슴팍에 나뭇가지를 푹 꽂았다가 땅에 파묻어 버렸으면 좋겠다! 그래도 싸지!

— 에베네저 스크루지, 찰스 디킨스(Charles Dickens)의 《크리스마스 캐롤(A Christmas Carol), 1843》 중

제리가 처음 내 사무실을 찾아왔을 때, 그녀는 50대 후반의 성공한 커리어우먼이었다. 그녀는 중국 도자기에 관한 책의 저자이자, 성공한 건축가의 아내이자, 대도시의 주요 비영리 기관에서 이사로 활동하고 있었다. 겉으로 보기에 그녀의 인생 이야기는 성공, 일류, 성취를 말하고 있는 듯했다. 하지만 돈을 대하는 그녀의 행동은 전혀 다른 이야기를 하고 있었다.

많은 돈을 가진 제리는 정작 자신을 위해 돈을 쓰지 못했다. 훨씬 더 나은 물건을 살 돈과 여유가 있음에도, 그녀의 집에는 짬짬이 벼룩시장이나 할인마트 등에서 산 물건이 가득했다. 옷장을 들여다봐도 온통 폭탄세일에서 산 옷뿐이었다. 그녀의 머릿속에는 자신이 최고의 상품, 좋은 상품을 가질 자격이 없다는 생각이 자리 잡고 있었다. 사실 그녀는 최고는커녕 괜찮은 상품조차 누릴 자격이 없다고 생각하는 것 같았다.

그녀는 자신을 하찮은 존재로 여긴 것이다.

어린 시절 그녀는 어머니로부터 좋은 물건은 그녀에게 적합하지 않다는 이야기를 들었다. 그녀가 세일하지 않는 옷을 사달라거나 좋은 집에 살고 싶다고 할 때마다 어머니는 그녀에게 "부끄러운 줄 알아!"라며 꾸중했다. 이때부터 그녀는 자신을 위해 무언가를 살 때마다 자신을 책망했다. 어머니의 영향을 받은 탓인지 성인이 된 그녀는 자신이 충분히 살 수 있는 물건조차 자신에게 과한 것으로 여기게 되었다.

그녀 인생을 둘러싼 외적인 환경은 상당히 많이 변했지만, 그녀의 돈 이야기는 거의 변하지 않았다. 어머니께 들은 모든 말과 어머니께서 보이신 행동은 '그녀가 하찮은 존재'라고 말하고 있었다. 그리고 그녀는 여전히 그 생각을 버리지 못하고 있다. 그녀의 이야기에는 플라시보 효과가 여실히 드러나 있으며, 덕분에 그녀는 자신에게 돈을 투자해서는 안 될 만큼 스스로가 하찮은 존재라는 생각을 안고 살고 있었다.

─〉 당신의 돈 이야기

당신의 돈 이야기는 잠재의식 속에서 당신이 누구인지, 돈이 당신에게 어떤 의미인지, 돈이 당신에 대해서 무슨 말을 하는지 지속적으로 당신에게 말한다. 당신이 어느 정도를 받을 자격이 있는지, 당신이 얼마나 가치 있는 사람인지, 당신에게 얼마만큼의 능력이 있는지, 당신에게 더 많은 돈이 있다면 어떤 일이 일어날지, 당신이 지금 가진 모든 것을 잃으면 어떤 일이 일어날지에 대한 대화는 항상 진행 중이다.

새 차를 보고 갖고 싶다는 마음이 드는 순간 당신은 당신의 돈 이야기가 반영된 행동을 한다. 의식적인 사고 바로 아래층에 위치한 돈 이야기에 '이 차는 내 가치를 높여줄 거야', '이 차만 있으면 문제가 해결될 거야', '이 차를 타면 사람들이 나를 우러러보겠지', '내가 누구인지 보여줄 수 있을 거야'와 같은 줄거리가 추가되기 때문이다.

예를 들어, 당신의 인생 이야기에서 돈의 역할은 가난 혹은 결핍, 줄거리는 "일이 잘 안 풀리네. 하지만 그럭저럭 잘 헤쳐 나가고 있어." 정도라고 하자.

이 이야기 내에서는 당신이 재정적인 자유나 번영이라는 목표를 세운다 하더라도 쉽게 꺾이지 않는 내면의 내레이터는 계속해서 당신에게 속삭일 것이다. "난 신용카드 빚에서 영원히 헤어 나오지 못할 거야." 그럼 당신이 그 목소리를 듣건, 듣지 못하건 결국 내면의 내레이터가 당신에게 말하는 이야기는 당신의 이야기가 될 것이다. 의사가 당신에게 기분이 나아질 거라고 이야기하면 정말로 그렇게 되는 것과 마찬가지이다. 만약 사람들이 당신이 하찮은 존재라고 말한다면 어떻게 될까? 부모님, 친구들, 배우자가 당신에게 부유해질 수 없다고 말한다면? 혹은 스스로 자신에게 그렇게 말한다면?

반대로 주위 사람들이나 당신 스스로 당신이 부유해질 수 있다고 말한다면?

우리의 돈 이야기는 돈에만 국한된 것이 아니며, 모든 것에 관한 것이다. 우리가 하는 모든 것에 침투하고, 우리 인생의 모든 측면에 개입한다. 우리가 먹고, 마시고, 읽고, 두려워하고, 계획하고, 사는 것 모두 우리의 돈 이야기의 영향 아래 있다는 말이다. 우리의 건강, 직업, 가족, 꿈은 모두 우리의 돈 이야기가 미리 정해놓은 줄거리대로 흘러간다. 하루가 지날수록, 한 푼 한 푼 사용할수록 우리의 돈 이야기가 우리의 인생 이야기가 되는 것이다.

잭 휘태커의 사례가 대표적인 예이다. 로또에 당첨되었지만 빈곤과 갈등으로 가득한 그의 인생 이야기는 조금도 바뀌지 않았다. 로또 당첨 사건이 축복이 될 수도 있었지만, 오히려 그의 인생 이야기가 그 사건을 저주로 만들어버렸다. 물론 잭의 사례가 극적이기는 하지만, 대부분의 로또 당첨자들도 으레 빚에 쪼들리며 힘들게 살아가고 비슷한 경험을 한다. 이처럼 돈 이야기는 가공할 만한 위력을 과시한다.

이와는 정반대로 작용하는 경우도 있다. 대부분의 억만장자들은 태어날 때부터 부자가 아니라는 사실을 기억하는가? 그들은 어떻게 지금의 결과를 얻을 수 있었을까? 그들이 자신에게 들려준 이야기 때문이다.

Money Quiz 〉

당신이 자신의 돈 이야기를 어떻게 써나가고 있는지 하나의 예를 살펴보자. 1장에서 이런 질문을 던진 적이 있다. "재정적인 만족감과 행복을 확보하기 위해 필요한 나의 연간 수입은 얼마인가?"

자, 그럼 이제는 이와 관련된 다른 질문에 대해 생각해보자. "현실적으로 가능한 범위 내에서 당신이 벌 수 있는 연간 최고 수입은?"

다른 사람이 벌 수 있는 최고 액수를 말하라는 것이 아니다. 당신에 대한 이야기이다. 그리고 갑자기 로또에 당첨되거나, 혹은 어느 날 영감을 받아 회사를 그만두고 구글(Google)에 버금가는 회사를 설립할 경우가 아닌 논리적으로 가능한 범위 내에서 생각해야 한다.

이번 연습 과제의 효과를 높이려면, 다음으로 넘어가기 전에 먼저 아래에 정확한 액수를 기입해야 한다.

"현실적으로 가능한 범위 내에서 당신이 벌 수 있는 연간 최고 수입은?"

이제 당신의 답변에 대해서 더욱 면밀히 살펴보자. 왜 이 액수를 선택했는가? 혹시 그 액수보다 더 많은 돈을 버는 사람을 알고 있는가? 2배 더 버는 사람은? 10배 더 버는 사람은? 20배 혹은 100배를 더 버는 사람은 없는가? 그중에는 타이거 우즈(Tiger Woods)와 같이 성공한 운동선수도 있다. 물론 당신은 타이거 우즈도, 가스 브룩스(Garth Brooks)도, 줄리아 로버츠(Julia Roberts)도, 빌 게이츠(Bill Gates)도 아니다. 이 세상에는 이들처럼 유명한 가수나 운동선수도 아니고, 남들보다 더욱 똑똑하거나 재능이 많지도 않고, 그렇다고 당신보다 더 유리한 환경에서 태어난 것도 아닌데 엄청난 부를 모은 사람들이 많다.

그렇다면 '타당한 기대치'는 어디에서 왔는가? 바로 당신의 이야기에서 온 것이다. 원래 이 질문을 더욱 정확하게 하려면 다음과 같이 하는 것이 옳다.

"나의 돈 이야기가 내게 허용하는 최대의 연간 수입은?"

\-

유인원 집단에 들어간 두 명의 인류학자와 마찬가지로, 당신이 어떤 가정을 하건 그것이 현실이 될 것이다. 인생은 대본대로 진행되기 때문이다. 즉, 당신이 벌 자격이 있다고 스스로 생각하는 액수만큼만 손에 쥘 수 있는 것이다. 당신의 신념 체계에는 필연적인 부분이 있다. 본인의 돈 이야기에 대한 소유권을 갖지도 못하고 제대로 인식하지도 못한 상태에서, 스스로를 제한하는 가정을 뛰어넘기 위한 유일한 방법은 무엇일까? 필연적인 사건이 발생하는 시기와 방식을 직접 결정하는 등 당신의 뜻대로 사건을 움직이는 것이다.

예를 들어 어떤 서비스를 제공한 뒤, 그 대가로 최고 금액을 받을 자격이 있는지 스스로 의심한다면, 항상 최저임금을 받을 수밖에 없다. 만약 봉급 인상 요청이 거절당할 것을 두려워한다면, 그래서 인상 요청조차 하지 못한다면 자신이 가장 무서워하는 결과를 스스로 초래하는 꼴이다.

본인이 공정한 대우를 받지 못한다는 생각이 든다면 거기에는 가능한 시나리오가 세 가지 있다. 첫째, 불공정한 대우를 하는 사람에게 당신이 제 발로 걸어갔다. 혹은 스스로 그런 결과를 부르는 행동을 한다. 마지막으로 당신의 추측이 현실이 되게끔 실체와는 상관없이 그렇게 사물을 판단한다.

그런데 스스로를 제한하는 돈 이야기가 빈곤한 사람에게만 나타나는 것은 아니다. 만성적으로 돈이 부족한 상황만큼이나 돈이 풍부한 상황에서도 잠재의식 속에 존재하는 줄거리가 현실이 될 수 있다.

텍사스 출신의 한 비서는 머릿속에 그리고 있는 집을 생각하며 지난 10년간 돈을 모았다. 마침내 그녀는 식료품점을 운영하는 남편, 그리고 아들과 함께 그간 꿈꿔 온 집을 성처럼 으리으리하게 지었다.

전 세계에서도 몇 손가락 안에 드는 규모로 지어진 집의 가격은 4,800만 달러에 달했다. 대문을 열고 길을 따라 들어와야 현관이 있을 정도로 넓은 앞뜰이 있었고, 시내와도 멀지 않았다. 집안에는 뉴욕 시에 위치한 그린Green 레스토랑과 비슷한 분위기의 티 룸과 엘리베이터 2개, 실외와 실내 수영장, 극장, 무도회장, 볼링장, 라켓볼 코트, 주차장 15개가 있었다. 부부는 자신들의 성姓 골드필드Goldfield를 따서 '금의 집'이라는 뜻을 지닌 'Champ d'Or'라는 이름을 지었다. 그 후로 동화 속 성 같은 집에서 오랫동안 행복하게 살았을까?

꼭 그렇지만은 않았다. 골드필드 부인은 꿈의 집에서 두 달간 지낸 후, 집을 부동산에 내놓았다. "어떤 꿈은 실현하지 않고 그대로 남겨두는 것이 좋은 것 같네요." 그녀는 조용히 이렇게 회상했다.

─〉 자신도 모르는 비밀

우리들 대부분은 골드필드 부인만큼 운이 좋지는 못하다. 4,800만 달러짜리 집에서 살 수 없어서가 아니라, 우리가 살고 있는 돈 이야기에 대한 진실을 보지 못하거나 더 행복한 인생을 위한 변화의 첫걸음조차 떼지 못하기 때문이다. 우리 돈 이야기의 대부분은 숨겨져 있기 때문에 이야기를 볼 수 없다는 것이 문제이다. 볼 수 없으면 시험이나 변화를 시도하는 것조차 불가능하지 않은가? 소크라테스Socrates는 "시험하지 않는 삶은 살 가치가 없다.'고 말했지만, 나는 시험하지 않는 삶은 더 좋게 바꿀 수 없다고 말하는 것이 더욱 안전하리라 생각한다.

캘리포니아 남부에 25여 년간 재정 상담을 해온 친구가 있다. 이제까지 그 친구는 수백 명의 사람들에게 간단한 수입·지출 내역서를 작성하게 시켰다. 그중에서 얼마나 솔직하고 정확한 내역서를 가지고 왔을 것 같으냐고 내게 물었다. 50%? 아니면 25%? 그는 0%라고 대답했다. 솔직한 사람이 하나도 없다는 것이다.

이는 이야기의 엄청난 힘을 보여주는 결정적인 증거이다. 우리가 아무리 많이 배우고 똑똑하고 정교하다 하더라도, 자신의 이야기를 본인 모르게 숨기고 있다. 이처럼 비밀로 하기 위해 사용하는 방법은 다양하다.

부인

우리는 신용카드로 물건을 구매할 때마다 각각의 구매를 따로 생각하기 때문에 총 얼마를 사용했는지 알지 못한다. 그렇게 우리는 편리하게 카드 대금을 모른 채 살아간다. "이건 비싸. 하지만 이번에 한 번쯤 사는 것도 그렇게 나쁘진 않잖아?"라며 스스로를 위안한다. 그러면서 그런 식으로 최근에 산 물건이 쌓여간다는 사실을, 또한 앞으로도 그럴 것이라는 사실을 모른 체한다.

분류

보너스나 세금 환급과 같이 예기치 않은 돈이 생기면, 우리는 저축해서 모은 돈과는 다른 방식으로 사용한다. "어차피 생각지도 않았던 돈이잖아. 그러니까 굳이 그렇게까지 따질 필요는 없잖아?"

합리화

고액의 물품을 구입할 때 우리는 장기간에 걸쳐 비용을 분할한다. "오디오가 비싸기는 하지만, 앞으로 3년간 사용할 것을 생각해서 가격을 365일×3년으로 나누면 하루에 고작 6센트밖에 안 되잖아."

회피

경기가 불황이고 주식이 폭락하더라도, 우리는 눈앞에 보이는 증거를 무시하며 논리적인 사고로는 당분간 기대하기 어려운 회복을 기대한다. 혹은 자신의 재정적인 능력으로는 살 수 없는 물건을 신용카드로 사버리고는 "신용카드 빚 같은 건 없어."라며 자신을 위로한다. 또는 신용카드 고지서를 받았지만 보지 않고, 어떤 행동도 취하지 않고 있다가 납기일을 넘긴다(마치 신용카드 대금에 대해서 아무 말도 하지 않고 아무런 행동을 취하지 않으면 사라지기라도 하는 것처럼).

흥정

우리는 쇼핑을 하면서 스스로 다짐한다. "앞으로는 허리띠를 좀 더 바짝 졸라매어 저축해야지. 다음 달부터!"

자신에 대한 불충

저축 등에 대한 목표나 특정한 전략을 세운 후, 마음을 딴 데에 돌리고는 스스로 세운 목표와 계획을 등한시한다.

도전

스스로에게 가장 도움이 되는 예산을 세운 뒤, 정말로 사고 싶은 무언가가 생겼는데 그것이 예산을 초과하는 경우가 있다. 이럴 때 사람들이 자동차 범퍼에 자주 붙이는 스티커 슬로건 "권위에 도전하라 Question Authority!"를 몸소 실천하면서, 자신의 생각과는 상반되는 쇼핑을 한다. 이때 우리가 도전하는 권위는 다른 사람의 것도 아니고 본인 스스로의 것인데도 말이다.

─〉 비밀의 해부

우리가 자신의 돈 이야기에 대해 잘 모르는 전형적인 원인을 파악하려면, 애초에 돈 이야기가 어떻게 구성되어 있는지 알아야 한다. 돈 이야기는 크게 네 개의 층으로 구성되어 있으며, 각각의 층은 각기 다른 특성을 지니고 있다.

1. 감정: 우리의 인생과 우리를 둘러싼 세상에 존재하는 돈에 관한

신념, 돈의 표상, 감정, 노력과 연관된 본능적 반응

2. 행동: 돈을 위해서 혹은 돈을 가지고 우리가 하는 것

3. 생각: 돈과 돈의 상징물에 대해 어떤 생각을 하는가?

4. 경험: 돈에 대한 전반적인 반응, 돈의 중요성, 우리 삶에 나타나는 돈과 연관된 증상

돈 이야기의 구조

감정

우리는 내재해 있는 감정을 토대로 돈에 대한 결정을 내리며, 그 감정은 정서적으로 돈이 우리에게 의미하는 바를 결정한다. 그리고 그 의미는 시간이 지남에 따라 돈에 대한 우리의 신념으로 굳어진다.

2장에서는 돈이 지니는 정서적인 의미 중 열두 가지만 살펴본 것이며, 그 외에도 수십 가지는 더 존재한다. 돈에는 화, 분노, 존경, 연민, 욕망, 적대심 등 인간의 모든 감정을 움직일 수 있는 힘이 있다.

이야기를 구성하는 네 개의 층 가운데 감정은 가장 깊은 곳에 위치하며, 돈 이야기의 핵심을 형성한다.

행동

우리의 행동은 돈에 대한 진정한 신념을 가장 확실하게 보여주는 창이다. 감정이 내면에 숨어 있는 것과는 달리, 우리의 행동은 눈에 보인다. 우리의 행동은 돈이 말하는 비밀의 언어를 가장 보기 쉽게, 전혀 은밀하지 않게 드러낸다. 우리가 믿는다고 말하는 내용과 생각하는 내용은 별개이다. 우리가 믿는 것을 가장 확실하게 보여주는 것이 바로 우리의 행동이다.

토드 맥팔레인이 5달러짜리 야구공을 사기 위해서 수백만 달러를 지불했을 때, 그의 행동은 돈에 대한 그의 신념과 돈을 사용해서 이루고자 하는 그의 목적을 강하게 보여준다. 그 밖에 휴가를 취소하거나, 특별한 이유 없이 회사를 그만두거나, 가지고 있는 돈보다 비싼 옷을 사거나 하는 등의 우리의 행동 역시 우리에게 돈이 의미하는 바를 보여준다.

생각

돈과 연관된 문제에 있어서 우리는 신념에 대해 논리적으로 생각하지 않고, 심지어는 온전한 정신으로 생각하지 않을 때도 있다. 하지만 이때에도 우리는 돈과 연관된 우리의 행동에 대해서는 생각한다. 그러나 대개 우리의 생각은 (반대로 생각할 때에도) 문제의 중심에 있지 않다. 한 예로 우리는 감정적으로 무언가를 사고 나서 논리적으로 합리화한다. 혹은 먼저 논리적으로 합리화를 한 뒤 무언가를 구매한다. 다시 말해 사실에 생각을 끼워 맞춘다.

생각이란 우리 자신에게 이야기가 가진 어떠한 의미를 전달하는 행동이다. 그러나 이때 실제로 이야기가 지니는 의미와 우리가 자신에게 말하는 이야기의 의미가 꼭 일치하는 것은 아니다. 사건이 모두 일어난 후에 '공식적'으로 기록되는 역사가 그렇듯이, 우리 자신에게 들려주는 이야기는 실제로 일어난 일을 예쁘게 꾸민 버전이고 그러는 와중에 진정한 이야기는 지하로 가라앉는다.

그런 탓에 앞뒤가 맞지 않는 모순된 결과밖에 나올 수 없다. 그렇지 않다면 어떻게 사리분별을 잘하는 사람이 미친 듯이 쇼핑을 하고, 혹은 지나치게 저축을 할 수 있단 말인가? 신용 있는 사람이 금전 문제가 눈덩이처럼 불어나기 전까지는 완전히 문제를 무시하며 살아갈 수 있단 말인가? 유능한 사람도 자신의 능력에 어울리지 않는 낮은 임금을 받기도 하며, 규칙과 통합을 중요시하는 사람도 스스로 세운 돈에 대한 규칙을 무시하고 자신이 중요하게 생각하는 것을 양보하고 심지어는 법을 어기기도 한다.

경험

돈과 관련된 다양한 요인이 어우러지면 우리는 전반적인 경험을 쌓을 수 있으며, 또한 돈에 대한 의미가 형성된다.

자녀와 같이 사랑하는 사람의 사진을 볼 때, 우리는 한순간에 찍힌 단면적인 그림만을 보는 것이 아니다. 이제까지 그 사람과 함께 보낸 추억 등 모든 것을 떠올린다. 한 장의 사진에도 우리 인생의 한 장을 깨우는 힘이 있다는 말이다. 경험, 감정, 신념, 또한 돈에 대해 우리가 가지고 있는 생각, 의견, 합리화 등 돈을 둘러싼 경험은 우리의 돈 이야기의 구성요소가 된다.

─〉 층 벗기기

자신의 돈 이야기에 대해서 파악하려면, 이야기를 구성하는 층을 분해해서 자세히 살펴볼 필요가 있다. 그러고 나서 더 나은 삶을 위해서 이야기를 바꾸려면, 각각의 층뿐만 아니라 모든 층을 한 번에 볼 수 있는 눈이 필요하다.

일반적으로 우리는 돈에 대해 많은 경험을 하며 살아간다. 하지만 한 걸음 뒤로 물러서서 자신의 경험을 구성하는 요인이 무엇인지, 그 중 바꾸고 싶은 요인이 있는지에 대해 생각하지는 않는다. 혹시 이에 대해 생각해보는 사람이 있다 하더라도 아주 깊은 곳까지는 보지 못하고 생각의 층에서 멈춘다. 우리 자신이 처한 상황에 대해서 진정으로 어떤 생각을 하고 있는지 자문하기도 한다.

Q 흠, 3만 달러 빚이 있군. 지금 이 상황에 대해서 나는 지금 무슨 생각을 하고 있는가?

A 지금 이 상황이 어떻게 일어났는지 도무지 모르겠군. 나는 돈에 대해서는 책임감 있는 사람인데 말이야. 하긴 요즘 상황이 많이 안 좋긴 했어. 그렇지 않아? 경기도 불황이고 하니, 빚이 있는 건 당연한 거 아냐? 그리고 조금 더 생각해보니, 앞으로 저축을 조금만 늘리면(혹은 다른 합리적인 전략을 실행에 옮기면) 조만간 빚을 다 갚을 수 있을 거야.

하지만 이건 우리의 생각에 불과하다. 우리 중 상당수는 논리적인 사고까지만 들여다볼 뿐, 질문에 대한 진짜 답변을 찾기 위해 더욱 깊숙이 들여다볼 생각은 하지 않는다. "네, 근데 제가 어쨌는데요? 제가 지금 뭘 하고 있다고요? 제 행동에 대해서는 신경 쓰지 마세요." 우리가 앞으로 취할 행동에 대한 예측이 경험을 토대로 한 예측만큼이나 정확할 수 있다는 사실은 전혀 놀랍지 않다.

실제 자신이 돈을 가지고 하는 행동을 도마 위에 올려놓았을 때, 자신의 행동을 인정하는 일은 자신이 알코올 중독자라는 사실을 인정하는 것만큼이나 용기가 필요하다. 하지만 이 정도로 충분하지는 않다. 자신의 돈 이야기의 실체를 제대로 보려면 단순한 행동 그 자체뿐만 아니라, 행동을 유발한 내면의 감정에 대해서도 살펴봐야 한다. 우리는 이야기에 수반되는 잘못된 추측과 신념도 검토해볼 필요가 있다. 우리의 돈 이야기 중 바꿔야 할 부분을 찾으려면 먼저 이야기를 열어서 안을 잘 들여다본 뒤, 행동에 숨어 있는 이유를 파악해야 한다.

제리의 예화처럼 돈 이야기에서 끊임없이 등장하는 테마는 어린 시절에 시작된 무언가다. 여기에서는 어린 시절 부모님의 무릎에 앉아서 배운 돈 이야기 몇 가지에 대해서 살펴보자.

- 돈은 나무에서 딸 수 있는 것이 아니란다.
- 사람이 돈으로 만들어졌다고 생각하니?
- 너의 아버지(어머니)나 나에게 충분한 것이면, 너에게도 충분한 거란다.
- 우리는 생필품을 충분히 가질 자격이 있는 존재란다. 하지만 그 이상은 탐욕이란다.
- 큰돈을 벌려면 정말로 열심히 일해야 한단다. 그리고 큰돈을 벌었

다 하더라도 그 돈은 사라질 수도 있단다.

- 돈은 정말로 중요한 것의 척도란다. 자신이 원하는 것에 대해서 떠들어대는 사람들은 많단다. 하지만 그것을 얻기 위해 정말로 지갑을 열어서 돈을 꺼내기 전까지는 모두 헛소리에 불과하단다.
- 돈과 정말로 소중한 가치는 상호 배타적이란다. 세상에는 돈을 좇는 사람도 있고, 선을 행하는 사람도 있지. 하지만 이 둘을 동시에 할 수 있는 사람은 없단다.
- 돈을 나무에서 딸 수도 있단다. 그걸 신용이라고 부르지. 똑똑해서 어떻게 그런 일이 가능한지 이해하는 사람들은 큰돈을 만진단다.

이 중에 공감이 가는 내용이 있는가? 그 밖에 당신의 어린 시절에 들은 다른 내용이 있는가?

당신의 과거와 현재의 이야기를 검토할 때, 조사의 방향을 잡는 데 도움이 될 세 단계 방법이 있다.

1. 어떤 신념이 당신의 돈 이야기의 근거가 되는가?

지난 장에서 이미 돈에 대한 당신의 감정과 돈에 부여하는 의미, 당신의 인생에서 돈이 하는 역할에 대해서 충분히 살펴보았다. 이 같은 감정과 의미의 결정체가 바로 당신이 믿는 신념이다.

일종의 현실처럼 보이지만, 신념은 (행동과 마찬가지로) 개인이 만든 창조물이다. 과거의 한 시점에서, 감정의 영향을 받은 각각의 신념은 어떠한 결정에서부터 시작됐을 것이다. 그리고 오늘날에는 당신이 내리는 결정의 형태로 신념이 존재한다. 언제나 당신의 마음을 바꿀 수 있다는 사실을 기억하라.

2. 각각의 견해나 신념의 토대가 된 처음 결정을 내릴 때가 언제인가?

예를 들어, 처음 결정은 극심한 절망이나 고통스러운 에피소드를 낳는다. 돈에 대한 부모님의 염려나 퇴직 사실을 아는 아이는 금전적인 문제를 고려해서 조심스러운 결정을 내린다. 이는 오히려 미래를 위한 준비나 저축에 건전한 동기가 될 수도 있고, 혹은 재정적인 위험을 신중하게 판단할 수 있는 힘을 키워준다. 그러나 반대로 비합리적이고 건전하지 못한 습관을 초래할 수도 있다. 가령 돈에 대한 정직한 토론을 수치스럽게 생각한다거나, 성장을 위해 필요한 적절한 위험조차 감수하지 않는다거나, 자신의 가치에 전혀 미치지 못하는 수당을 받으며 일할 수도 있다.

금전적인 습관은 유전자를 통해 부모님을 통해 물려받는 성질의 것이 아니다. 자신이 희생자라는 생각이나, 오랜 세월 기준 미달의 시급을 받은 일이 자신의 정체성과 이야기 전체에 영향을 미친 것이다.

3. 처음 결정과 현재 당신이 지닌 관점과는 어떤 관계인가?

당신의 추측이 현재의 삶에 미치는 영향, 정서적·금전적 비용 등에 대해서 인정하라. 그리고 각각의 신념을 차례대로 검토하면서, 처음 시작이 어떻든 현재 어떤 역할을 하는지 살펴보라.

예를 들어 부모님이 돈에 대해서 공개적으로 잘 이야기를 하지 않는 분이었다면, 당신 역시 돈에 대한 공개적인 토론을 억제하며 살고 있을 것이다. 다시 말해 어린 시절에 내린 결정이 성인이 된 지금에도 힘을 발휘하고 있는 것이다. 그렇지만 과연 그럴 필요가 있을까? 공개적인 토론을 억제하기 위해 에너지를 쏟고 있다면 그만한 가치가 있는가?

당신이 무엇을 생각할지는 당신 스스로 결정한다는 사실을 기억하라. 또한 돈에 어떤 의미를 부여하는 사람도 바로 당신이며, 그 의미와 관련하여 어떤 행동을 취할지 결정하는 이도 다름 아닌 당신이다.

Money Quiz 〉

너무 어렵게 생각하거나 시간을 오래 끌지도 마라. 그냥 읽고 나서 먼저 떠오르는 것 세 가지를 적어라.

당신의 인생에서 돈으로 한 경험 중 가장 중요한 경험 세 가지는 무엇인가?

1. _____

2. _____

3. _____

이제 당신이 적은 답을 자세히 들여다보자.
하나씩 차례대로 살펴보는 것이 좋다. 이런 경험이 거액의 돈을 벌거나 받는 일과 연관이 있는가? 아니면 거액의 빚과 연관이 있는가? 혹은 특별히 비싼 무언가를 사는 일인가? 처음 자동차나 보금자리를 사거나, 월급이나 보너스를 받는 것처럼 뭔가를 처음 경험한 것이었나? 혹은 빚 청산과 연관이 있는가?
이제 세 가지 경험에 대해서 하나씩 생각하면서 자신에게 물어보라. 위의 경험에 대해서 어떤 기분이 드는가? 왜 중요하다고 생각했는가?

1. _____

2. _____

3. _____

각각의 경험에 대해서 한 번만 더 차례대로 생각해보자. 위의 경험이 '증명'하는 이야기가 있는지 살펴보라. 만약 일어난 사건에 대해 "본 경험을 통해 배운 교훈은…"으로 끝나는 문장으로 설명한다면 어떻게 하겠는가?

얼마나 자신에 대해서 잘 알고 있는지, 그리고 알고 있는 내용으로 당신이 어떻게 하는지에 따라서 당신의 돈 이야기의 성패 여부가 결정된다. 돈이 행복을 가져다주는 것이 아니다. 당신이 어떻게 돈 이야기를 쓰고, 어떻게 그 이야기대로 살아가는지에 따라서 당신의 미래가 결정된다.

모든 중요한 관계에는 각각의 역사와 이야기, 더 나아가 언어가 있게 마련이다. 우리 인생에서 가장 오랫동안 지속되는 관계는 우리와 돈과의 관계이다. 우리가 세상에 나오기 전부터 부모님은 돈에 대해서 이야기를 했고, 우리가 세상을 떠난 후에도 우리의 자식들이 돈에 대해서 이야기할 것이다. 자동차를 사도 길어야 10년, 배우자와 함께 지내는 시간도 50년 정도뿐이지만, 돈과는 결코 헤어질 수도 없다. 또한 돈으로부터 도망칠 수도 없는 일이다. 그러므로 돈과의 관계를 잘 맺는 것이 좋지 않겠는가?

당신의 돈 이야기의 진정한 힘은 바로 여기에 있다. 돈은 당신의 인생 곳곳에 스며들어 있어서 다양한 방법으로 관여할 수 있다. 만약 당신이 돈 이야기를 바꾼다면, 당신의 인생 이야기에도 큰 변화가 생길 것이다.

─〉 세 영혼의 방문

찰스 디킨스Charles Dickens의 소설 《크리스마스 캐롤A Christmas Carol, 1843》을 보면 에베네저 스크루지에게 세 영혼이 찾아와서 인생을 바로 볼 수 있는 눈을 뜨게 해준다. 그렇게 해서 평생 돈만 밝히던 사람이 처음으로 자신의 돈 이야기에 대해 생각하게 되며, 문학 역사상 가장 극적이면서도 바람직한 인생 역전을 보여준다.

스크루지를 찾아온 세 영혼이 스크루지에게 보여준 내용을 기억하는가? 그 내용을 살짝 변형하면 다음과 같은 질문을 만들 수 있다. 스크루지만큼 극적인 변화는 어려울 수도 있지만, 어쨌든 의미 있는 기회가 될 것이다. 또한 모두 당신에 관한 이야기임을 기억하라.

과거에서 온 돈의 영혼

- 어린 시절, 돈에 관하여 어떤 생각을 하고 태도를 보였는가? 그리고 어떤 경험을 했는가?
- 어린 시절, 다른 사람들이 돈의 용도나 중요성에 대해 어떻게 생각하고 행동하는지 보며 자랐는가?
- 부모님은 돈에 대해서 어떻게 생각하고, 어떻게 행동하였는가?
- 부모님은 자신들보다 돈이 많은 사람들에 대해서 어떻게 생각하고, 어떤 말씀과 행동을 하셨나?
- 부모님은 자신들보다 돈이 적은 사람들에 대해서 어떻게 생각하고, 어떤 말씀과 행동을 하셨나?
- 부모님은 당신에게 돈에 대해서 어떤 말씀을 하셨는가?
- 부모님의 말씀과 행동에 일관성이 있었는가?

현재의 돈의 영혼

- 돈에 대해서 어떤 신념을 갖고 있는가?
- 돈이 많은 사람들은 운이 좋은 이들이라 생각하는가?
- 내가 돈을 얻을 만한 자격을 갖추면 돈이 들어올 것이다. 믿는가?
- 부와 영성은 상호 배타적이다. 그러므로 부유하거나 선한 것이지, 부유하면서 선할 수는 없다고 생각하는가?
- 부유한 사람들은 다른 사람들과는 다르다고 생각하는가?
- 요즘 경제 상황에서 큰돈을 벌기란 하늘에서 별 따기라고 보는가?
- 무엇을 표현하기 위해서, 혹은 무엇을 하기 위해서 돈을 사용하는가?
- 당신 자신을 위해서?
- 다른 사람들을 위해서?
- 순종이나 성취에 대한 보상으로?
- 성장을 촉진하기 위해서?
- 기회를 얻기 위해서?
- 통제를 위해서? (당신 스스로 정말로 원하는 것을 가족에게 사주는 등)
- 처벌을 위해서? (월급이나 용돈을 주지 않는 등)
- 행동이나 애정을 조작하기 위해서?
- 당신이 돈을 다루는 방법을 통해 자아의 가장 깊은 내면이 직접적으로 드러난다고 하자. 그렇다면 깊은 내면의 어떤 모습이 보이는가?
- 돈을 통해서, 혹은 돈을 좇는 과정을 통해서 당신의 인생 목표에 가까워졌는가? 아니면 멀어졌는가? 대인관계에 대해서도 생각해

보자. 남들과 가까워지는가? 아니면 그 반대인가?

미래에서 온 돈의 영혼

• 무엇을 위해서 돈을 사용하는가? 자유? 창의력? 권력? 권위? 자신의 가치?

• 돈, 재정, 지출, 목표, 저축, 부채 등에 대해서 당신의 배우자와 얼마나 솔직하게 터놓고 이야기하는가?

• 돈에 관한 세부사항에 대해서 자녀와는 얼마나 개방적으로 이야기하는가?

• 돈에 대해서 자녀에게 어떤 말을 하는가?

• 당신이 자녀에게 말하고 행동하는 것에 일관성이 있는가?

Part **2**

돈과 당신의
이야기

The secret language of MONEY

"돈과 우리의 관계는 빙산과도 같다. 지금 우리 눈에 보이는 것은 지극히 일각에 불과하다. 작가는 우리에게 물속에 숨어 있는 빙산을 보여주며, 동시에 우리가 돈과의 관계를 제대로 정립할 수 있도록 도와준다. 그 결과가 눈앞에 나타났을 때 놀라지 마라!!"

_ **밥 버그**(《레이첼의 커피》, 《싸우지 않고 이기는 설득의 기술》의 저자)

Chapter **06**

파충류의 뇌,
포유류의 뇌

그러므로 먼저 우리가 두려워해야 할 유일한 대상은 바로 두려움이라고 저는 확신합니다. 정체를 알 수 없고 이유를 알 수 없으며 아무런 근거 없는 두려움. 그것은 후퇴를 진보로 전환시키는 데 필요한 노력을 마비시키는 힘입니다.

— 프랭클린 루즈벨트(Franklin Delano Roosevelt),
1933년 3월 4일 대통령 취임 연설 중

하버드 대학교에서 조슈아 그린Joshua Greene 교수는 뇌의 작용 절차에 대한 연구를 위해서 지원자들에게 질문을 했다. 잠시 그린 교수의 연구 내용을 함께 들여다보자.

다음 질문을 소리 내어 크게 읽은 뒤 대답하라. 질문 뒤에 나오는 내용을 읽기 전에 곧바로 '예', '아니요'로 대답해야 한다.

폭주하는 기관차가 철로 위에 있는 무고한 사람 다섯 명을 향해 달려오고 있다. 당신이 다른 한 사람을 기관차 앞으로 밀면 다섯 사람이 살 수 있고, 그렇지 않으면 모두 죽게 된다. 당신은 한 사람을 기관차 앞으로 밀어낼 것인가?

밀어낼 것이면 '예', 그렇지 않으면 '아니요'라고 대답하라. 다음 내용을 읽기 전에 큰 소리를 내어 대답하라.

지금 여기에서 도덕적인 문제를 따지거나 상황에 대해서 깊이 생각해보자는 것이 아니다. 단순히 곧바로 뇌리에 스치는 생각을 말하라는 것이다.

질문에 답을 했는가? 그렇다면, 다음 질문에 대해 생각해보자. 이번에도 마찬가지로 질문을 읽고 떠오르는 답을 곧바로 크게 '예', '아니요'로 답해야 한다.

철로가 갈리는 지점 왼쪽에 다섯 사람이 서 있고, 오른쪽에는 한 사람이 서 있다. 지금 이대로라면 폭주하는 기관차가 왼쪽 철로에 있는 다섯 사람을 칠 것이다. 하지만 당신이 스위치를 눌러서 기관차의 방향을 바꾼다면, 대신 오른쪽 철로에 있는 한 사람만 죽는다. 당신은 스위치를 누를 것인가?

스위치를 누를 것이면 '예', 그렇지 않으면 '아니요'라고 대답하라. 다시 한 번 말하지만 다음 내용을 읽기 전에 큰 목소리로 대답하라.

그린 교수의 연구에는 철학자들의 단골 메뉴인 도덕적 딜레마가 사용되었고, 그러면서 참가자들에게 두 가지 선택사항을 제시했다. 물론 어떤 선택도 유쾌하거나 달가운 선택은 아니지만, 인간의 내면을 들여다볼 수 있는 기회가 된다.

그렇다면 참가자들은 어떤 답을 했을까? 거의 모든 사람들이 첫 번째 질문에는 '아니요'라고 대답했다. 즉, 철로에 한 사람을 밀지 않겠다는 것이다. 반면, 대부분의 참가자들이 두 번째 질문에 '예'라고, 스위치를 눌러서 다섯 명 대신 한 명을 희생시키겠다고 대답했다.

논리적으로 보면 두 가지 질문에 대한 대답이 같아야 한다. 둘 다 '예'

라고 해서 다섯 사람을 살리고 한 사람을 희생시키겠다고 해야 하는 것 아닌가? 하지만 대부분의 사람들이 전혀 다른 결정을 내렸다.

이 같은 딜레마는 수세기 동안 인간의 마음을 연구하는 철학자들과 심리학자들의 관심사였다. 그러나 그린 교수는 생사가 달린 결정을 내릴 때 뇌에서 무슨 일이 일어나는지 추론하거나 추측하는 데에서 그치지 않았다. 그는 fMRI(functional magnetic resonance imaging, 기능성 자기공명영상)를 이용하여 실시간으로 뇌에서 무슨 일이 일어나는지 관찰했다. 그린 교수는 먼저 질문을 들려주고, 참가자가 결정을 내리는 동안 뇌의 활동을 촬영했다.

관찰 결과는 놀라웠다. 두 가지 다른 시나리오를 상상하는 과정에서 각기 다른 부분이 활동한 것이다.

폭주하는 기관차에 한 사람을 밀어내는 시나리오를 상상할 때에는 공포나 탄식과 같은 감정에 반응하는 전두엽과 두정엽이 활발해졌다. 또한 감정과 연관된 후측 대상회posterior cingulate gyrus가 자극을 받았다. 반면, 스위치를 올릴지에 대한 결정을 내릴 때에는 감정과 관련된 부분은 전혀 활동하지 않았다.

이성적인 사고를 통해서는 두 가지 행동이 같은 결과를 낳는다는 사실은 알고 있지만, 인간의 뇌는 다르게 반응한다. 이로써 감정과 이성이 다르다는 사실, 즉 가슴과 머리가 각기 하고 싶은 말을 하고 그래서 이 둘의 언어가 다르다는 사실을 알 수 있다.

앞에서 우리는 돈 문제에 관해 스스로를 속이는 다양한 방법에 대해서 알아보았다. 어쩌면 그 내용을 읽으면서 이렇게 반문을 했는지도 모른다. "어떻게 우리가 그렇게 멍청할 수 있지?", "우리에게 무슨 문제가 있나?" 이런 생각이 들었다면 용기를 내라. 우리는 전혀 멍청하지 않다. 단지 조금 복잡할 뿐이다. 우리는 스스로 논리적인 소비자라고, 구매나 투자를 할 때 이익을 극대화시키기 위해서 논리적으로 생각한다고 자부한다. 하지만 현실을 들여다보면 우리의 모습은 논리적인 사고와는 거리가 멀다. 추억, 과거의 여운을 포함한 감정과 생각, 어린 시절 살아남기 위해서 형성된 패턴, 군중 심리 등 다양한 요인이 복잡하게 얽혀서 하나의 혼합물이 된다. 그럼 우리는 이를 토대로 구매 결정을 내린다. 이때 매번 논리와는 다른 방향으로 진화하는 우리의 두뇌도 영향을 미친다.

사실, 신경학의 발전 덕분에 이상한 진실이 밝혀졌다. 특정 상황에서, 특히 감정과 관련된 상황에서, 우리 인간이 노골적으로 부적절한 재정적인 결정을 하는 특성이 있다는 것이다.

─〉 한 사람 머릿속의 수많은 뇌

우리는 두뇌를 커다란 회백질 덩어리라고 간주한다. 그러나 실제로 인간의 뇌는 언어나 기억에서부터 체온유지, 심장박동과 같은 신체 활동에 이르기까지 등 각기 다른 활동과 역할을 맡은 수많은 조직으로 구성되어 있다. 과학자들은 뇌에 수백 혹은 수천 개의 각기 다른 영역이 존재한다고 말한다. 그러나 당신의 돈 이야기나 부와 관련해서 알아두어야 할 내용은 진화 정도를 반영하는 세 개의 층이다. 가장 안쪽에는 파충류의 뇌reptilian brain가 자리를 잡고 있고, 중간에는 포유류의 뇌mammalian brain가, 가장 바깥쪽에는 신피질neocortical이라고 불리는 인간의 뇌가 있다.

가장 안쪽에 위치한 부분을 파충류의 뇌라고 부른다. 이는 가장 오래되고 원시적인 조직이며, 척추동물이라면 누구나 파충류의 뇌를 갖고 있다. 후에 진화가 일어났지만 파충류의 뇌는 변하지 않고 유지되고 있으며 호흡, 체온유지와 같은 기본적인 역할을 담당한다. 파충류의 뇌가 생존과 가장 긴밀하게 연관되어 있기 때문에 상당히 본능적이다. 즉, 대부분의 활동이 빠르게 자동적으로 행해진다.

파충류에서 포유류로 진화했기 때문에, 포유류의 뇌는 파충류의 뇌보다 진화된 형태이다. 포유류의 뇌는 체온유지도 일부 담당하고 있으며, 더불어 기억과 같은 진화된 기능도 담당한다. 기억을 담당하기 때문에 단순히 본능에 따라 움직이기보다는 과거의 사건을 토대로 반응을 한다. 우리가 어떤 사건을 접했을 때 가장 먼저 느끼는 의식적인 감정 역시 포유류의 뇌의 활동이 만든 결과물이다. 즉, 우리는 포유류의 뇌가 있기 때문에 어떤 사건에 대해 공포를 느끼고 행동을 취할 수 있는 것이다.

뇌가 진화하는 중에 가장 눈에 띄는 부분은 바로 뇌의 가장 바깥 부분을 구성하고 있는 신피질이다. 그렇기에 '뇌'라고 했을 때 우리는 흔히 이 부분을 떠올린다. 그리고 바로 이 부분은 주름진 푸딩처럼 생긴 회백질로 되어 있다. 신피질은 뇌의 총 질량 중 85%를 차지하고 있는데, 여기에는 그만한 이유가 있다. 신피질은 논리적인 사고, 상상, 복잡한 감정, 높은 수준의 언어 구사, 읽기, 쓰기와 같은 기능을 담당하기 때문이다.

뇌를 위와 같이 세 층으로만 구분하는 것은 아니다. 인간의 두뇌는 좌뇌와 우뇌로도 구분되며, 좌뇌와 우뇌는 뇌량corpus callosum이라는 신경섬유 다발로 연결되어 있다.

─〉 좌뇌와 우뇌의 특징
좌뇌: 체계적, 논리적, 판단, 과정 중심

우뇌: 직관적, 공간적, 감정, 외형 중심

인간의 두뇌는 고도로 진화된 형태이며, 좌뇌와 우뇌가 각기 다르게 기능한다는 사실을 우리는 지난 수십 년 동안 배워왔다. 좌뇌는 언어를 관장하며, 체계적이고 논리적이고 과정 중심이라고 배웠다. 반면 우뇌는 외형에 따라 좌우되며, 공간을 인지하고, 직관적이고 우리의 기분과 감정을 관장한다. 그 순간에 우리가 어떤 활동을 하고 있느냐에 따라서 한쪽의 활동이 더 활발해지기도 둔해지기도 한다.

─〉 이성적인 돈과 감정적인 돈
이처럼 복잡한 뇌의 구조가 우리의 재정문제에 중요한 영향을 미친다는 사실은 그리 놀랍지 않다.

겉으로 보기에 재정문제는 아주 논리적인 수학처럼 보인다. 월급, 투자 수익률, 신발의 할인가격 등과 같이 계산 가능한 것처럼 보인다. 즉, 좌뇌의 분석에 따르면 모든 결정이 옳은 것처럼 보인다.

경제학자들은 이런 논리적인 접근법을 '인지적 접근법'이라고 부른다. 여기에는 인간이 어떤 상황에서 얻을 수 있는 것을 극대화하기 위해 노력하는 논리적인 존재라는 가정이 깔려 있으며, 이런 가정은 애초부터 경제학의 토대가 되었다. 그러나 현실은 그리 단순하지 않다.

신경 경제학neuroeconomics의 발전을 통해서 인간이 논리적인 존재가 아니라는 사실이 여실히 드러났다. 적어도 항상 논리적인 존재는 아니라는 말이다. 우리는 감정의 지배를 받고, 조슈아 그린 교수의 연구를 통해서 보았듯이 딜레마에 빠졌을 때 논리적인 사고보다는 감정의 영향을 받는 것을 알 수 있다.

조용하고 평화로운 길을 운전하고 있는데, 갑자기 반대편 차선에서 오는 차가 중앙선을 침범하여 당신을 향해 달려오고 있다. 일촉즉발의 상황에 어떻게든 대응해야 한다. 모든 것이 느리게 움직이는 듯하면서, 당신은 미처 생각할 겨를도 없이 반사적으로 브레이크를 힘껏 밟고 울리며, 핸들을 오른쪽으로 급하게 돌린다.

순식간에 당신의 몸에서 생리적인 현상에 변화가 일어나고, 신경 체계에서 화학반응을 일으키고, 동시에 마음은 생각과 사고 모드에서 생존과 극단적인 행동 모드로 바뀐다. 이런 모든 과정이 일어나는 데에는 1분도 채 걸리지 않지만, 그 반향은 신경과 혈관을 따라서 몇 시간 동안 지속된다.

이제 잠시 휴식을 취하기 위해서 갓길에 차를 세운다. 그제야 호흡이 가쁘고, 맥박이 빠르게 뛴다는 사실을 알게 된다. 그리고 하루가 저물 때쯤 되면 극도로 피곤한 자신을 발견하게 된다.

극적인 예이기는 하지만, 모든 생각이나 감정에 따라 화학반응이 일어난다는 것은 변하지 않는 사실이며, 화학반응에 따라 우리 몸과 두뇌가 변한다.

뇌의 변연계limbic system는 감정과 기억을 동시에 담당하는 신경 네트워크로서, 투쟁 도주 반응fight-or-flight reaction 등을 결정한다. 강한 식욕이나 성욕, 앞에 강도가 다가올 때 느끼는 공포, 혹은 정면에서 차가 돌진해 올 때의 공포와 같은 강한 감정은 변연계를 자극한다. 그리고 파충류의 뇌와 포유류의 뇌의 가장 원시적인 부분이 논리적인 신피질보다 더욱 활발하게 활동하게 된다.

현명한 재정 활동을 위해서는 장기적인 분석과 논리적인 의사결정에 관여하는 두뇌 소프트웨어에 접근해야 하지만, 이런 경우에는 두뇌 소프트웨어에 일시적으로 접근하지 못한다.

감정적인 상태에서 분출되는 호르몬 때문에 논리적인 두뇌의 활동이 마비되고, 그 결과 우리 자신이 치명적인 위험에 처해 있는 것처럼 정보를 처리한다. 이때 작용하는 경보 시스템은 야생에서 생존을 위해서는 꼭 필요한 요인이지만, 이 경우에는 잘못된 인식과 판단을 야기한다. 우량주에 대한 조언, 원활하게 진행되지 못하는 사업 거래, 가족문제를 포함한 수천 가지 상황에 처했을 때 어떻게 될까? 이를 생존 문제로 인식하여 감정이 경보 시스템을 가동시키기 때문에, 상황에 적절한 더 나은 대응을 하는 것은 거의 불가능하다. 그린 교수가 실시한 기차 실험에서 밝혀졌듯이, 두뇌에서 생존과 관련된 영역이 윤리적인 결정에도 영향을 미친다.

이번에는 경매와 같이 감정이 격앙된 상황에 대해 생각해보자. 그럼 먼저 1장에서 설명했던 맥스 베이저먼Max Bazerman 교수가 실시했던 100달러짜리 지폐 경매로 되돌아가 보자. 그때 우리는 "어떻게 이성적인 지식인들이 실제 가치보다 네 배 이상에 달하는 금액을 지불할 수 있단 말인가?"라는 궁금증을 품었다. 이제 여기에서 질문에 대한 답을 찾을 수 있다. 똑똑한 재정 전문가들이 베이저먼 교수의 실험에서 머리를 쓰지 않는 것처럼 행동한 이유는 실제로 머리를 사용하지 않았기 때문이다. 엄밀히 말하면 그들은 두뇌의 일부분인 파충류의 뇌만 사용했다.

주식시장이 쇼핑 카탈로그처럼 단순하지 않다는 사실을 먼저 깨닫는 것이 중요하다. 주식시장에서는 경매가 이뤄진다. 일반 경매에서는 경매 참가자들이 가격을 계속 높여서 가장 높은 액수를 제시한 사람이 이긴다. 하지만 주식시장에서는 가격이 계속 오르는 것이 아니라, 올랐다 내렸다 반복한다. 그러므로 우리가 상승세 혹은 하락세와 같은 시장 분위기에 사로잡히는 것은 당연한 일이다. 공포나 탐욕과 같은 극단적인 감정은 평상시의 신피질 두뇌 트랙neocortical brain track을 벗어나게 만든다. 공포를 느끼는 상황에서 결정을 내리고 나면 생존 모드로 변경되고, 장기적인 투자 원리와는 전혀 다른 원리가 작용한다. 현재의 공포는 과거나 미래에 대한 논리적인 사고나 접근을 완전히 차단한다.

헌터 톰슨Hunter Tompson이라는 저널리스트가 실제로 경험한 사건을 바탕으로 만든 영화 〈라스베이거스의 공포와 혐오Fear and Loathing in Las Vegas〉를 보면 톰슨(조니 뎁 분)이 라스베이거스의 라운지에 앉은 채 극심한 환각 상태에서 바의 라운지 파충류(lounge lizard, 일 안하고 부자들과 어울리기 좋아하는 사람)가 인간 크기의 파충류로 변하는 모습을 보는 장면이 있다. 물론, 톰슨이 환각 상태에서 본 모습이 현실은 아니지만, fMRI를 이용하여 신경 생리학적 측면에서 보면 월 스트리트의 분위기가 저조한 날에는 톰슨이 환각 상태에서 본 모습이 현실이 될 수 있음을 알 수 있다. 그날의 금융 소식에 수천 개의 파충류의 뇌가 반응하고, 그 반응은 인간의 언어라는 탈을 쓰고 나타난다.

2008년 미국의 주식시장이 폭락했을 때, 정부는 7천억 달러를 풀었다. 왜 그랬을까? 경제 위기가 다가온다는 소식에 사람들은 놀랐다. 하지만 경제 위기 속에서도 미국인들 대부분은 여전히 직장에 나갔고, 자신의 집에 거주하며 음식을 먹으며 지냈다. 리먼 브라더스Lehman Brothers, 메릴 린치Merrill Lynch, AIG와 같은 월 스트리트의 아이콘이 휘청하면서 사람들의 공포심을 조장했지만, 실제로 사람들의 생활에 가장 큰 타격을 받은 부분은 자신감이었다. 루즈벨트 대통령이 1933년 취임식 때 말했듯이 "우리가 두려워해야 할 유일한 대상은 바로 두려움"이다. 그렇듯이, 당시 위기의 핵심은 바로 우리의 마음속에 있었다.

금융 지원금인 7천억 달러는 실제로 대중의 자신감 회복을 위한 것이었다. 물론 사람들의 감정을 바꾸기 위한 캠페인에 사용하기에는 엄청난 액수이다. 하지만 완벽하지 않은 인간의 뇌와 돈에 대한 진실을 생각하면 엄청난 것만은 아니다. 생리학적 측면에서 생각해보면 사람들의 초점을 중뇌에서 전뇌까지 5cm 이동시키기 위해서 7천억 달러가 투입된 것이다.

─〉 우뇌에 고립

스트레스를 받거나 위험이 높은 결정을 내릴 때, 우리가 파충류의 뇌와 같이 원시적인 뇌에만 지배당하는 것은 아니다. 실제로 우리의 전뇌가 온전히 작용하다가도 어떠한 충격을 받으면 한쪽 뇌의 기능이 마비되면서 균형을 잃곤 한다.

정신적 충격이 우리의 신경에 미치는 효과에 대한 연구가 이뤄졌다. 그 결과 어떻게 감정이 논리보다 우위에 서는지, 돈과 관련된 결정을 내릴 때면 왜 '논리적인' 계획은 까맣게 잊는지에 대한 설명이 가능해졌다.

평소 전뇌에서 정보를 처리할 때, 우리는 좌뇌와 우뇌의 전두골을 모두 사용한다. 이때 좌뇌의 전두골은 조금 더 논리적이고 이성적인 기능을 담당하고, 우뇌의 전두골은 감정적인 기능에 더욱 초점을 맞춘다.

매사추세츠 주의 브루클라인에 위치한 저스티스 리소스 연구소 Justice Resource Institute 부설 트라우마 센터Trauma Center의 설립자이자 의료진으로 활동하고 있는 베셀 반 데어 콜크 박사Dr. Bessel van der Kolk는 감정적으로 자극을 받는 동안 사람들의 뇌를 양전자 방출 단층 촬영술 PET, Positron Emission Tomography을 통해 관찰했고, 그 결과 대부분 좌측 피질과 우측 피질이 모두 빛을 발하는 것으로 나타났다. 더불어 뇌전도 EEG 활동 역시 양쪽에서 모두 활발한 것으로 나타났다. 그러나 과거에 극심한 트라우마(trauma, 정신적 충격으로 외상 후 스트레스 장애의 원인)를 경험한 사람은 앞의 실험과 동일한 감정적 자극에 다르게 반응한다. PET 스캔 결과 우측 피질의 (감정적) 활동만 증가하고, 뇌전도 검사 결과 좌측 피질은 전혀 반응하지 않았다.

이처럼 트라우마로 민감해진 사람들에게는 이성이나 논리보다는 감정적인 반응이 우선한다. 다시 말해, 논리적인 분석 및 분류 능력이 거의 없는 부분으로 어려운 정보를 처리해야만 하는 곤란한 상황에 처한다는 뜻이다. 좌뇌가 더 이상 논리적인 사고를 할 수 없기 때문에, 이들은 우뇌에 위치한 감정의 사막에 고립되어 있다고도 볼 수 있다.

조금 더 복잡하게 들어가면 우뇌 역시 포유류의 뇌에 연결되어 있으며, 동시에 파충류의 뇌와도 연결되어 있다. 그렇기 때문에 논리적인 분석도, 제대로 생각도 하지 않고 결정을 내릴 때가 있는 것이다.

이제, 우리는 이런 모든 것을 트라우마 후에 오는 스트레스 탓으로 돌릴 수도 있다. 하지만 베셀 반 데어 콜크 박사의 연구는 여기서 끝나지 않았으며 더욱 중요한 사실을 알아냈다. 강한 정서적 자극이 있는 순간에는 과거에 트라우마의 경험이 전혀 없는 사람도 강렬한 우뇌 활동을 보인다는 것이다. 그리고 이 경우에도 논리적이고 이성적인 사고를 하는 좌뇌의 활동은 역시 거의 차단되었다.

이런 이유에서 우리가 좋은 소식이나 나쁜 소식을 접했을 때 좋은 전략을 실행에 옮기지도, 전체적인 계획을 꼼꼼히 살펴보지도 못하는 것이다. 주식이 빠르게 회복하거나 급락세를 보이는 등 극단적인 상황에서 투자 전략을 고수하기란 거의 불가능하다. 탐욕과 두려움으로 인해서 우뇌의 지배를 받게 되기 때문이다. 그러므로 예상치 않은 거액의 보너스를 받는 등 좋은 소식을 접할 때와 주식시장 붕괴와 같은 나쁜 소식을 접할 때, 우리는 그동안 공들여 세운 재정 계획을 까맣게 잊어버린다.

감정의 지배를 받으면서 근시안적 사고를 하게 되고, 결국 앞으로의 일에 대해서는 생각하지 못한다. 마치 생존의 문제에 부딪힌 것처럼 지나치게 현재에 초점을 맞춘 나머지 우리는 "어떻게 해야 지금 당장 기분이 나아질까?"에 대해서만 고민한다. 그래서 예상치 못한 거액의 보너스는 신용카드 대금 납부나 연금 납입을 위해 사용되기보다는 새

자동차나 텔레비전 구입에 허비된다. 반대로 주식시장 붕괴 소식이 들리는 순간 우리는 '매수 후 보유buy and hold' 작전을 포기한다. 결국, 앞으로의 일은 우리의 관심에서 완전히 멀어지고, 우리는 "어떻게 해야 내게 이득이 될까?"에만 집중한다.

—〉 돈, 두뇌, 만족

'beingfrugal.net'이라는 블로그를 운영하는 린나이 맥코이Lynnae McCoy는 자신의 신용카드를 물이 담긴 밀폐용기에 넣어서 냉동실에 얼렸다. 그러고는 그대로 냉동실에 보관하면서, 신경과학자들이 fMRI를 통해 알아낸 사실을 몸소 체험했다. 우리는 즉각적인 만족을 원하고, 뭔가를 갖고 싶은 욕망을 참지 못하면 현재 갖고 있지도 않은 것을 소비하게 된다는 것이다.

우리 행동이 장기적으로 미칠 영향에 대해서 우리의 두뇌가 논리적인 생각을 못하는 것은 아니다. 하지만 문제는 논리적인 사고를 담당하는 전전두피질prefrontal cortex이 즉각적인 사고보다는 장기적인 사고에 능하다는 것이다. 예를 들어, 다음의 질문에 대해서 생각해보자. "2주후에 15달러를 받을래, 아니면 4주 후에 20달러를 받을래?"

위의 질문에서는 두 가지 사항이 모두 어느 정도 장기적인 미래에 관한 것이기 때문에, 전전두피질이 활동한다. 그러나 이번에는 조금 더 즉각적인 결과를 낳는 질문에 대해서 생각해보자. "지금 당장 15달러를 받을래, 아니면 이틀 후에 20달러를 받을래?"

두 질문이 비슷해 보이지만, 우리의 두뇌는 전혀 다르게 반응한다. 두 번째 질문을 던진 뒤 fMRI를 촬영한 결과 전전두피질의 활동은 거의 나타나지 않고, 파충류의 뇌가 활발해진 것으로 나타났다. 이번에는 파충류의 뇌가 무조건 반사를 하여, 전전두피질이 상황을 파악하기도 전에 결정을 내리고 행동하게끔 만든 것이다. UCLA 시멜 신경과학 및 인간행동 연구소Semel Institute for Neuroscience and Behavior at UCLA의 피터 와이브로Peter Whybrow 소장은 〈와이어드Wired〉라는 잡지사와의 인터뷰에서 다음과 같이 말했다. "본능을 담당하는 두뇌가 지능을 담당하는 두뇌를 뛰어넘습니다. 신용카드는 우리가 지금 당장 원하는 것을 갖되 계산은 뒤로 미룰 수 있도록 도와줍니다."

어쩌면 그렇기 때문에 노후를 위한 저축을 해야 한다는 사실을 알면서도 제대로 실천을 못하는 것인지도 모른다. 실제로 노후 계획을 할 능력이 있는 사람들 중 40%는 아직도 실행에 옮기지 않는 것으로 나타났다. 확정기여형 기업연금401k이나 개인퇴직계좌IRA 등과 같은 노후 계획을 실행할 때에는 감정적인 두뇌와 이성적인 두뇌가 충돌한다. 전전두피질은 "나는 미래를 위해 저축하고 있어!"라고 말하고, 변연계에서는 "나는 지금 당장 돈을 원해!"라고 소리친다. 이때 어느 쪽이 이기는지는 본인이 잘 알 것이다.

―〉돈, 두뇌, 위험

위험을 전혀 동반하지 않는 중요한 재정 결정은 거의 존재하지 않는다. 이직, 창업, 주식 매입, 주택 매매는 모두 큰돈을 움직이는 결정이지만 항상 미지수가 존재하게 마련이다.

위험은 주관적인 개념이다. 자산의 안전과 고수익을 위한 자산 배분, 포트폴리오 다각화 같은 '합리적인' 위험 관리 결정조차도 본인이 위험을 어떻게 느끼느냐에 따라서 결정된다.

위험이라는 회색지대는 뇌의 회백질에 의해서 더욱 복잡해진다. 변연계 깊은 곳에는 해마hippocampus라는 부분이 존재하는데, 그 영향력은 강력하면서도 장기적이다. 가령, 주식 투자에 심하게 데인 사람은 항상 가슴속에 꺼지지 않은 재가 남아 있어서 작은 충격에도 불길이 번질 수 있기 때문에 한동안은 주식의 '주' 자도 보려고 하지 않는다.

반대로 성공에 대한 강한 자극은 소뇌의 편도체amygdalae를 자극하여 위험이 높더라도 이를 감수하게끔 만든다. 1990년대 후반 급부상하는 기술 시장에 투자자들이 몰린 것도 바로 이 때문이다.

그렇다면 감정을 완전히 배제하면 더 나은 결정을 할 수 있는 것 아닌가? 하지만 그리 간단한 문제가 아니다.

아이오와 대학교University of Iowa에 근무하는 유명한 신경과학자인 안토니오 다마지오Antonio Damasio 교수는 감정이 없는 사람 역시 좋은 결정을 내리지 못한다는 사실을 발견했다. 편도체가 심하게 손상된 사람들을 연구한 다마지오 교수는 이렇게 발표했다. "감정이 없는 사람들은 위험에 대한 두려움도 느끼지 못하기 때문에, 신중한 투자자라면 투자를 하지 않을 상황에 투자를 해서 돈을 잃곤 한다."

—〉 이익과 손해의 물질

뇌의 의사소통 네트워크는 시냅스synapses를 활발하게 만드는 도파민dopamine과 세로토닌serotonin이라는 물질에 의해서 작동한다.

도파민은 일종의 쾌감 물질로 기대치 못한 보상을 받았을 때 극도로 흥분하게 만든다. 세로토닌은 우리의 기분과 관련이 있으며, 안정감이나 자신감을 유지할 수 있도록 도와준다.

케임브리지 대학교University of Cambridge에 근무하는 신경과학자 볼프람 슐츠Wolfram Schultz 교수는 도파민 분비가 우리를 재촉하고, 그 결과 위험 감수 가능성이 높아진다는 사실을 증명했다. 도박에서의 승리, 위험을 감수한 투자에서 얻은 수익, 복권 당첨 등에 관한 행복한 기분은 도파민 분비로 극대화된다.

조금 더 생각해보면, 예상치 못한 보상일수록 도파민의 활동이 더욱 지속적이고 강렬해진다. 실험실 쥐에게 특정 활동에 대해서 정기적으로 예측 가능한 보상만을 준다면, 먹이라는 보상이 끊기는 동시에 행동도 함께 멈춘다. 그러나 만약 예측이 불가능하게 비정기적으로 먹이를 준다면, 쥐는 결코 특정 활동을 멈추지 않을 것이다. 이는 실험실 쥐에게만 해당되는 내용이 아니다. 라스베이거스의 카지노를 보면 똑같은 사실을 발견할 수 있다.

여기서 배울 수 있는 교훈이 있다. "논리적으로 생각할 때에는 문제가 있다는 사실을 알지만, 사람들은 자신도 모르는 사이에 도파민과 거기에서 파생되는 쾌락을 추구한다."

우리가 그렇게 행동하는 이유 중 하나는 실제로 도파민 분비를 위해서 보상이 반드시 눈에 보일 필요는 없기 때문이다. 보상을 받게 될 것이라는 막연한 기대에도 도파민은 분비된다. 초단기 투기자가 집에서 컴퓨터 앞에 앉았을 때, (거의 불가능한) 대박에 대한 가능성으로 인해 실제로 투자 혹은 투기를 시작하기도 전에 이미 몸 안에서 도파민이 분비되기 시작한다. 사실 보상에 대한 기대가 실제 보상보다 훨씬 더 큰 만족감을 주는 것으로 연구 결과 밝혀졌다. 이는 목표를 달성하는 순간 기대가 사라지면서 도파민 분비도 멈추고, 동시에 좋은 기분도 날아가기 때문이다.

다시 말해서 대박에 대한 기대가 실제로 대박을 맞는 일보다 더욱 긴장감이 넘친다.

이익이 도파민과 긴밀한 연관이 있는 반면, 손해는 세로토닌에 깊은 영향을 미친다. 세로토닌 수치가 떨어지면 만성적인 우울증이 찾아온다(그래서 우울증 치료제는 세로토닌 수치를 높이는 역할을 한다).

투자를 해서 반복적으로 손해를 본 사람들을 관찰하면 비슷한 현상을 발견할 수 있다. 손실을 경험할 때 세로토닌 수치의 하락폭은 쾌감을 느낄 때의 상승폭을 훨씬 웃돈다. 그렇기 때문에 단기 투자를 하는 사람들 중에서 망가지는 사람이 많은 것이다. 리처드 피터슨^{Richard Peterson} 의학박사는 이런 결과를 피하는 방법을 이렇게 말했다. "투자자들이 거래의 3분의 2 이상에서 수익을 얻거나, 성공을 너무 기대하지 않아야 한다."

뇌의 세로토닌 수치가 떨어지면 우리의 집중력이 감퇴하고, 기력이 쇠해지고, 숙면을 취하지 못하고, 생체 리듬이 깨져 버린다. 그래서 코카인, 각성제, 위험성이 높은 투자 등을 통해서 스스로를 치료하려 한다. 하지만 통계학적으로 볼 때 어떤 방법으로도 성공할 가능성은 희박하다.

─〉마음 다스리기

야생에서 '잡혀 먹느냐 혹은 잡아먹느냐'의 상황에서 오랜 기간 지낸 결과 우리의 두뇌는 진화했다. 그러다 돈으로 대표되는 오늘날의 문명

세계가 열렸다. 이제 우리의 두뇌는 우리의 행복과는 반대방향으로 움직이는 경우가 많아졌다. 돈을 정복하려면 먼저 정신분석학을 토대로 자신의 마음 상태를 파악하고, 의식적으로 다스릴 수 있어야 한다.

우리 모두는 평온, 사색, 경계, 걱정, 감정 고조 등 다양한 마음 상태를 갖고 살아간다. 때로는 멍하게 정신을 놓고 있기도 하고, 환각 증세를 보이기도 하고, 사방이 가로막힌 듯 어찌할 바를 모를 때도 있고, 공포를 느끼기도 한다. 그러면서도 우리의 의사결정 능력에 영향을 미치는 다양한 감정들이 표출된다. 무언가에 취해 있는 동안 두뇌 능력은 감퇴하고, 반대로 깨어나면 두뇌 능력이 상승한다.

우리의 마음은 하나의 상태에서 다른 상태로 넘어간다. 하지만 계주 선수들이 배턴을 물 흐르듯이 잘 넘겨받는 것처럼, 자연스럽게 넘어가기 때문에 눈에 보이지는 않는다. 그러면서 당장 눈앞에 보이는 상황에 어울리는 마음 상태로 자연스럽게 모드를 변경한다. 예를 들면 사업에 대한 경계 태세 강화나 숙면을 취하기 위한 휴식 등을 들 수 있다. 더욱 자세히 말하면 연설을 하는 동안은 고도의 집중력을 발휘하고, 반대로 잠자리에 들 때는 휴식 모드에 들어간다. 사실 다양한 영역에서 활동하면서 겪는 어려움은 실제로 자신의 능력보다 감정 조절과 더욱 연관이 있다.

역사를 살펴보면, 예술가와 작가들의 경우 일하기에 앞서 일에 어울리는 감정을 조절하는 자신만의 방법을 갖고 있었다.

• 영국의 시인 새뮤얼 존슨Samuel Johnson과 미국의 시인 W. H. 오든 W. H. Auden은 글을 쓰는 동안 계속해서 차를 마셨다. 영국의 시인

콜리지Coleridge는 글을 쓰기 직전에 아편을 피웠다.

- 미국의 작가 윌라 캐더Willa Cather는 집필에 적절한 마음 상태를 위해서 성경을 읽었다. 영국의 시인 이디스 시트웰Edith Sitwell은 조금 더 섬뜩한 느낌의 작품을 위해서 글을 쓰기 전에 혼자 관에 들어가서 누워 있었다.

- 조르주 상드George Sand라고도 알려진 프랑스의 소설가 뒤드방 남작부인Baroness Dudevant은 성교를 한 뒤 곧바로 펜을 잡았다고 한다. 그보다 한 세기 전에 볼테르Voltaire는 시간을 더 아껴서, 성교를 하는 동안 상대의 등을 책상 삼아 글을 썼다.

- 영국의 화가 윌리엄 터너William Turner는 자신의 몸을 돛대에 단단히 묶고는, 폭풍우가 몰아치는 바다로 나갔다. 자신을 단단히 묶어달라고 했다. 그리고 배에서 내려서는 자신의 경험을 캔버스에 옮겼다. 미국의 저술가 벤저민 프랭클린Benjamin Franklin 역시 물을 이용하기는 했지만, 윌리엄 터너만큼 거친 방법을 택하지는 않았다. 그는 욕조에 물을 받은 뒤, 몸을 담근 상태로 글을 쓰며 생각을 모았다.

그 밖에도 많은 작가들은 집필을 하는 동안 특정 음악을 들으며 자신이 쓰고자 하는 이야기에 어울리는 감정을 잡는다. 이런 예술가들처럼 우리도 원하는 결과를 얻기 위해 본인의 마음 상태를 의식적으로 다스리는 법을 배울 수 있다. 자신의 마음 상태를 다스리는 법을 배우고 나면 맡은 일을 더욱 효율적으로 처리할 수 있으며, 재정적인 결정도 효율적으로 할 수 있다.

돈을 정복하기 위해서는 이론, 일관성, 전략이 필요하다. 또한 돈과 관련된 결정을 내리는 순간 마음 상태가 최고여야만 한다. 투자 때문에 돈을 잃는 사례를 살펴보면 대부분 좋은 정보와 조언과 전략보다는 감정적으로 결정하는 것이 문제였다. 자신의 마음 상태를 정복하려면 본인의 뇌 모든 부분에 접근할 수 있어야 한다. 즉, 논리를 담당하는 부분과 직관을 담당하는 부분을 모두 다스릴 수 있어야 한다. 더불어 넓은 사고와 정확한 순간 관찰력, 집중력을 키워야 한다.

─〉 간단한 기본 요령

일단 외부에 대한 관심을 끊고 자신에게 집중하면, 자신 경험의 중심을 볼 수 있고 더불어 마음 상태를 제대로 파악할 수 있다. 이 과정을 통해서 어느 정도는 경계를 하면서 휴식을 취할 수 있으며, 긴장까지는 아니더라도 집중할 수 있는 상태에 이를 수 있다. 현재의 마음 상태를 제대로 파악하면, 다양한 측면에서 자신의 경험을 온전히 살펴볼 수 있다.

일단 외부 경험과 자신을 분리시키고 나면, 현재의 경험과 자신의 세밀한 부분까지 모두 살필 수 있는 집중력이 생긴다. 현재 경험에 집중하고 마음 상태를 조율하면 몸과 마음이 따로 움직이는 일이 줄어든다.

운동선수나 공연 예술가들은 좋은 활약을 위해서 어떤 노력을 할까? 그들은 현재를 직시하고 마음 상태를 통제하는 다음과 같은 방법을 사용한다.

• 당신 자신과, 당신이 있는 그곳, 현재에 대해 인식하는 데 모든 초

점을 기울여라.

- 자세를 바로잡아 체중을 골고루 분산시켜라.
- 팔, 다리, 어깨의 긴장을 푼 뒤, 턱과 혀, 얼굴의 긴장을 풀어라.
- 횡격막에서부터 위까지 깊게, 그러면서도 고르게 호흡하라.
- 눈은 정면을 응시한 상태로, 시야에 보이는 모든 것을 인식하라.
- 가능하다면 당신의 온전한 존재를 느낄 수 있도록 몇 차례 가볍게 점프하라.

—〉 근거 있는 재정 결정을 위한 6가지 지침

은행에 있는 금고를 열기 위해서는 두 개의 열쇠가 필요하다. 하나는 은행원이 갖고 있는 열쇠, 또 하나는 고객이 갖고 있는 열쇠, 이 두 개가 모두 있어야 금고를 열 수 있다.

재정 결정도 마찬가지이다. 우뇌와 좌뇌가 동시에 움직여야 한다. 만약 변연계를 떼어놓고, 파충류의 뇌가 재정 결정을 전담한다면 그때는 문제가 발생한다. 그러므로 이를 방지하는 데 도움이 되는 여섯 가지 지침이 있다.

1. 감정적일 때 중요한 재정 결정은 피하라

감정이 좋거나 나쁠 때에는 시각이 좁아지게 마련이다. 그렇게 되면 더 큰 그림을 보지 못할 뿐만 아니라, 장기적인 결과에 대해서 논리적으로 생각하는 것도 어렵다.

이상하게도 감정이 고조된 사람을 상대로 논리나 이성을 이용하려다 보면 오히려 상대방의 자동 경계 태세를 강화하는 결과를 낳는다.

그럼 결국 상대는 땅속에 더 깊이 자리를 잡고, 더욱 극단적인 상황으로 치닫는다. 이런 결과를 미연에 방지하기 위해서는 공감적 경청과 이해의 의사소통이 효과적이다.

2. 긴장이나 피로가 찾아왔을 때에는 중요한 재정 결정을 피하라

긴장이 고조된 상태에서는 감정이 제대로 움직이지 못한다. 즉, 긴장 고조는 갈등 및 스트레스와 더불어 성숙한 감정을 저해하는 요인으로 꼽힌다. 이는 피로도 마찬가지이다. 그러므로 긴장한 뒤에는 차분하게 마음을 가라앉힌 뒤 중요한 결정을 해야 한다.

"화가 난 상태로는 절대 잠자리에 들지 마라."는 옛말은 전혀 틀리지 않다. 화가 났을 때나 피곤할 때에는 그냥 핸들을 놓아버리면서 "나중에 후회할지도 모르지."라고 말하는 것이 쉽다. 혹은 나중에 후회할지도 모르는 무언가를 사는 것이 쉬울 수도 있다. 건전한 재정 생활을 위해 여기에서 마음속에 새겨야 할 교훈이 있다. "저녁 9시 이후에는 중요한 결정을 절대 내리지 마라!"

3. 하룻밤 자면서 생각하기를 주저하지 마라

우리의 인생에서 정말로 위급한 상황은 몇 번이나 될까? 아마도 그리 많지 않을 것이다. 물론 투자나 최신형 텔레비전을 사는 쇼핑도 위급 상황은 아니다. 만약 오늘 내린 결정이 탁월했다면, 하룻밤 자고 나서도 좋은 결정이 아니겠는가? 비록 마음 상태와 관점이 변했을지라도 말이다.

수동적으로 당장 행동을 취하지 않는 것과, 지금 당장 행동을 취하지는 않더라도 시간을 두고 정보를 제대로 살펴본 뒤 결정하는 것에는 분명한 차이가 있다. "하룻밤 자면서 생각해야겠어!" 역시 하나의 결정 방법이다.

특히 트라우마 수준의 위기가 찾아왔을 때 결정을 내일로 미루면, 그 사이에 '고조된 감정'이 한풀 꺾인다. 재정이라는 투기장에서 충동적으로 결정을 내리지 않으려면 전략이 필요하다. 전략을 세울 때에는 먼저 좋은 소식과 나쁜 소식에 자신의 머리가 얼마나 빠르게 반응하는지 생각해봐야 한다. 그리고 주식 시계 표시기를 매일 확인하는 등 감정에 충격을 줄 만한 사건에 되도록이면 노출되지 마라.

4. 충분한 정보를 토대로 체계적인 계획을 세워라

폭넓은 그림과 당신의 장기 목표를 염두에 두고, 감정이나 직감보다는 사실에 근거를 둔 전략을 수립하라. 관련 문제에 대한 정보를 제대로 얻기 위해서는 어떤 도움이 필요한지에 대해서도 생각하라. 또한 객관적인 전문가의 조언과 당신의 계획이 일치하는지 정기적으로 검토하라.

5. 계획을 고수하라

특히 감정이 극도로 고조되었을 때, 본인의 계획을 고수하라. 흥분과 위험 감수는 재정이 아닌 다른 분야에서 하라.

6. 적절한 걱정거리에 대해서만 걱정하라

당신이 통제할 수 있는 것(계획, 행동, 결정)과 통제할 수 없는 것(시장 상황, 외부 사건) 등을 정의하라. 그리고 당신이 영향을 미칠 수 있는 것에 모든 노력과 힘을 기울여라. 그러다 당신 능력 밖의 사건이 일어났을 때에는 계획을 고수하라.

우리는 버블을
사랑한다

> 지금의 10억 달러는 과거의 10억 달러가 아니다.
> — 텍사스의 석유 억만장자 넬슨 벙커 헌트(Nelson Bunker Hunt),
> 1988년 9월에 파산을 선언하면서

1593년 후반, 네덜란드의 식물학자인 카롤루스 클루시우스Carolus Clusius는 오스트리아 빈에서 발견한 꽃을 고국으로 가져와서 레이던 Leiden에 위치한 식물원에 심었다. 이듬해 봄, 그의 노력은 결실을 맺었고 네덜란드에 첫 번째 튤립이 모습을 드러냈다.

튤립의 아름다운 색과 독특한 모양은 곧 사람들의 관심을 사로잡았다. 그러면서 재배와 이종 교배가 본격화되었고, 튤립은 새로운 위상을 얻게 되었다. 스코틀랜드의 언론가 찰스 맥케이Charles MacKay는 자신의 저서 《대중의 미망과 광기Extraordinary Popular Delusions and the Madness of Crowds》에서 "돈이 있으면서도 튤립을 종류대로 모으지 않은 사람은 취향이 꽝인 거야!"라고 했다. 그리고 상류층이 이에 가세하면서 튤립 모종의 시가는 하늘 높은 줄 모르고 치솟았다. 즉, 튤립의 새로운 위상으로 수요가 폭발적으로 증가했다. 그러면서 튤립 마니아들은 부유한 상류층에서 중산층으로 전락했고, 그나마도 중산층에 오래 머물지 못하고 재산을 모두 현금으로 바꿔서 더 많은 튤립을 사들였다. 정점에 다다랐을 때에는 맞교환을 통해서만 튤립을 구할 수 있었고, 투기꾼이 판을 쳤다. 광적인 튤립 사재기로 가격은 하루가 멀다 하고 최고치를 기록했고, 어떤 종은 5,000플로린(당시 네덜란드 개인 평균 연소득은 150플로린)에 거래되었다. 이는 당시 숙련된 장인이 30년 일해야 만질 수 있는 액수였다.

"모든 사람들은 튤립에 대한 열정이 영원히 지속되리라 생각했다."라고 맥케이는 말했다. "그리고 세계 곳곳의 부자들이 네덜란드에 눈을 돌렸고, 튤립을 사기 위해 어떤 액수든 지불했다."

하지만 사람들의 생각은 틀렸다. 튤립에 대한 열정은 오래 지속되지 못하고, 1637년 가격이 떨어지기 시작했다. 더 이상 구매자가 없자 시장은 순식간에 붕괴되었고, 완전히 아수라장이 된 튤립 산업 때문에 수많은 사람들이 파산을 면치 못했다. 오늘날 미국의 한 해 튤립 수입 규모는 수십억 뿌리에 달하며, 한 뿌리당 가격은 몇 센트에 불과하다.

이런 시나리오가 귀에 익은가? 아마 그럴 것이다. 그럼 이제 '튤립'이라는 단어를 '티클 미 엘모Tickle Me Elmo', '비니 베이비Beanie Babies'와 같은 장난감 이름으로 바꿔보자. 아니면 '신용부도스와프credit-default swap'로 바꿀 수도 있다. 16세기 네덜란드에 일었던 튤립에 대한 열정은 최초의 투기적 버블이라고 볼 수 있으며, 투기적 버블은 반복적으로 나타난다. 터무니없는 자신감과 적정한 가격을 훌쩍 뛰어넘는 인플레이션, 허둥지둥 시장에 뛰어드는 중산층, 결국에는 피할 수 없는 붕괴. 이 모든 것은 계속해서 반복되는 이야기이다.

우리는 너무나도 버블을 사랑한다. 그런데 왜 거품 목욕을 마쳤다는 사실을 알고 나면 그렇게 놀라는 것일까?

"사람들이 지금쯤이면 버블에 대해서 충분히 많은 것을 배웠다고 생각할 것이다."라고 예일 대학교의 경제학 교수이자 《이상 과열Irrational Exuberance : 거품 증시의 탄생과 몰락》의 저자인 로버트 J. 쉴러Robert J. Shiller가 말했다. 그러나 "거품이 있는 동안은 이를 인식하기 어렵다."고 덧붙였다. 쉴러 교수는 최근 주택 시장의 버블이 진행되고 있는 동안에도 이를 정확히 간파한 적이 있었다. 2005년 NPR(미국공영방송)과의 인터뷰에서 그는 미국의 부동산 붐이 버블이라고 말하면서, 버블이란 "경제 현실을 훨씬 뛰어넘어 가격이 폭등한 상태"라고 설명했다. 그리고 미국의 주택 시장 버블이 곧 터질 것이며, "문제는 그게 언제인가"라고 덧붙였다. 3년이 지나고 세상은 그 질문에 대한 답을 얻었다.

시간이 흐르고 난 뒤에는 아주 명확한 사실이다. 그러나 버블이 일고 있는 동안 사람들은 이전의 버블 때와는 다르다고 생각하며 그 사실을 믿지 않는다. 정말로 어떤 것의 가치가 오르기 때문에 가격이 오르는 것처럼 보이고, 그렇게 느껴지기 때문에 버블이 아니라고 믿는다. 이때 감정은 논리적인 투자 마인드를 인질로 잡아서 활동하지 못하게 한다. 그러면서 다른 사람들도 다 그렇게 하고 있지 않느냐며 위안을 삼는다.

버논 스미스Vernon Smith 박사는 어떻게 시장에 버블이 형성되는지에 대해서 설명하여 노벨 경제학상을 수상했다. 심리학과 경제학적 측면을 모두 생각하여, 그는 새로운 투자 세대가 시장에 합류할 때 새로운 버블 위험이 어떻게 형성되는지 설명했다. 그는 투자자들이 '한 번 데이면 두 번째는 조심하는' 식으로 행동하는 것을 발견했다. 학력 수준이 높고 정교한 투자자라 하더라도 감정적인 결정에서는 이성이 제대로 활동하지 못하는 것으로 나타났다.

스미스 박사는 경제학을 전공하는 대학원생들에게 담보물의 가치를 정확하게 알려준 뒤, 실험을 실시했다. 월 스트리트의 거래에서는 담보물의 가치를 정확히 알 수 없다는 점을 감안하면, 학생들은 상당히 좋은 위치에서 거래를 시작하는 것이었다. 하지만 그래도 가격은 여전히 원래의 가치를 훌쩍 뛰어넘었다. 그리고 다른 거래자들이 할증금 premium을 더 이상 지불하지 않자 노동 시장은 무너졌다.

두 번째 실험에서도 동일한 참가자들은 또 다른 작은 버블을 형성했다. 그러다 세 번째가 되어서야 실제 가치 수준을 유지하는 현명한 선택을 할 수 있었다. 애초부터 실제 가치가 어느 정도인지 알고 있음에도 세 번째가 되어서야 이를 활용한 것이다. 스미스 박사는 이 같은 실험을 경제학 교수와 다른 경제 전문가들을 대상으로 실시했고, 그 결과 버블이 형성되고 노동 시장은 무너졌다.

분명 어떤 비논리적인 힘이 우리의 이성과 지식을 제압하는 듯하다. 그리고 현재 치솟고 있는 가격이 영원히, 혹은 최소한 자신들이 투자를 하는 동안은 계속 오를 것이라는 믿음을 심어준다. 물론 그 힘이란 인간의 행동human behavior이다. 수요와 공급은 수요자와 공급자에 의해서 결정되고, 양측은 모두 우뇌와 좌뇌, 전뇌부와 변연계를 모두 갖고 있다. 즉, 경제 체계의 결점은 구매자와 판매자, 다시 말해 우리에 의해 돌아간다는 점이다. 그리고 우리 모두는 자신만의 돈 이야기를 통해 형성된 관점으로 문제를 바라본다. 이때 감정, 이전 경험, 돈의 의미, 변연계의 반응, 우뇌에 고립 등 다양한 요인이 복합적으로 작용하기 때문에 문제는 더욱 복잡해진다.

마음의 힘은 위대하다. 플라시보 효과에서 설탕 덩어리가 진짜 약처럼 효능을 발휘하고, 5달러짜리 야구공을 위해서 수백만 달러를 지불하는 것을 보지 않았는가? 원래는 우리의 마음은 상황 해석에 도움을 주고, 어떤 행동을 취하라고 지시를 하고, 우리의 미래를 결정하는 등의 능력을 갖고 있지만, 때로는 이 능력이 휘청거리는 것을 볼 수 있다. 특별하게 설계된 포크를 이용하여 자신의 콩을 분류하는 데 몇 시간을 쏟은 적이 있는 하워드 휴즈Howard Hughes는 막대한 부와 괴상한 행동의 독특한 조화로 유명하다. 돈에 대해서 비이성적이고 엉뚱한 행동을 한다고 해서 반드시 정신적인 문제나 과거에 이상한 문제가 있던 것은 아니다.

돈에 대한 잘못된 생각, 돈 문제에 대해서는 논리나 이성과는 담을 쌓는 태도, 미친 것처럼 보이는 편향적인 태도 등에 대한 연구가 오랫동안 진행되었다. 이번 장에서는 가장 보편적인 18가지 패턴에 대해, 동시에 이를 피하기 위한 간단한 방법에 대해 함께 살펴볼 것이다. 그중에는 행동 경제학자나 다른 작가들이 발견한 의사 결정 편향decision-making bias도 있다. 이미 기존에 존재했으나 이번에 돈과 관련된 의사 결정에 새롭게 적용한 개념도 있고, 이 책에서 처음으로 소개되는 개념도 있다.

─〉 프레이밍 효과 framing effect

당신이 심각한 병에 걸려서 생명이 위급한 상황이라고 상상해보자.

이때 의사가 당신에게 두 가지 실현 가능한 선택 사항을 제시한다. 첫째, A를 선택하면 1년 내에 죽을 확률이 32%이다. 둘째, B를 선택하면 1년 이상 살 수 있는 가능성이 68%이다.

A와 B중 어느 쪽을 택하겠는가? 대부분의 환자들이 B를 택하고, 의사도 75%는 B를 택한다. 하지만 A나 B나 결국에는 같은 내용이라는 점을 생각하면 놀랍지 않은가?

이 실험을 통해서 프레이밍 효과framing effect와 어떤 질문이나 상황이 주어졌을 때 우리의 비논리적인 사고방식을 알 수 있다.

프레이밍 효과는 재정 시나리오에도 적용해볼 수 있다. 베스라는 고객을 만난 적이 있다. 그녀는 20달러짜리 전기 믹서기를 5달러 할인된 가격에 사기 위해서 10마일이나 운전해 갔으며, 25%나 할인을 받았다고 좋아했다. 며칠 후에는 계속 사고 싶었던 200달러짜리 코트가 13블록 떨어진 상점에서 190달러에 판매되고 있다는 소식을 들었다. 하지만 그녀는 겨우 5% 할인 받겠다고 거기까지 갈 생각은 없다며 마음을 접었다.

논리적으로 생각하면 전혀 말이 되지 않는다. 5달러 아끼려고 10마일을 운전해 갔으면서, 이번에는 10달러를 아낄 수 있는데 10마일은커녕 1마일도 가지 못하겠다는 말인가? 액수가 아닌 퍼센트를 기준으로 생각했기 때문에 베스가 그런 결정을 내린 것이다.

프레이밍 효과는 같은 액수의 돈을 출처에 따라서 다른 방식으로 대하게 만든다. 다시 말해 논리적으로 1달러는 1달러일 뿐이다. 하지만 우리는 어떻게 1달러를 얻었느냐에 따라서 다르게 소비한다. 예를 들어 도박이나 예상치 못한 보너스, 세금 환급 등 '거저 얻은 돈found money'

에 대해서는 다른 기준으로 생각하는 탓에 월급이나 저축과는 전혀 다른 방법으로 돈을 써버린다.

프레이밍 효과를 극복하려면?

각각의 소비나 투자 결정을 돈의 출처와는 별개로 하나의 독립된 선택으로 간주하라. 그리고 자신에게 물어라. "만약 월급으로 이것을 사야 한다면, 그래도 그것을 사겠는가?", "통장을 깨서 사야 한대도?"

생각할 때에는 더 멀리 보라. "내일도 오늘처럼 이 결정에 대해 스스로 만족할까? 시간이 지나도 후회하지 않을까?"

─〉 손실 기피 Loss Aversion

일반적으로 손실을 경험했을 때 나타나는 부정적인 감정이 이득을 경험했을 때의 긍정적인 감정보다 두 배 더 강하다는 사실이 연구를 통해 증명되었다. 예를 들어, 100달러 손해를 봤을 때 느끼는 고통이 100달러 이득이 생겼을 때 느끼는 기쁨보다 두 배 더 강하다는 것이다. 그러므로 손실을 기피하려는 욕구가 행복을 추구하는 욕구보다 더 강하다는 사실은 그리 놀라운 것이 아니며, 전문 용어로 이를 '손실 기피 Loss Aversion'라고 부른다.

1장에서 손실 기피의 한 예를 이미 살펴본 바 있다. 맥스 베이저먼 Max Bazerman의 경매 실험을 기억하는가? 두 번째 높은 액수를 제시한 입찰자는 더 큰 금액을 잃을 가능성이 커지더라도 입찰금을 날리지 않기 위해서 계속해서 높은 액수를 제시할 수밖에 없었다.

고통회피 성향은 투자자들에게서도 강하게 나타난다. 실제로 우리는 우리의 손실회피 성향에 대해서 인식하지 못하기 때문에, 다시 오르기를 기대하며 손실을 낳게 하는 자산을 필요 이상으로 오래 보유한다. 차라리 빨리 매각하면 손실을 줄일 수 있지만, 실제로 처분할 때까지는 손실을 실감하지 못하기 때문에 선뜻 처분하지 못한다.

반대로 손실 회피로 인해 돈을 벌어다 주는 자산을 너무 일찍 처분하기도 한다. 캘리포니아 대학교University of California의 테런스 오딘Terrance Odean 교수는 7년에 걸쳐 1만 건의 주식 거래를 연구했다. 그 결과 개인 투자자들이 득이 되는 주식을 너무 빨리 매각하고, 해가 되는 주식은 너무 늦게 매각한다는 사실을 밝혔다. 즉, 동일한 폭으로 하락한 주식을 매각하는 데 걸리는 시간이 동일한 폭으로 상승한 주식을 매각할 때 걸리는 시간보다 길었다. 물론 그렇게 상승세의 주식을 매각한 경우, 해당 주식은 이후 12개월 동안 이전의 투자자가 보유하고 있을 때보다 평균 3.4포인트 상승했다.

손실 회피를 극복하려면?

감정의 균형을 유지하기 위해서 기준을 설정하라. 손실 회피는 감정적인 결정이다. 그래서 종목이 하락하면 겁을 먹어 빨리 매각한다. 하지만 대부분은 매각하여 '피부에 와 닿는' 손실을 피하기 위해서 계속해서 떨어지는 자산을 쥐고 아무 행동도 취하지 않는다. 이때 필요한 것은 더 나은 선택을 위한 뼈대이다.

먼저 감정에서 이성으로 옮겨와라. 그리고 현재 가치를 객관적으로 평가하라. 이때 감정이나 안전지대에 머물고자 하는 타성으로 객관적인 평가와 결정을 위한 눈이 흐려져서는 안 된다.

—> **외삽의 오류 Extrapolation Error**

신경계는 우리에게 패턴을 예측하고, 사건을 예견하도록 지시한다. 본능적으로 우리의 두뇌는 패턴을 인식하는데, 에모리 대학교Emory University의 신경 정신병학 전문가인 조지 번스George Burns 박사는 이를 '무의식중 학습'이라고 부른다.

듀크 대학교Duke University의 신경 과학자 스콧 휘틀Scott Huettle은 두뇌에 두 차례 연속적으로 어떤 자극을 주면, 우리의 두뇌는 자극이 반복될 것이라고 기대하는 습성이 있다고 밝혔다. 이와 마찬가지로 2년 동안 주식이 상승세를 보이면, 그 다음해에도 상승하리라 기대하는 것과 같다. 이를 '외삽의 오류Extrapolation Error'라고 부르며, 과거의 정보를 토대로 미래를 예측하는 잘못된 결정을 의미한다.

우리가 항상 과거의 사건을 토대로 미래를 예측한다면 어떻게 될까? 우리는 현명한 선택을 할 수 없을 뿐만 아니라, 재정을 결정할 때에도 실수를 저지르게 된다. 사실 투자자들이 하는 실수 중 대부분은 과거의 경험에 우선순위를 두기 때문에 발생한다. 흔히 '지구상에서 투자에 대해 가장 잘 아는 사람'이라고 일컬어지는 피터 번스타인Peter Bernstein은 외삽의 오류를 투자자들이 가장 흔히 범하는 오류라고 말한다. 번스타인의 말에 의하면 가장 위험한 순간은 투자하기 바로 직전이라고 한다. "그때가 가장 곤란할 때이다. 좋은 결정으로 포장하려 하기 때문이다."

주식 시장의 움직임에 대해서 아무리 잘 아는 사람조차도 현재 현명한 결정을 내리지 못하는 이유, 앞으로도 계속 그럴 수밖에 없는 이유는 감정적인 요인에 있다.

외삽의 오류를 극복하려면?

만약 미래가 과거의 복사본일 것이라고 예측하고 싶다면 당장 그 유혹을 뿌리쳐라. 그리고 두 가지를 기억해야 한다. 첫째, 특정 상황에 처하면 미래에 대해 알기 위해서 당신의 뇌가 자동적으로 패턴을 분석하기 시작할 것이다. 둘째, 하지만 어느 누구도 미래를 알 수는 없다.

외삽의 오류 가능성을 낮추기 위해서는 가능한 결과를 폭넓게 살펴보라. 그러면서 최선의 시나리오와 최악의 시나리오를 모두 검토해야 한다. 그 후, 최악의 결과도 받아들일 마음의 준비가 되면 그때 당신의 예측을 통과시켜라.

─〉 무적 편향 Invincibility Bias

여느 동료 의사들처럼 폴은 매일 환자들을 진찰하느라 눈코 뜰 새 없었다. 이런저런 간접비용이 많이 들기는 했지만, 폴은 매해 20만 달러 이상의 순이익을 꾸준히 올렸다. 어마어마한 모기지와 사교 클럽 회원비로 지출이 있다 한들 무슨 상관이 있겠는가? 의과대학 졸업 이후 15년 동안 계속해서 오른 순이익 때문에 소득이 떨어진다는 생각은 아예 하지 않았다. 폴뿐만 아니라 다른 동료들도 이렇게 생각하기는 마찬가지였다. 그러면서 점점 씀씀이가 커져만 갔다.

그러다가 1990년대 중반에 갑자기 모든 상황이 변했다. 새로운 시스템이 도입되면서 의사들에게 돌아오는 몫은 거의 반으로 줄어들었고, 동시에 행정 업무는 늘어났다. 곧 폴과 동료들은 새로운 환경에 적응하기 위해서 바삐 움직였다. 1년도 채 안 되어 폴은 직원수를 줄이고 더 작은 병원으로 옮겼다. 또한 살고 있는 집을 팔고 더 작은 집으로 이

사했다.

폴이 저지른 실수는 '무적 편향invincibility bias'으로, 예측의 오류 중에서도 가장 흔한 형태이다. 간단히 말해 무적 편향은 이런 것이다. "물론 그런 일이 많이 일어난다는 것은 알아. 하지만 나한테 그런 일이 일어날 리는 없어."

무적 편향을 극복하려면?

다시 한 번 말하지만, 행동을 하기 전에 한도를 정하라. 예를 들어, 도박을 하려거든 하루에 최대한 걸 수 있는 액수를 정해놓아라.

다양한 결과를 예측한 뒤, 시간이 걸리더라도 그 중에서 가능한 결과를 목록으로 작성하라. 그리고 나서 당신이 예측한 결과를 벗어나서 실제 가능성을 놓고 집중적으로 머리를 굴려라.

─〉 정박의 오류 Anchoring

교실을 가득 메운 학생들에게 자신의 의료보험 등록번호 마지막 두 자리를 적으라고 시켰다. 그리고 나서는 초콜릿이나 와인과 같은 품목을 놓고 모의 경매를 실시했다. 경매가 끝나고 결과를 살펴봤을 때, 이상한 패턴이 발견되었다. 자신이 적은 숫자 두 자리가 큰 학생일수록 그렇지 않은 학생보다 적게는 60%, 많게는 120% 높은 가격을 부른 것이다. 전혀 연관이 없는 것처럼 보이는 두 자리 숫자가 소비 패턴에 중대한 영향을 미쳤다고 볼 수 있다.

MIT의 교수이자 《상식 밖의 경제학Predictably Irrational: The hidden Forces That Shape Our Decisions》의 저자인 댄 애리얼리Dan Ariely 박사는 이 실험을

통해서 '정박의 오류Anchoring'에 대해서 설명했다. 정박의 오류란 애매한 상황에 처하면 인위적으로 무언가를 참고하여 결정을 내리는 성향을 말한다.

정박의 오류는 거의 모든 구매와 투자 결정에 관여한다. 어떤 중고차에 $15,000라고 가격표가 붙어 있었는데, 어느 날 '급매'라는 표시와 함께 $10,000 가격표가 붙어 있다. 이를 본 우리는 33%나 할인을 받는다는 생각에 기분이 들뜬다. 정작 처음에 붙어 있던 가격이 실제 가치에 적절한 수준이었는지에 대해서는 전혀 생각하지 않는다. 마찬가지로 어떤 주식을 40달러에 매입한 사람은 주가가 90달러나 110달러가 되었을 때 매각할 가능성이 높지만, 반대로 100달러에 매입한 사람이 매각할 가능성은 낮다. 실제 주식의 가치와는 상관없이 100달러라는 매입 가격이 닻의 역할을 하기 때문이다.

외삽의 오류는 정박의 오류의 일종이다. 우리는 미래에 대해 예측할 때 현재의 상황을 기준으로 삼는다. 그러면서 미래가 현재와는 전혀 다를 것이라고는 생각하려 하지 않는다.

정박의 오류를 극복하려면?

자산의 현재 가격이나 표시된 가격을 닻으로 삼기보다는 실제 가치에 대해서 알아보라. 그리고 적절히 주의를 기울이며 객관적으로 비교하라.

예를 들어 경매에 참여한다면 경매 물품에 대해서 미리 조사한 뒤, 최대 입찰금을 정해둬라. 그리고 아무리 치열한 접전이 붙더라도 미리 정해둔 액수를 넘기지 마라.

─〉 확증 편향 Confirmation Bias

1984년부터 1989년까지 5년 동안 배리 스토^{Barry Staw}와 하 호앙^{Ha Hoang}이라는 경제학자는 NBA 신입 선수들의 경기 성향을 연구했다. 이때 득점, 민첩성(어시스트), 내구성(리바운드, 블로킹)뿐만 아니라 부상과 기타 변수를 포함한 다양한 항목에 대해 조사하며, 실제로 어떤 항목이 경기 시간에 가장 많이 영향을 미치는지 알아냈다.

논리적으로 어떤 선수를 언제, 얼마나 투입할지에 대해 결정을 내릴 때 코치와 감독은 선수의 실제 경기 능력을 볼 것이라고 대부분의 사람들은 생각한다. 그러나 월 스트리트의 주식 중계인, 의사 등과 마찬가지로 코치와 감독도 인간이다. 즉, 전두엽뿐만 아니라 파충류와 포유류의 뇌도 모두 가지고 있다는 말이다.

연구 결과 선수들의 실제 경기 능력보다 더욱 막대한 영향을 미친 요인이 있는 것으로 밝혀졌다. 바로 드래프트 순서^{draft selection order}였다. 즉, 시즌이 시작하기도 전에 선수들의 실제 경기 능력과는 상관없이 경기 출전시간이 정해져 있었다. 5년 동안 드래프트 순서를 능가하는 다른 요인은 발견되지 않았다. 다시 말하면 선수들에 대한 감독과 코치의 기대가 선수들의 실제 경기 능력보다 중요한 요인이 된 것이며, 이는 '확증 편향^{Confirmation Bias}'의 좋은 예이다.

확증 편향은 기존의 신념이나 상대방에 대한 인상을 유지하기 위해서 현재 참고할 수 있는 자료를 모두 무시하는 성향이다. 다시 말해 과거에 내린 결론을 확실히 굳히기 위해서 원하는 사실만 선택하는 것이다. 그렇기 때문에 연구진들은 자신의 생각을 지지할 수 있는 자료만 찾는다. 또한 아무리 점쟁이가 틀리는 말이 많더라도, 자신의 맞는 말한두 마디라도 하면 "그 점쟁이 참 용하네."라고 말한다. 점쟁이가 아무리 많이 틀려도 그건 모두 잊고, 잘 맞는 것만 기억하기 때문이다. 우리 눈에는 항상 마음이 가고 기대하는 것만 보인다.

확증 편향은 우리의 재정 생활에 널리 퍼져 있다. 부동산 매입에서부터 의류나 가전제품 구매에 이르기까지, 우리는 이미 마음이 한쪽으로 기운 상태에서 원하는 선택을 뒷받침해줄 수 있는 '객관적인 정보 objective information'를 골라 선택한다.

확증 편향을 극복하려면?

듣고 싶은 이야기만 듣고, 이미 믿고 있는 사실만 보려는 성향을 조심해야 한다. 당신의 추론 과정을 면밀히 살펴보고, 추론을 통해 내린 결론에 대해서 자신에게 질문하라. 기존 생각에 시비를 거는 질문을 던지는 연습을 하라. 아무리 당신의 결정이 옳고, 좋아 보여도 시간을 갖고 반대하는 시선에서 살펴보라. 돈을 지출해야 하는 상황에서는 '논쟁을 즐겨라!'를 염두에 둬라. 그리고 가능하다면 다른 사람에게 평가를 부탁하고, 상대방의 말에 귀를 기울여라.

─〉 인지 가치 Perceived Value

캘리포니아 공과대학Caltech의 연구진이 와인 시음 실험을 통해 사람들의 선택에 영향을 미치는 다양한 요인에 대해서 알아봤다. 참가자들은 와인 가격 외에는 아무것도 모르는 상태에서 무조건 비싼 와인을 더 높게 평가했다. 하지만 연구진은 높은 가격표(90달러)를 계속 같은 병에 붙이지 않고 바꿔서 붙였다. 원래 10달러짜리 와인에 90달러 가격표를 붙이자, 사람들이 그것을 선호하는 것으로 나타났다.

이처럼 우리는 상품의 가치를 가격표에 따라 결정한다. 할 아키스^{Hal} Arkes와 캐서린 블루머^{Catherine Blumer}가 이끄는 연구팀은 더 비싼 공연 티켓을 산 사람일수록 공연의 가치를 더욱 높이 평가하기 때문에 공연에 안 갈 확률이 낮다는 사실을 발견했다. 주식의 경우, 우리는 회사의 분기별 보고서를 보고 주식의 가치를 평가한다. 그리고 플라시보 효과를 기억하는가? 우리는 더 비싼 약이 효과가 좋다고 생각하는 경향이 있다.

그럼 이제 이것이 그릇된 생각인지, 아니면 상품의 가격과 질에 실제로 연관관계가 있는 건지 궁금할 것이다. 2007년 〈소비자 보고서 Consumer Report〉에서 상품의 가격과 질의 관계에 대한 연구를 실시한 결과, 상관관계가 거의 없는 것으로 나타났다. 실제로 3분의 1의 제품의 경우 오히려 반대로 고가 제품의 질이 저가 제품보다 낮았다.

'인지 가치^{Perceived Value}'는 기저에 깔려 있는 믿음이 사라지는 순간 곧바로 무너진다. 26분기 동안 한 번도 쉬지 않고 순이익이 증가한 회사가 있었다. 그러다 해당분기 수익 성장 폭이 24퍼센트가 될 것이라는 예측이 나왔다. 그러나 실제 성장 폭이 23퍼센트라는 발표가 나오자, 그 회사는 5분 만에 시가 기준 15억 달러를 손해 봤다.

인지 가치를 극복하려면?

전문적인 정보와 기본 가치에 대한 지식을 토대로 계획을 세워라. 그리고 기본 가치가 변하지 않도록 변경하지 말고 계획을 고수하라. 분석가의 예측보다 성장 폭이 1% 낮더라도 회사의 기본 가치는 변하지 않는다. 아무리 사람들이 빠르게 그 회사 주식을 처분한다 하더라도, 분석가의 예측이 틀린 것일 뿐 회사의 기본 가치는 그대로이다.

─〉 매몰 비용의 오류 Sunk Cost Fallacy

로버트와 제니가 뒷마당에 전망대와 휴식 공간을 조성하기 시작했을 때, 예상 비용은 5,000달러였다. 그래서 주택을 담보로 대출을 받고, 건설업자를 고용했다. 순식간에 건설업자는 공사에 5,000달러를 다 써버렸지만 프로젝트는 50%도 완성되지 않았다. 다시 견적을 뽑아보니 6,500달러가 추가적으로 필요하다는 결론이 나왔다. 하지만 공사를 완성했을 때 오르는 주택 가치는 4,500달러뿐이었다. 로버트와 제니는 더 이상 돈이 없어서 또다시 대출을 신청했다. "이미 벌써 5,000달러나 쏟아 부었잖아. 그러니 반드시 완성시켜야 해!"

로버트와 제니는 '매몰 비용의 오류 Sunk Cost Fallacy'에 빠진 것이다. 매몰 비용은 '이미 많은 돈을 낭비한 것에 돈을 더 쏟는 짓 throwing good money after bad'이라고도 알려져 있다. 이미 투자한 돈을 지키기 위해서 더 많은 돈을 쏟아 붓는 우를 범하는 경우가 많다. 그렇기 때문에 도박꾼들이 도박에서 헤어 나오지 못하고, 투자자들이 불량주를 사들이는 것이다. "한번 시작한 일은 끝장을 내라 In for a penny, in for a pound"라는 어리석은 속담에 숭고한 지혜라도 있는 것처럼 우리는 착각 속에 살아간다.

매몰 비용의 오류를 극복하려면?

당신이 내리는 모든 결정이 과거의 결정과는 별개로 현재의 결정이라는 점을 명심하라. 과거는 과거일 뿐이며, 과거의 경험은 이를 토대로 무언가를 배울 때에만 의미가 있다. 각각의 새로운 재정 결정은 백지에서 시작하라. "오늘은 내 남은 인생의 첫날이야."라는 말이 진부하게 들릴 수도 있지만, 건전한 재정 결정을 위해서는 꼭 기억해야 할 명언이다.

—〉 소비 정당화 Spending Justification

'정당화 justifying'라는 말은 '원인'을 만든다는 뜻이다. 그리고 우리는 A, B가 C, D와 전혀 무관하더라도 'A = B이면 C = D'라는 왜곡된 대수학 공식을 핑계로 삼는다.

- "고급 커피를 위해 9달러를 투자했잖아. 고급 와인글라스는 더 오래 사용할 수 있으니 2배는 더 지불해도 될 거야."
- "지난 밤 외식에 65달러를 썼는데, 이 초에 30달러라고 못 쓰겠어?"
- "사업 만찬 참가비가 200달러인데, 거기에 참가하기 위한 항공료에 200달러 더 내고 비즈니스석 정도는 탈 수 있는 거잖아."
- "헤이! 방학이잖아. 이제까지 열심히 아껴왔는데, 호텔에 100달러 정도는 쓸 수 있잖아?"

정당화를 통해서 사치가 '생필품'이 돼버린다. 고급 커피는 핑곗거리가 되고, 고급 레스토랑은 기준이 되고, 그러는 사이 우리의 지출은 점점 눈덩이처럼 불어난다.

우리가 소비를 정당화시키는 목표는 거의 비슷하다. 또한 우리는 정당성에 문제가 있다는 사실을 알고 있으면서도 정당화를 그만두지 않는다. 이렇듯 정당화는 일종의 자기기만으로서 상당히 위험한 행위이다. 우리가 감당하지도 못할 그런 소비를 하게 만들고, 우리의 재정을 무너뜨리고, 잘못된 소비 행태를 반복하게 만든다. 그러다 보면 자기의 분수에도 맞지 않은 삶에 길들여지고, 빚은 눈덩이처럼 불어난다.

소비 정당화를 극복하려면?

재정 결정을 정당화하려거든, 최소한 1명 이상의 증인이 있는 곳에서 공개적으로 정당화하라. 하나의 결정을 온전한 독립체로 생각하지 말고 전체적인 체계와 원리를 염두에 두고 살펴보라.

—〉 소비 합리화Spending Rationalization

MIT의 드라젠 프렐릭Drazen Prelic과 던컨 시메스터Duncan Simester 교수는 보스턴 셀틱스Boston Celtics 농구 티켓을 놓고 밀봉입찰식(입찰자들이 밀봉된 봉투에 단 한 번 입찰가격을 제시하여 낙찰자를 선정하는 방식)으로 경매를 실시했다. 참가자 절반에게는 낙찰 시 현금을 지불할 것을 요구했고, 나머지 절반에게는 신용카드로 지불할 것을 요구했다. 실험 결과, 신용카드로 지불해야 하는 참가자들이 제시한 액수가 현금으로 지불해야 하는 참가자들이 제시한 액수의 두 배에 달하는 것으로 나타났다.

다시 말해, 현금의 가치가 신용카드 청구액보다 2배의 가치가 있다는 말이다. 약간 다르게 생각하면, 신용카드로 결제할 때 느끼는 지출에 대한 감각이 현금으로 지출할 때의 50% 수준이라는 말이다. 또 다른 연구진들은 현금이나 수표를 사용할 때에 비해 신용카드를 사용할 때 소비가 23% 증가한다는 사실을 발견했다. 현금으로 지불할 때보다 신용카드를 긁을 때, 왜 더 많은 소비를 하는 것일까? 의식적이건 무의식적이건 스스로에게 이렇게 말하기 때문이다. "뭐, 종잇조각에 찍히는 액수에 불과한걸. 지금 당장 주머니에서 돈이 나가는 것도 아니잖아." 이는 가장 흔히 나타나는 합리화의 한 예이다.

정당화와 마찬가지로 합리화는 나쁜 결정을 좋게 포장하는 행위이다. 가장 흔한 합리화는 지출로 인한 충격을 상환을 통해서 분산시키는 것이다. "물론 400달러짜리 스테레오는 비싸지만, 앞으로 5년 동안 매일 22센트씩만 내면 되는 거잖아." 오랜 기간 동안 비용을 지불하겠다며 모든 구매 활동을 합리화하고 있지는 않은가? (백만 달러짜리 집? 그럼 앞으로 30년 동안 매일 100달러도 안 되는 돈만 내면 되겠네.)

이런 자기기만을 뒷받침하는 해부학적 근거도 있다. 신피질과는 달리 원시적인 변연계는 미래의 결과에 대해서는 생각하지 않는다는 사실을 기억하는가? 점점 더 많은 투쟁 도주 반응fight-or-flight과 트라우마, 걱정 등이 재정 결정과 한데 얽히면서 우리는 '내일은 없다'고 생각하며, 마치 오늘이 마지막 날인 것처럼 소비를 한다.

소비 합리화를 극복하려면?

정당화와 마찬가지로, 결정을 합리화하고자 한다면 먼저 최소한 1명 이상의 증인이 있는 곳에서 공개적으로 전반적인 계획에 대해서 면밀히 조사하라.

―〉 내부 교섭 Internal Bargaining

"주여, 순결과 정절을 지키게 해주십시오. 하지만 아직은 말고요."
약 2,000년 전 성 어거스틴St. Augustine의 유명한 기도가 전혀 낯설지 않
지 않을 것이다. "좋아. 지금 이 치즈케이크를 먹을 거야. 그리고 다이
어트는 월요일부터 시작해야지."라고 말하는 순간, 잘못된 행동을 하
고 있다는 사실은 알고 있다. 하지만 결단에 대한 환상이 있기 때문에
서슴지 않고 행동을 단행한다. 마치 현재 잘못된 행동을 하기 위해서
아직 하지 않은 미래의 금욕이나 억제 행위를 핑계로 삼는 것과 같다.
그러나 미래에 다이어트를 하겠다는 약속이 지켜지는 경우가 얼마나
있는가?

우리는 이것을 '내부 교섭Internal Bargaining'의 오류라고 부르며, 이는
'계획 = 행동'이라고 생각하게 만드는 자기기만의 한 형태이다. 포커를
할 때 나타나는 내부 교섭에서는 이런 말이 오간다. "한 판만 더해서 이
길 거야. 그리고 그만둘 거야." 개인 예산, 투자 등 모든 개정 결정도 예
외는 아니다.

내부 교섭을 극복하려면?

결단은 한번 결심한 내용이다. 그리고 정말로 어렵고 용기가 필요한
부분은 처음에 결심을 하는 것이 아니라, 그 마음을 유지하는 것이다.
성공이 결승점은 아니다. 절대로 자기만족에 빠져서는 안 된다.

―〉 향수 편향 Nostalgia Bias

'향수 편향Nostalgia Bias'은 '장밋빛 추억rosy retrospection'으로도 알려져 있

으며, 과거 사건을 실제보다 더 좋게 기억하는 성향이다. 향수는 현실보다는 이상, 즉 좋게 편집된 기억을 떠올리게 한다. 그래서 우리는 부동산 거래가 잘못되면 전부 자신이 어떻게 손을 쓸 수 없는 시장 상황 탓으로 돌린다. 반대로 자신이 산 주식이 오른다면? 그건 자신이 천재이기 때문이다.

향수 편향은 우리의 능력이나 과거의 성공을 부풀리고, 결국에는 현재의 기대까지 부풀리기 때문에 문제가 된다. 물론 장밋빛 유리 자체는 아름답지만, 장밋빛 유리가 앞에 있으면 붉은색을 제대로 볼 수 없기 때문에 문제가 된다. 다시 말해 자기 최면은 자신이 저지른 과거의 실수를 간과하게 만들고, 자신이 평균보다 더 나은 결정을 한다고 생각하게끔 만든다.

잡지 〈하퍼스*Harpers*〉의 조사 결과, 조사 대상의 19%는 소득 수준으로 볼 때 자신이 상위 1% 안에 든다고 생각했다. 향수는 멋진 것이다. 그러나 재정 결정에 있어서는 예외이다.

향수 편향을 극복하려면?

과거에 잘못된 결정을 내릴 때 간과했었던 부정적인 징후, 정지 신호, 경고 신호 등을 되짚어 보라. 그리고 본인에게 기억하고 싶지 않은 기억을 편집하거나, 과거의 실수를 최소화하려는 성향이 있는지 살펴보라. 과거를 냉철한 눈으로 보는 것이야말로 더 나은 미래를 위해 꼭 우리가 갖춰야 할 것이다.

─〉 낙관주의 오류 Optimism Bias

1990년 미국 주식시장에서 인터넷 회사인 AOL의 주가가 치솟았다. 당시 주가 총액은 지구상 인구의 3배에 달하는 180억 명이 인터넷에 가입해야만 AOL이 벌어들일 수 있을 정도로 어마어마한 액수였다. 이는 낙관주의 오류Optimism Bias의 대표적인 예이다.

낙관주의 오류는 향수 편향과 긴밀한 연관이 있다. 하나는 과거를 부풀리고, 다른 하나는 미래에 대한 우리의 기대를 부풀려서 잠재하고 있는 부정적 결과물과 경고 신호를 최소화한다. 예를 들어, 한 분야에서(여기에서는 의학이라고 하자) 놀라운 성공을 거둔 사람은 그 분야에서 자신이 지닌 전문성을 다른 분야(주식 투자 등)에도 적용시킬 수 있다는 착각에 빠지는 경우가 있다(하지만 현실은 그렇지 않다).

한 의사의 이웃이 최근 투자 업계에 취직을 했다. 그 이웃과 이야기하던 중에 의사는 은광 산업에 2만 5,000 달러를 투자해보라는 권유를 받았다. 투자 내용도 괜찮은 것 같고, 또 자주 얼굴을 보고 지내는 이웃이었기에 괜찮으리라고 생각했다. 하지만 두 가지 모두 틀렸다. 그가 투자한 은광에서 반짝이는 것은 전혀 발견되지 않았고, 그 이웃은 이혼을 한 뒤 어디론가 사라졌다.

더불어 낙관주의 오류는 부정적인 가능성을 최소화시킨다. 성공 가능성과 실패 가능성을 더하면 100%라는 사실을 알고 있으면서도, '100 - 성공 가능성 = 실패 가능성'이라는 사실에 대해서는 전혀 고려하지 않는다. 그리고는 계속해서 투자를 하거나 도박을 하며, 점점 파산의 늪으로 빠져든다.

낙관주의 오류를 극복하려면

당신이 보지 못하는 영역을 점검하라. 현실적인 근거 없이 기대하고 있는 패턴이 있는지 확인하라. 예를 들어, 룰렛이 빨간색 칸에 연달아 네 번 멈춘 경우, 다섯 번째에도 빨간색 칸에 멈출 것이라고 생각하지 않는가? 그러나 논리적으로 보면 다섯 번째에 빨간색 칸에 멈출 확률은 50 : 50이다.

─〉 전이의 오류 Transference Fallacy

정신분석학에서는 과거의 감정이 현재의 감정으로 나타나는 것을 일종의 '전이transference'로 간주한다. 예를 들어, 어린 시절 아버지에 대해 부정적인 감정을 느꼈다고 하자. 그럼 어른이 된 후에도 아버지를 떠오르게 하는 누군가가 있으면 그 사람에게도 부정적인 감정을 느낀다. 아버지와 그 사람이 전혀 아무런 관계가 없어도 말이다.

이는 돈의 세계에서도 목격된다. 예를 들어 투자자는 존재하지도 않는 유사성을 찾는 성향이 있다. 주식시장에서 좋지 않은 일을 경험하고 나면, 해당 기업과 비슷한 회사나 업계까지 모두 똑같이 취급한다.

- 걸프 전쟁 중인 1990년 7월과 9월 사이 주식시장은 14% 하락했다. 그 원인 중에 하나는 제2차 세계대전 등 전쟁 때문에 주식시장이 휘청거렸던 기억과 감정이 떠올랐기 때문이다.
- 1990년 미국의 컴퓨터 회사 DEC Digital Equipment Corporation의 수익이 14% 하락했다는 발표에, 전혀 상관없는 HP의 주가가 하루아침에 50% 폭락했다.

전이의 오류가 미래에 투영되면, 외삽의 오류가 된다. 주가가 두 배로 뛰어오르면, 계속해서 오를 거라고 기대하게 된다. 이런 상황이 지속되면 버블이 형성된다.

전이의 오류를 극복하려면?

결정을 내릴 때에는 주어진 상황에 대해서만 생각하라. 이 상황이 과거의 상황과 정말로 비슷한가? 그렇다면 어떤 면이 비슷하고, 어떤 면이 다른가? 과거가 현재와 항상 일치하는 것은 아니며, 과거가 미래를 결정할 수도 없다는 사실을 기억하라.

─〉 호감 편향Affinity Bias

어떤 팀이 이길 것이라고 내기를 했다가 20달러라도 잃으면, 우리는 운이 없다고 말한다. 하지만 시즌 최하기록을 기록하고 있는데도 모교 팀에는 2,000달러를 선뜻 걸고 있지 않은가? 이것이 바로 '호감 편향 Affinity Bias'이다.

호감 편향이란 위험을 과소평가하고, 자신이 좋아하는 대상의 가치를 과대평가하는 성향을 말한다. 대표적인 예로 술, 담배, 상품, 좋아하는 기업의 주식 등을 들 수 있다. 오리건 대학교University of Oregon의 폴 슬로비치Paul Slovic와 카네기 멜론 대학교Carnegie Mellon University의 바루크 피쇼프Baruch Fischhoff는 호감 편향이 일으키는 왜곡으로 인해 전문 투자자들조차도 거품이 엄청나게 낀 주식이 위험하다는 사실을 간과할 수 있음을 발견했다. 2000년 기술주에 버블이 형성되었던 것처럼 말이다.

호감 편향은 반대로도 작용한다. 우리는 상대 팀이나 상대 정당 등 자신이 싫어하는 대상의 능력이나 영향력에 대해서는 과소평가하는 경향이 있다. 결국 자신이 좋아하는 대상을 지나치게 낙관적으로 바라본 나머지, 현실을 제대로 볼 수 있는 눈을 잃어버린다.

호감 편향을 극복하려면?

명백한 호감 편향에 주의하라. 당신이 좋아하는 기업 주식을 매입하거나 모교 팀이 이길 거라는 데 돈을 걸고 있지는 않은가? 역시나 시비를 거는 것처럼 계속해서 질문을 던지는 기술이 도움이 될 것이다. 그리고 믿을 만한 전문가가 당신이 별로 좋아하지 않는 기업이나 팀에게 투자하라고 조언했다고 상상하라. 투자 결정을 하는 데 있어서 어떻게 다른 기분이 드는가?

─〉 패턴 편향Pattern Bias

우리는 패턴을 사랑한다. 신경학적으로 우리는 패턴을 추구하게 되어 있다. 그렇기 때문에 우리가 이제까지 생존할 수 있었던 것이다. 하지만 패턴을 예측하고 이를 계속 추구하다 보면 곤경에 빠질 수 있다.

노벨상 수상자인 대니얼 카너먼Daniel Kahneman과 지금은 세상을 떠난 그의 동료 아모스 트버스키Amos Tversky의 연구를 보면, 전혀 패턴이 없는 자료에서도 사람들이 패턴을 찾아내는 것을 알 수 있다. 이것이 바로 '패턴 편향Pattern Bias', 실제로 존재하지도 않는 패턴을 인식하는 행위를 말한다. 만약 3년 연속으로 봉급 인상을 받았다면, 다음 해에도 봉급이 인상될 것이라고 확신하게 된다. 그러다 봉급이 인상되지 않으면(그리고 인상될 것이라고 예상한 금액을 미리 지출해버렸다면) 라이프스타일과 현실 사이에 괴리가 발생한다.

'도박꾼의 오류Gambler's Fallacy'는 패턴 편향과 관련이 있는 또 다른 오류이다. 이는 자신이 기대하고 있는 예외를 만들기 위해서 패턴의 허점을 찾는 성향을 말한다. 동전을 세 번 던져서 세 번 모두 앞면이 나왔다고 하자. 그렇다면 도박꾼의 오류에서는 네 번째에는 뒷면이 나올 거라고 생각하게 된다. 하지만 여전히 현실에서의 확률은 50 : 50이다.

패턴 편향을 극복하려면?

패턴이나 트렌드처럼 보이는 무언가를 토대로 결정을 내리기보다는 믿을 만한 조사와 눈에 보이는 사실, 이치에 맞는 추측을 토대로 결정하라. 과거에 내린 결정에 대해서 어떤 결정이 효과가 있었고, 어떤 결정이 방해나 문제가 있었는지 살펴보라. 그리고 (급격한 시장 폭락과 같은) 공포의 시기나 (급격한 시장 폭등과 같은) 탐욕의 시기에만 패턴을 사용하라.

─〉 가용성의 오류 Availability Bias

사건의 가능성을 예측할 때, 우리는 과거의 비슷한 경험을 찾아서 비교한다. 하지만 기억이 최근 사건이나 감정적인 사건에 치중된다는 사실을 아는 사람은 많지 않다. 이는 최근 사건이나 강한 감정을 느낀 사건에 대한 기억에 접근하는 것이 더 용이하기 때문이다. 만약 최근 자동차 사고를 당했다면, 운전을 위험하다고 생각할 가능성이 높다. 또한 최근 친한 이웃이 강도를 만났다면, 자신이 위험한 동네에 살고 있다고 생각하게 된다. 아무리 동네가 안전하다는 증거가 현실에 가득

하더라도 그건 우리의 귀에 들어오지 않는다.

'가용성의 오류Availability Bias'는 정확한 위험 평가와 올바른 재정 결정을 방해한다. 부동산 거래로 골머리를 앓고 나면 부동산은 너무 위험하다고, 라스베이거스에서 좋은 시간을 보내고 나면 도박도 할 만하다고 생각하지 않는가?

가용성의 오류를 극복하려면?

내가 가장 좋아하는 코치가 항상 이런 말을 한다. "공에서 눈을 떼지 말고, 머리는 게임에 집중하라." 방해를 받지 말고 현재에 집중하라(공에서 눈을 떼지 마라). 그리고 폭넓은 그림, 목적, 전략을 보라(머리는 게임에 집중하라). 그러면 당신이 하는 모든 행동을 통해서 앞으로 전진할 수 있을 것이다.

—〉 군중 심리 Herd Mentality

1948년 댄 라이스Dan Rice라는 이름의 유명한 서커스 광대가 사라지는 마술을 한 적이 있다. 당시 그는 음악과 악대차 등을 이용하여 대통령 후보인 자카디 테일러Zachardy Taylor를 응원했다. 그 사건은 순식간에 사람들의 관심을 사로잡았고, 정치인들은 테일러의 인기를 이용하려는 의도에서 악대차를 타고 다녔다.

우리 개인의 행동은 군중의 행동에 쉽게 동요된다. '군중 심리Herd Mentality'는 주식시장 전반과 개인의 행동에 모두 막대한 영향을 미친다. 군중 심리로 인해서 주식은 원래 방향으로 계속해서 움직인다. 이는 더 많은 사람들이 그 방향에 합류해서 주가가 급등하거나 급락하기 때문이다. 주식시장이 상승하면, 우리는 모두 계산기를 꺼내 놓고 조기 은퇴를 생각한다. 반대로 주식시장이 하락하면, 과연 은퇴는 할 수 있는 건지 고민한다. 단기 사건에 더 많은 사람이 반응할수록 우리의 공포와 희망은 그대로 현실이 된다.

군중 심리로 인해 사람들은 트렌드에 과잉반응을 하고, 그 과정에서 트렌드가 확실히 자리를 잡는다.

월 스트리트의 분석가들도 이런 현상에 아직 면역력을 갖추지는 못한 듯하다. 연구 결과를 보면 분석가들이 내놓은 예상치가 지속적으로 실제보다 평균 40% 높거나 낮다는 사실을 알 수 있다. 투자자들이 자신의 실수를 인정하고 싶지 않아서 우량주를 불량주보다 빨리 매각하기 때문에 군중 심리가 더욱 크게 작용한다. 어쨌든 그러다 보면 매입과 매각이 더 많은 매입과 매각을 낳는다. 그러면서 처음 향하던 방향으로 움직임은 한동안 지속된다.

군중 심리를 극복하려면?

다른 사람의 시각과 생각에 마음을 열어라. 그러나 주식시장이 민주주의로 움직이는 것이 아니라는 사실을 기억하라. 다수가 어떤 방향으로 움직인다고 해서, 그 끝에 좋은 결과가 기다리고 있는 것은 아니다. 새로운 정보에 귀를 기울이되, 감정적인 정보와 근거 있는 정보를 구별하라.

'전문가'도 변연계를 가진 인간임을 기억하라. 잡지 헤드라인, 방송에 나오는 전문가 인터뷰, 재정 전문가들의 말과 자신감에 휘둘리지 마라. 그리고 그들도 틀릴 때가 있다는 사실을 기억하라.

계속 의심이 될 때에는 믿을 만한 사람을 찾아가 상담을 받아라. 이 때 전문가 역시 당신이 고용한 사람일 뿐이며, 결정을 내려야 하는 CEO는 당신임을 기억하라. 그리고 당신이 할 수 있는 최선의 선택을 하기 위해 전력을 다해라. 때로는 결정을 다음 날로 미루고 하룻밤 자면서 생각해보라. 그리고 계획을 세운 뒤에는 고수하라.

Money Quiz ⟩⟩

당신의 투자 마음가짐은?

- 투자를 하면서 계속 돈을 잃는 것처럼 보이는가?
- 돈을 투자할 때 몸이 마비되는 듯하거나 두려운가?
- 자산 관리와 투자에 대해서 더 배워야 한다는 사실에 기가 죽는가?
- 다른 사람이 당신을 위해서 재정 결정을 내려주길 기대하거나 상대방에게 결정을 맡기는 가? 상대가 전문가가 아니더라도?
- 재정 수익에 대해서 우울함이나 죄책감을 느끼는가?
- 손실을 입었을 때 자신을 탓하거나, 화가 나거나, 헛수고했다고 생각하는가?
- 실수를 인정하거나 손실을 줄이는 것이 고통스러운가?
- '과거에 (주식을 더 일찍 매입·매각) 했다면 어떻게 됐을까?'에 대한 생각이 머리를 떠나지 않는가?
- 투자나 비즈니스 결정을 위해서 조언이나 자문 등 다른 사람의 의견을 구하는 것이 껄끄 러운가?
- 모든 재정 결정을 혼자서 할 수 있는 능력을 자신이 충분히 갖고 있다고 느끼는가? 현실 에서는 아니라는 증거가 계속 나타나는데도?

─〉 **투자에서 자주 경험하는 17가지 함정과 극복 방법**

1. 전문가가 제공해준 정보나 지식을 토대로 만든 마스터플랜이 없다면?

극복 방법: 당신만의 계획을 세워라. 이때 당신이 사용하는 시스템이나 자신과 잘 맞아야 한다. 계획이 없으면 '좋은 정보'에 쉽게 흔들리고, 감정적인 결정을 내리기 쉽기 때문이다. 객관적이고 체계적인 계획에는 목표, 전략, 시기나 액수에 따른 목표, (기간이나 액수를 정해서 실시하는) 정기적인 저축과 은퇴연금 납부가 포함된다.

2. 투자가 비즈니스라고 생각하지 않고 있다면?

극복 방법: 당신은 당신의 재정이라는 비즈니스의 CEO다. 당신이 돈으로 무엇을 하는지는 당신이 어떻게 돈을 버는지 만큼이나 중요하다. 투자란 이익을 얻기 위해서 시간과 돈을 투자하는 비즈니스다.

3. 다른 사람의 지식이나 전문가적 의견을 활용하지 않고 있다면?

극복 방법: 아직 당신이 믿고, 정기적으로 계획을 함께 검토해줄 담당 재정 상담사가 없다면, 꼭 한 명을 찾아라. 그리고 (1년/분기별 등) 정기적으로 함께 계획을 검토하라. 당신의 기분을 움직이는 어떤 사건이 발생할 때마다 찾아가 재촉하는 것은 바람직하지 않다. 또한 재정계획을 위한 브레인스토밍을 도와줄 친구들이나 고문을 모아서 위원회를 형성해보라.

4. 계획을 꾸준히 고수하지 못한다면?

극복 방법: 계획을 세우는 것과 고수하는 것은 별개의 문제이다. 물론 시장이 갑자기 강세를 보이거나 약세를 보이는 등 일이 너무 잘 풀리거나 안 풀릴 때는 계획을 고수하기 힘들다. 이런 상황에서 감정이

극단적으로 치닫기 때문에 감정에 따라 행동을 하려는 욕구가 강해진다. 그렇기 때문에 이를 쉽게 억제할 수 있는 사람은 거의 없다. 그러나 요동치는 배에서 멀미를 하지 않으려면 어떻게 해야 하는가? 멀리 지평선에 고정된 한 점에 집중해야 한다. 재정 상황이라는 요동치는 배에서 당신이 바라봐야 할 것은 재정 계획이라는 고정된 점이다. 항상 계획을 잘 보이는 곳에 두고, 흔들리지 마라. 특히 계획을 정말 포기하고 싶은 순간일수록 그렇게 하면 안 되는 때임을 명심하라.

5. 다른 사람의 신조, 방법, 시스템을 따라서 행동한다면?

극복 방법: 당신의 목표를 세워라. 그리고 당신이 이용할 수 있는 자료를 확보하고, 잠재하고 있는 방해물이 무엇인지 생각해보라. 당신만의 원칙을 세우고, 정기적으로 진척 상황을 객관적인 눈으로 확인하라.

6. 자신의 실수에 대해 다른 사람을 비난한다면?

극복 방법: 당신 결정에 책임을 져라. 괜히 중개인이나 제삼자에게 화살을 보내는 것은 옳지 않다. 자신의 실수를 인정할 때, 당신의 선택으로 일어난 결과라는 사실을 확실히 볼 수 있으며, 그래야만 같은 실수를 반복하지 않을 수 있다.

7. 너무 빨리 부자가 되겠다는 목표를 세웠다면?

극복 방법: 공포와 탐욕은 좋은 투자를 방해하는 주범으로, 모든 사람 안에 숨어 있다. 반대로 인내와 참을성은 투자자가 가까이해야 할 친구들이다.

8. 자신의 주식 선택 능력에 대해 지나친 자신감을 갖고 있다면?

극복 방법: 기꺼이 실수를 인정하고, 패배감을 떨쳐버려라. 또한 한 분야에서의 성공이 다른 분야(투자)에서의 성공을 보증하지 않는다는 사실을 기억하라.

9. 다각화에 실패했다면?

극복 방법: 〈월 스트리트 저널〉에 파이낸스 칼럼을 기고하고 있는 제이슨 즈와이그Jason Zweig는 자신의 연구를 마치면서 이런 말을 했다. "다각화를 해야만 당신 두뇌의 잘못된 선택으로 성공과 영원히 멀어지는 결과를 피할 수 있다." 엔론Enron, 마쉬Marsh, 맥레나McLenna를 기억하라. 그리고 저축과 투자 자산을 다양한 투자 항목에 분산시켜라.

10. 포트폴리오의 일부를 계산된 위험이나 안전한 항목에 지명해 놓지 않았다면?

극복 방법: 중년이나 노년에 대한 우리의 인식은 중년이나 노년에 가까워질수록 변한다. 마찬가지로 위험에 대한 인식도 위험에 가까워질수록 변하게 마련이다. 현재 당신이 세 무더기의 돈을 갖고 있다고 생각해보자. 그럼 한 덩어리는 장기적으로 은퇴를 위해 떼어놓고, 또 한 무더기는 뜨고 있는 주식에 투자하고, 또 한 무더기는 급속하게 오르고 있는 투기성 항목에 투자 혹은 도박을 해보라. 도박을 할 수 있는 돈이 있으면, 변덕이나 도파민의 활동으로부터 나머지 돈을 격리시킬 수 있다.

11. 100% 마음에 내키지 않는 결정을 행동으로 옮겼다면?

극복 방법: 당신이 하려는 일에 조금이라도 반대되는 생각이나 기분이 있으면, 그 일을 온전히 해낼 수 없다. 이럴 때에는 반쪽 마음으로 노력하기보다는 결정을 조금 미루는 것이 좋다.

12. 돈을 잃을 수 있다는 두려움 때문에 몸이 마비되는 것 같다면?

극복 방법: 손실에 대해 감정적으로 받아들일 수 있는 범위와, 실제 재정적으로 받아들일 수 있는 범위를 구별하라. 분명 차이가 있다.

13. 주식이 원래 수준으로 회복할 거라는 기대가 떠나지 않는다면?

극복 방법: 계속 기대에만 집착하다 보면 나쁜 결정을 내릴 수 있다. 예를 들어 주당 80달러였던 주식이 15달러로 폭락했다고 하자. 이 주식이 원래 수준을 회복하려면 엄청난 활약을 펼쳐 매년 15%씩 12년 연속으로 성장해야 한다.

14. 손실을 멈추는 게 쉽지 않다면?

극복 방법: 우리는 천성적으로 손실을 피하려 하거나 무시하려 한다. 그러면서 마음속으로 반등에 대한 희망을 품는다. 그러다 하락세의 주식을 팔아서 손실을 멈추고 나면, 그제야 손실을 인식하고 현실임을 알게 된다. 물론 고통이 따르기는 하지만 우리에게는 유익한 과정이다. 현실을 계속 무시하다 보면 결국 더 큰 것을 잃게 되기 때문이다.

15. 자신이 결정할 수 없는 것에 에너지를 쏟아 붓는다면?

극복 방법: 당신이 결정할 수 있는 것에만 집중하라. 그리고 당신이 손쓸 수 없는 일은 인정하고 포기하라. 또한 감정보다는 사실에 집중하라. 계속해서 감정이 한쪽으로 치우치면 직관에 어긋나는 행동을 하게 된다. 그러므로 너무 자주 시장 상황을 점검해서는 안 된다. 그래야 (긍정적인 혹은 부정적인 정보에 대한) 과잉반응을 줄일 수 있다. 적절한 원리를 토대로 심사숙고를 통해 세운 체계를 가동하여 감정 개입을 최소화하라.

16. 스트레스를 신경 쓰지 않는다면?

극복 방법: 정기적으로 재고 정리나 조사를 실시하라. 스트레스를 많이 받는 시기에는 마음을 가라앉히고 객관적인 눈을 되찾을 때까지 중대한 결정을 자제하라. 또한 매일 긴장을 풀 수 있는 활동을 하거나 명상의 시간을 가져라.

17. 충동적으로 결정을 내린다면?

극복 방법: 당신의 인생에서 정말로 위급한 상황은 많지 않다는 사실을 기억하라. 물론 투자도 위급한 상황은 아니다. 즉각 행동을 취하고 싶은 욕구, 마감 시간으로 인한 조급증 등이 찾아올 때에는 깊이 생각하면서 정보를 더욱 자세히 검토해야 한다. 동시에 끊임없는 연구와 연기를 통해서 조급한 결정을 피하면, 후에 발생할지도 모르는 부정적인 결과를 막을 수 있다. 그러므로 신중하게 결정하라. 그렇다고 결정을 전혀 하지 않아서도 안 된다.

Chapter 08

당신에게 지름신이
강림할 때

이멜다 마르코스(Imelda Marcos, 1965~1986년 집권 당시 부패와 독재로
악명 높았던 마르코스 필리핀 대통령의 부인)가 마닐라에서 도망가던 날
그녀의 신발장을 보니, 한 번에 두 켤레를 신지 않고, 같은 신발을
다시 신지 않고, 하루에 세 켤레씩 갈아 신는다고 가정할 때 2년 5
개월도 넘는 기간 동안 신을 수 있는 엄청난 수의 구두가 있었다.

— 1986년 3월 31일자 〈타임(*Time*)〉지에 실린
'이멜다 마르코스의 구두(The Shoes of Imelda Marcos)' 중

샤논은 정서적으로 그리고 재정적으로 독립하기 위해서 남자 친구
와 헤어지길 원했지만, 동시에 혼자가 되는 것이 두려웠다. 마침내 그
녀가 남자 친구 버트와 헤어졌을 때, 그녀의 마음속에서 이런 소리가
울려 퍼졌다. "어서 쇼핑몰에 들어가서 뭔가 새로운 것을 사. 큰 게 아
니더라도 은팔찌나 티셔츠 정도라도. 그냥 뭔가를 사!"

결국 샤논은 600달러어치의 셔츠, 재킷, 벨트, 신발, 귀고리를 샀다.
그것도 버트와 함께 가던 쇼핑몰에서 모두 샀다. 그러면서 그녀는 말
했다. "아직도 내가 나가서 돈을 쓸 수 있다는 사실을 믿고 싶었어요.
이 물건을 구입하는 순간, 힘과 자신감이 솟아났어요. 그 전에는 완전
방전된 듯한 느낌에, 기운도 하나도 없었거든요."

그녀가 정말로 원한 것은 옷이나 액세서리가 아니었다. 그녀는 옷이
나 액세서리를 살 때 느끼는 그 기분을 원했던 것이다. 돈을 쓰는 행위,

그 자체가 그녀에게 희열, 힘, 자존감을 회복시켜 주었다. 하지만 불행히도 이런 것은 오래가지 못한다. 실제로 그녀는 상점에서 나오자마자 마구 쇼핑한 결과 자신의 재정에 문제가 생겼다는 사실을 깨달았고, 바로 버트에게 전화를 걸어서 도움을 청해야만 했다.

샤논의 이야기가 자신과는 전혀 다른 세상 이야기라고 느낄 수도 있지만, 비슷한 점이 아주 없지는 않다. 대부분의 사람들은 결제를 마친 후 자신의 기대에 어긋나는 혹은 반대되는 지출을 했다는 사실을 깨달은 경험을 갖고 있다. 하지만 이는 우연히 일어난 사고가 아니며, 이와 관련하여 '구매자의 후회buyer's remorse'라는 표현도 있다.

돈 때문에 곤욕을 치르는 이유는 무엇일까? 그것은 바로, 우리가 자신의 행동에 대해서 생각하고 있다는 착각에 빠지기 때문이다. 우리는 지능이 있고 자각할 수 있는 존재이기 때문에, 계속해 자신의 행동이 생각의 지배를 받는다는 착각 속에 살아간다. 하지만 현실은 그렇지 않다. 특히 돈과 관련해서는 감정이 행동을 지배하고, 생각은 사건 종료 후 등장한다. 범죄가 모두 일어난 뒤 마치 CSI 과학수사팀이 현장에 와서 흉악한 범죄가 왜, 어떻게 일어났는지 확인하는 것과 같은 원리이다. 기억하라! 감정이 가장 먼저 나타나고, 행동이 그 뒤를 따른다. 생각은 꼴찌로 등장하며, 그것도 때로는 한참 후가 돼서야 나타난다.

"지출은 감정적인 행동이다Spending is emotional." 반드시 이 말을 기억하라. 사실 이 책을 읽으면서 다른 내용은 하나도 기억하지 못하더라도, 이 말은 반드시 기억해야 한다. 핵심적이지만 단순한 이 논리만 기억해도 당신의 인생에서 재정 문제는 개선될 것이다. 지출은 우리의 기분을 바꾸고, 기분은 우리를 지배한다.

─〉 강박 소비 사이클

우리 모두는 서로 다른 이유로 돈을 지출한다. 외로움, 공허함, 불안함을 달래거나 자신의 권력이나 가치를 드러내기 위해서 돈을 지출한다. 문제는 그 효과가 오래 지속되지 않는다는 데에 있다. 마음의 평온을 찾기 위해서 돈을 썼지만 헛수고였다. 쇼핑으로 긴장을 풀고 나면 곧이어 카드 대금에 대한 스트레스가 밀려온다. 그래서 방금 쌓인 스트레스를 풀려고 다시 쇼핑하러 가는 이들도 있다.

샤논의 이야기를 들어보면 항상 정해진 일련의 단계를 밟았고, 각 단계에는 두드러지는 특징이 있었다.

불안→조준→압박→정당화→불안

불안Discomfort: 흔들리는 관계, 불안감, 공허함은 무언가 보이는 것을 손에 쥐고 싶은 욕구를 부채질한다.

조준Targeting: 욕구의 범위를 좁혀서, 새 원피스와 같은 한 가지에 집중한다.

압박Constriction: 내재하고 있는 욕구가 커지면서 우리는 한곳에 집중하고, 결국 큰 그림을 보지 못한다. 그러면 자신에게 얼마나 여유가 있는지, 사려는 물건이 실용적인지, 잠시 쉬면서 생각을 해야 하는 건지 까맣게 잊게 된다.

정당화Justification: 비논리적인 우리의 행동을 상황에 맞는 이야기로 꾸며서 짜깁기 한다. 예를 들어 자신에게 이렇게 말한다. "만약 내가 지금 당장 이것을 사지 않으면, 다시는 이런 기회가 없을 거야." 혹은

"난 이 상품을 절대로 놓치지 않을 거야. 그리고 나는 이것을 가질 만한 자격이 충분해."

불안Discomfort: 현실은 죄책감, 수치심의 형태로 등장한다. 자신의 행동으로 인해 나타난 재정적인 결과가 부정적이더라도 어떻게든 손을 써야 한다. 신용카드 청구서가 날아오고, 그럼 당신이 무엇을 샀는지 배우자가 알게 되고, 당신은 적자를 메우기 위해서 다른 사람들에게 돈을 빌려야 한다.

구매의 진정한 즐거움은 오래가지 못하며, 불안감이 되살아나면 액수를 키워서 더 비싼 물건을 사게 된다. 처음에는 어쩌다가 충동적으로 쇼핑을 하지만, 나중에는 충동의 노예가 되어 쇼핑몰에 살다시피 하는 이들도 있다. 결국 충동구매Impulsive spending가 강박 쇼핑Compulsive shopping으로 진화한다.

충동구매는 돈을 쓰고 싶은 욕구로 인해 나타나는 행동 패턴이다. 전형적으로 자신의 돈으로는 살 수 없거나, 애초에 구매 계획이 없었거나, 필요하지 않은 그런 물건을 사는 경우가 대부분이다. 물론 때로는 정말로 원하는 것을 사는 경우도 있다. 하지만 대부분은 우울함을 느끼는 사람들 또는 친밀감을 위해서 쇼핑을 하는 경우가 많다. 전자의 경우, 이들은 쇼핑에 중독된 수준이며 일종의 강박관념을 지니고 있다.

100% 강박 쇼핑 사이클을 보이지 않는 사람들도, 어느 정도 그런 성향을 보이기도 한다. 다음 질문에 대해서 생각해보자.

- 지루함, 공허함, 좌절감, 분노, 두려움과 같은 감정으로부터 탈출하기 위해서 오프라인 혹은 온라인 쇼핑을 하는가?
- 어떤 일이 좌절되거나 절망이 찾아왔을 때, 돈을 쓰고 나면 기분이 좋아질 거라는 생각이 드는가?
- 당신 자신이나 타인과의 갈등을 일으킬 수 있는 방식으로 쇼핑을 하거나 지출을 하는가?
- 충동적으로 지출을 하고 나서 나중에 그것을 '하지 않았으면 좋았을 텐데'라고 후회하는가?
- 당신의 소비 습관이 당신 삶을 엉망으로 만들었는가?
- 현금으로는 결코 구매하지 않을 물건을 신용카드로는 사는가?
- 쇼핑을 하거나 무언가를 구매할 때, 기분이 변하는가?
- 쇼핑을 할 때, 마치 금기시되거나 위험한 무언가를 할 때처럼 은밀한 전율이 느껴지는가?
- 당신 수중에 있지도 않은 돈, 있으면 좋겠다고 생각하는 돈, 혹은 현재 갖고 있는 돈에 대해서 생각하다가 쇼핑을 나서는가?
- 쇼핑으로 생긴 빚을 갚기 위해서 당신의 인생이나 여가를 포기하는가?
- 구매에 대한 죄책감, 수치심, 당혹감 때문에 당신이 구매한 물건을 백분 사용하지 못하는가?
- 당신의 자신감을 높이기 위해서 구매를 하는가?
- 당신이 어떤 물건을 샀는데 아무도 알아봐 주지 않으면, 다시 그 물건을 구매하지 않는가?

위의 질문 중 하나라도 긍정적인 대답을 했다면, 당신도 감정이나 자신감을 위해서 쇼핑이나 지출을 했을 가능성이 있다. 그렇다면 당신이 지출을 통제했다고 하기보다는 지출이 당신을 통제했다고도 볼 수 있다.

소비가 통제를 벗어났을 때, 우리는 일종의 의식을 통해서 선을 그으려고 시도한다. 신용카드를 자르고, 다시는 이런 짓을 하지 않겠다고 다짐하고, 한 상점에서 사용할 수 있는 한도액을 정해놓는 등 이런 노력이 당신의 소비를 통제한다. 하지만 이런 생각이 잠시 자리를 비우면 곧바로 당신의 감정이 그 자리를 꿰차는 것이 문제이다. 그러므로 진정한 해결책은 감정 자체를 다루고, 당신이 떨쳐내려는 문제 아래에 어떤 감정이 있는지 알아내는 것이다.

—〉 경쟁적 소비 | Competitive Spending와 과소비 | Conspicuous Spending

금전적인 부에 대해 사람들이 상대적인 관점을 갖고 있다는 사실은 이미 연구 결과를 통해 밝혀졌다. 한 연구에서, 참가자들에게 다른 사람들이 모두 15만 달러를 버는 집단에서 10만 달러를 벌며 살고 싶은지, 아니면 모두가 6만 달러를 버는 집단에서 8만 달러를 벌며 살고 싶은지 선택하라고 했다. 그 결과 대부분 더 작은 액수인 8만 달러를 택했다. 비록 10만 달러보다는 적은 액수이지만, 주위 사람들의 소득과 비교했을 때 높기 때문이다. 이로써 우리의 관점은 상대적임을 알 수 있다.

경쟁적 소비competitive spending는 '남에게 지지 않으려 부리는 허세 keeping up with the Joneses'라는 표현으로 대체될 수 있다. 또한 연극, 영화, 텔레비전 코미디나 시트콤에 자주 등장하는 소재이기도 하다. 물론 이런 경쟁은 계속해서 위로만 향하는 확장 경쟁이다. 서로의 새로운 척도가 계속해서 향상되기 때문이다. 우리는 상대보다 온전히 높은 위치에 서기 위해서 주택, 자동차, 옷, 가구 등 눈에 보이는 것에 더 많은 돈을 쏟아 붓는다.

그러다 보면 소비는 구매한 상품을 즐기기 위한 행위라기보다는 다른 사람의 찬사나 존경을 얻기 위한 행위로 전략한다. 즉, 이 같은 사치스러운 소비 행위에는 중인이 반드시 필요하다. 그러므로 경쟁적 소비를 하는 사람은 함께 저녁식사를 한 뒤 남들이 보는 앞에서 계산서를 들고 계산대를 향하거나, 공개적으로 기부금을 받는 단체에 돈을 기부한다. 이런 경쟁적 소비가 점점 늘어나면 결국에는 과소비가 된다.

1장에서 만났던 바바라를 기억하는가? 그녀는 자신과 자식들을 먹여 살리기에도 빠듯한 월급으로 액세서리와 옷을 사들이며 사치스러운 생활을 했다. 과소비를 하는 다른 사람들과 마찬가지로, 바바라는 돈을 일종의 사회적 특권을 얻기 위한 수단으로 간주했다.

젊은 여자에게 한없이 후한, 볼록 나온 올챙이배의 중년 남성을 가리키는 '슈가 대디sugar daddy'라는 단어를 아는가? 팔에 젊은 여자를 끼고 있는 중년의 갑부, 슈가 대디는 신문의 사회면에 등장하는 만화나 시상식에서 종종 만나볼 수 있는 존재이다. 단순히 그들이 모두가 보는 앞에서 소비를 하고 싶은 욕구를 참지 못하기 때문에 사람들의 입에 오르내리는 것은 아니다. 위선적인 성적 매력이나 거짓된 아부 등으로 상대방에게 보답하기 때문에 그런 것이다. 자유로울 때 더 높은 가치를 자랑하는 무언가를 손에 넣기 위해서 노력하는 모습을 보면, 우리 현실이 쓸쓸하면서도 참 웃긴다는 생각이 든다.

경쟁적 소비와 과소비 역시 여느 잘못된 소비 행태와 마찬가지로 비극적인 결과를 초래한다. 매력, 친밀감, 명성, 자신감, 평안, 우정과 같이 돈으로는 살 수 없는 것을 사고자 하기 때문에 비극은 피할 수 없는 결말이다.

─〉 보복형 소비 | Revenge Spending

과소비는 남들이 보는 앞에서 하는 것이 특징인 반면, '보복형 소비 revenge spending'는 조용하게 은밀히 하는 것이 특징이다. 본인의 분노를 표출하기 위한 탐닉이라고도 볼 수 있다.

리사는 스스로 '카탈로그 쇼핑 중독'임을 시인했다. 그녀는 달마다 혹은 주마다도 아닌, 매일 카탈로그를 가져와서 쌓아놓는다. 그것을 보고 있는 동안만은 시간 가는 줄 모르고 푹 빠져 있다. 때로는 자신이 어떤 상품을 신청했는지조차 기억하지 못하기 때문에, 택배가 오면 자신이 돈을 주고 구매했다는 생각보다는 선물을 받았다는 기분이 앞섰다.

리사는 남편 잭과 말다툼을 하고 나면 거의 곧바로 쇼핑을 했다. 리사 부부가 다투는 경우는 잦았고, 대부분 돈 때문이었다. 리사는 잭이 짠돌이에 이기주의자라고, 잭은 리사가 무책임하게 돈을 쓴다고 생각했다.

리사는 잭만큼 말다툼을 오래 견디지 못했다. 말다툼이 절정에 달할수록 잭의 분노는 에너지로 변했지만, 리사는 점점 자신의 에너지가 빠져나가는 듯했다. 그래서 말다툼이 길어진다 싶으면, 자신의 잘못을 인정하거나 사과를 하지도 않고 그냥 자리를 떠나버렸다. 그렇게 말다툼을 다음으로 미루고 그녀가 하는 것은 쇼핑이었다. "내 욕구도 중요해. 이렇게 싸우고 나면 장미꽃 다발이라도 보내야 하는 거 아냐? 하긴 뭘 바라겠어. 대신 내가 직접 내 자신에게 옷이나 한 벌 사줘야지."

여성은 보복형 소비를 미묘하게 사회적인 목적으로 사용한다. 어려서부터 자기주장을 강하게 내세워서는 안 된다는 가르침을 받았기 때문에, 하고 싶은 말을 다하지 못하는 경우가 많기 때문이다. 그렇게 하고 싶은 말을 다하지도 못하고 말다툼이 끝나 버리면 분노가 그대로 남아서는 나중에 (혹은 리사와 같이 직후에) 간접적으로 표출된다.

남성도 마찬가지로 보복형 소비를 한다. 특히 남성은 여가를 위한 고가 상품을 구매하거나, 아니면 아내에 대한 화를 표출하기 위해서 일부러 술집에서 카드를 긁는다. 특히 아내가 자신이 사용하려고 뭔가 비싼 물건을 사서 말다툼이 시작된 경우에는 더욱 그러하다. 또한 어머니가 많은 것을 사주지 않아 어린 시절 결핍을 경험한 경우, 이로 인해 보복형 소비가 나타나기도 한다. 혹은 아버지에게 뭔가를 사달라고 할 때마다 안 된다고 하셨다면, 마찬가지로 그동안 갖고 싶던 무언가를 잊지 못한다. 그러나 직장에서 상사와 말다툼이라도 일어나서 분노가 치밀면, 금전적 여유가 없더라도 갖고 싶던 물건을 사버린다.

─〉 병적인 소비 절제

지나치게 소비를 많이 하는 것만이 문제가 되는 것은 아니다. 스티븐은 회계사로 활동하면서 괜찮은 삶을 영위할 수 있을 정도의 돈을 충분히 벌었다. 하지만 그는 안정적인 현재의 재정 상황이 언젠가는 무너져서 합리적으로 소비를 하지 못할 것이라는 두려움에 사로잡혀 있었다. 그는 여윳돈을 최대한 모아서 무언가를 사면 두려움이 사라질지도 모른다는 생각을 하고 실행에 옮겼다. 하지만 여전히 그는 만족하지 못했고, 실현 가능성이 거의 없는 문제로 계속 고민했다. 이런 패턴은 지난 34년간 그를 괴롭혔다.

스티븐의 인생에서 즐거움은 철저히 제한될 수밖에 없었다. 그는 항상 데이트를 자제했고, 특히 사치스러운 데이트는 꿈도 꾸지 않았다.

또한 대부분의 시간을 싼 물건 찾는 일에 열을 올렸고, 시간만 나면 집이나 자동차를 수리했다. 혹시 고장나서 다른 사람에게 맡기게 되면 다 돈이기 때문이다.

돈이 많아도 꼭 필요한 물건조차 사지 않았고, 1달러라도 쓴 날에는 후회로 밤잠을 설쳤다. 그는 마치 죽은 친구가 남긴 소중한 돈을 함부로 사용하기라도 한 것처럼 보였다. 사실 스티븐의 낙은 돈을 만지는 데에 있었다. 꼭 현금이 아니더라도 통장을 볼 때에도 그는 만족스러운 표정을 지었다.

스티븐은 돈과 사랑에 굶주렸다. 돈에 대한 굶주림에 대해서는 본인도 알고 있었지만, 사랑에 대한 굶주림은 무의식 속에 숨어 있었다. 그의 대인관계를 보면, 상당히 간소하다 못해 거의 고립에 가까웠다. 어렸을 때 그는 엄격한 생활을 했다. 부모님은 부모님이 원하는 대로 스티븐이 행동하지 않으면 벌을 줘서 죄책감을 느끼게 했다. 반대로 좋은 일을 하거나, 성적이 좋거나, 가족 규칙을 잘 준수하면 이에 대한 보상으로 돈을 줬다. 그러면서 그는 효율적으로 돈을 얻어내는 방법을 배웠고, 그에게 돈은 그가 원하는 사랑, 애정, 안전의 상징이 되었다. 어른이 되어서 그는 (집안 대청소와 같은) 큰일을 마친 후에 스스로에게 초콜릿 칩 쿠키 한 봉지를 상으로 내렸다. 그에게 초콜릿 칩 쿠키 한 봉지는 엄청난 사치였다. 그는 소비와 통제 불능을 거의 동일시한 나머지, 두려움에 떨었다. 그렇게 스티븐은 돈과 함께 자신의 감정을 꽁꽁 숨겨뒀다.

월도 스티븐과 비슷한 행동양식을 보였는데, 월은 자기 자신뿐만 아니라 자신의 경력까지 망쳐버렸다.

월은 37살의 나이에 안정적인 수익이 있는 전문 기술자였다. 그의 학벌은 대학 졸업이었지만, 더 교육을 받을 생각은 꿈에도 하지 않았다. 어쨌든 그는 괜찮은 동네에 괜찮은 집을 장만했다. 하지만 쾌적한 삶을 위해 필요한 공과금까지도 지독하게 아꼈다. 먼저, 전기세를 아끼기 위해서 사무실에 늦게까지 남아서 전기를 사용했다. 집에서는 정말로 철저하게 쓰레기를 매립용, 소각용, 재활용으로 분리했다. 그렇게 분리한 소각용 쓰레기를 벽난로에 태워서 난방비도 절약했다. 그렇게 쓰레기 처리비를 아끼다 보니, 구청 담당 부서에서 어떻게 된 일인지 조사를 나왔고, 그럼 그때마다 궁색한 변명을 해야 했다.

월은 보이스카우트 대장으로 활동하며 아이들에게 쓰레기를 분리수거하는 방법, 무언가를 고치는 방법, 특별한 재료가 없어도 뭔가를 하는 방법, 그런 것을 가르치며 사교 활동을 대신했다.

그는 회사에 입고 갈 정장을 사는 일에도 선뜻 지갑을 열지 못했다. 더욱이 빠른 속도로 변하는 업계에서 일하면서 필요한 책이나 장비를 전혀 구입하지 않으니 남들보다 뒤처질 수밖에 없었다.

영양소를 고루 갖춘 식단과 같은 건강을 위한 소비는 '적으면 적을수록 좋다'는 원리가 적용되는 단순한 문제가 아니다. 균형 잡힌 건전한 지출이란 당신의 가치와 인생 목표 실현을 위해서 돈을 사용하는 것을 의미한다. 무조건 돈을 아끼고 소비를 자제하는 행위는 충동적으로 지나치게 소비를 하는 행위만큼이나 우리 삶에 백해무익하다.

—〉 돈과 갈등

도나 캠벨Donna Campbell의 남편 아밈 람다스Amim Ramdass는 어느 날

갑자기 집에 와서는 전화선을 끊었다. 그리고 가족들이 텔레비전을 보고 있으면 불쑥 나타나서 텔레비전을 꺼버렸다. 이런 행동 때문에 가족들은 의심을 하기 시작했다. 남편에게 묻자, 남편은 구차한 변명을 할 뿐 진짜 대답은 회피했다. 마치 집안으로부터 어떤 정보가 들어오는 것을 막으려고 애쓰는 것처럼 보였다. 그렇다면 남편이 숨기려는 정보는 대체 뭐란 말인가? 그리고 어떤 정보이기에 전화와도 연관이 있단 말인가?

마침내 도나는 인터넷 검색창에 남편의 이름을 쳐서 남편이 뭘 숨기려 하는지 알아냈다. 직장 동료들과 카지노에 간 남편에게 1억 9천만 달러 상당의 잭팟이 터진 것이다.

도나는 남편이 당첨금의 50%를 그녀에게 줄 것을 요구하는 소송을 제기했다. 하지만 이때쯤에 남편이 종적을 감추면서 소송은 제자리걸음을 했다. 그렇게 그녀는 남편의 행방을 찾느라 몇 달을 보낸 후, 도나 혼자 사전 심의에 모습을 드러냈다. 심의를 맡은 순회재판판사 제니퍼 D. 베일리Jennifer D. Bailey는 소송을 기각했다. 해당 논쟁은 가정 법원에 더 적합하다는 것이 기각 사유였다.

베일리 판사가 사건의 요지를 정확히 판단한 것이다. 때때로 부부 관계에서 돈 때문에 갈등이 발생하는 경우도 있다. 2장에서 봤다시피, 돈은 다양한 감정과 의미를 표현하는 가시적 수단으로 둔갑한다. 돈은 다양한 문제를 담을 수 있는 유연한 그릇과 같으므로, 돈 문제 뒤에는 보이지 않는 갈등이나 문제가 숨어 있을 수 있다. 돈과 더불어 섹스나 음식 뒤에 감정이 숨는 경우가 많다.

우리는 특정 상황에 처하기 전에는 돈, 권력, 성에 대한 추측을 입 밖에 내지 않는다. 특정 상황이란 실직과 같이 갑자기 난처해진 상황, 혹은 아밈 람다스와 같이 뜻밖의 횡재를 하는 경우를 말한다. 또한 부부 중 원래 수입이 적던 사람이 더 많아지면 서로의 역할이 바뀌는 경우도 해당된다. 유산이나 이혼 역시 돈 문제와 깊은 연관이 있다.

돈과 관련하여 부부가 취하는 행동을 보면 마치 자신이 원하지 않는 상대방의 면모를 바꾸려고 춤을 추는 듯하다. 탱고에서처럼 한 사람이 리드를 하면서 자신의 뜻대로 움직인다. 그러면서 상대방이 자신의 리드를 따르지 않으면 걸림돌이라도 되는 것처럼 취급한다. 예를 들어, 남편(혹은 아내)은 새 차를 사고 싶어 하고, 아내(혹은 남편)는 저축하길 원할 수 있다. 한 사람은 성관계를 갖길 원하고, 상대방은 아직 준비가 되지 않았을 수도 있다. 한 사람은 그동안 가보지 못한 고급 레스토랑에 가고 싶지만, 상대방은 이제까지 가던 식당에 가길 원할 수 있다. "그냥 매일 가던 식당에 가지 그래? 거기 음식, 우리 입맛에 잘 맞잖아. 가격도 착하고."

물론 진실을 보면 이 모든 것이 겉으로 보이는 행동에 불과하다. 무언가에 대한 욕구와 걸림돌, 모험과 신중은 항상 양측에 모두 존재한다. 하지만 한쪽이 상대방에게 굴복하지 않는 한 드러나지 않을 뿐이다.

"예"와 "아니요"가 바뀔 때도 있다. 매일 배우자의 사치에 대해 반대하고 잔소리하던 구두쇠도 갑자기 이렇게 말할 수 있다. "어, 그래. 가서 사봐!" 실제로 배우자의 사치가 그에게까지 전염된 것일 수도 있지만, 그럴 가능성은 상대적으로 높지 않다. 또는 "음, 잠깐만. 당신 말이 맞는 건지도 몰라. 우리 너무 서두르지 말자."에 대한 암시일 수도 있다.

상대방이 동전처럼 양면을 지닌 가치 중 한쪽 역할을 맡아줄 때에만 감정적 타성이 유지된다. 하지만 상대방이 균형을 깨고 움직이면, 자신도 새로운 스텝을 따라서 움직일 수밖에 없다. 즉, 서로의 역할이 바뀌는 것이다. 하지만 일반적으로 오래가지 않아 역할은 다시 뒤바뀐다. 그러므로 시스템은 그대로 유지되고, 서로 대립하는 상태 역시 변하지 않는다. 그러면서 양측의 진정한 욕구, 감정, 관점, 생각은 영원히 세상에 온전히 드러나지 않는다.

물론 관계를 형성하는 과정에서 항상 각자 이런 역할을 맡겠다고 직접 정하는 것은 아니다. 반대로 우리가 그런 역할을 스스로 만들어내서는, 스스로 역할을 맡기 시작하는 경우도 있다. 다시 말해 의식적이나 무의식중에 배우자를 이런 목적으로 선택한다는 것이다. 사실 이를 기능장애dysfunctional 교류라고 정의하면 지나친 단순화인지도 모른다. 돈을 아끼는 사람이나 쓰는 사람이나 모두 정당한 이유를 갖고 있다. 안정된 삶을 위해서 저축을 해야 한다는 것은 지당한 말이다. 그렇다고 현재를 즐겨야 한다는 말도 틀린 것은 아니다. 양측 모두 정당하며, 고귀한 생각이라고 볼 수 있다. 기능장애가 발생하는 이유는 진정한 감정과 가치에 대해서 솔직하게 모두 보여주기를 주저하기 때문이다. 이는 장기적으로 볼 때 건전한 관계에 해가 된다.

─〉 그의 돈, 그녀의 돈

돈 때문에 남녀 관계가 복잡해지는 것은 남자와 여자가 다른 시각으로 돈을 보기 때문이다. 소비나 투자 결정의 상당수가 성별에 좌우된다는 연구 결과도 발표된 바 있다. 직접 상담을 하면서도 이런 사실을 쉽게 확인할 수 있었다. 남자에게 돈은 권력과 정체성을 의미하고, 여자에게는 안전과 자율성을 의미하는 경향이 있다.

다음은 그동안 다양한 연구에서 발견된 성별과 돈에 대한 결과이다.

- 남성은 자신의 신조를 키우기 위해서 투자를 하는 반면, 여성은 자신의 신조를 지키기 위해서 투자를 한다.
- 여성 투자자는 공격적 성향이 약하고, 거래 횟수도 적고, 남성 투자자보다 지속적으로 더 높은 이득을 취한다.
- 여성은 아무것도 하지 않을 때 발생하는 위험보다는 손실에 대한 위험을 걱정한다. 반면 남성은 아무 행동을 취하지 않는 것이 훨씬 더 위험하다고 생각한다.
- 여성은 투자에서 돈을 잃었을 때 죄책감에 시달린다. 남성은 개인적인 책임에 대해 생각하기보다는 시장이나 경제 상황, 브로커를 탓한다.
- 여성은 재정상담자와 장기적인 관계를 염두에 두고 상대방을 신뢰한다. 또한 여성에게 재정상담자는 투자 결정에 있어서 중요한 역할을 한다. 남성은 스스로 투자 결정을 내리고, 재정상담자와의 신뢰를 별로 중요하지 않게 생각한다.
- 남성은 결과 지향적이고, 여성은 결과보다는 관계 지향적이다.
- 남성의 비즈니스 대화를 들어보면 독립, 회사 내에서의 직위가 핵심이다. 여성의 비즈니스 대화에서는 관계, 친밀감이 중요시되며, 이를 토대로 거래 여부가 결정된다.
- 남성은 세금, 은퇴, 투자 선택과 같은 장기적 전략을 염두에 두고 효율적인 돈 관리를 계획한다. 여성은 돈 관리를 할 때 세일 상품

찾기, 통장 잔고 맞추기, 빚 청산하기와 같이 단기적인 목표를 염두에 둔다.

─〉 돈의 속임수 Money Deception

관계에서 나타나는 기능장애의 가장 흔한 증상은 '돈의 속임수'이다. 도나 캠벨은 어렵게 이 내용을 배웠다. 경제지 〈머니Money〉에서 실시한 조사 결과를 보면 응답자의 40%는 배우자에게 구매 가격을 상습적으로 속인다고 답했고, 6명 중 1명은 구매 사실 자체를 숨기는 일이 잦다고 했다. 여성은 의류나 선물 가격을 속이고, 남성은 기계나 운동경기 입장권 가격을 속인다. 특히 남성은 본인을 위한 소비를 숨기는 경향이 있고, 여성은 자녀를 위해 목돈을 지출한 경우 이를 숨기는 경향이 있다.

더욱 놀라운 사실은 응답자의 44%는 배우자 몰래 돈에 대한 비밀을 만드는 것이 적어도 특정 상황에서는 전혀 문제가 되지 않는다고 대답했다는 것이다. 거의 4명 중에 3명꼴인 71%는 자신의 배우자에게 숨기는 것이 있다고 고백했다.

아밈 람다스처럼 '나는 더 많이 갖고, 너는 더 적게 갖고'와 같은 생각을 가진 탐욕스러운 사람들이 있기 때문에 돈의 속임수가 시작된다. 그러나 응답자의 거의 절반은 갈등을 피하기 위해서 배우자를 속인다고 답했다. 이들의 생각을 들여다보면, 그 안에는 자기기만이나 책임 회피에 대해 상대방으로부터 비난받지 않으려는 의도가 숨어 있다. 그러다 보면 혼란이 찾아오기도 한다. 배우자의 불평을 듣지 않으려고, 분노 등으로 자신의 책임을 가리려는 이들도 있다. 같은 조사에서 응답자의 29%는 자신의 재정 상황에 대해서 친구나 가족을 상습적으로 속인다고 답했다. 즉, 이들의 생활 일부가 거짓인 것이다.

돈의 속임수에서 나타나는 반전을 살펴보면, 남들뿐만 아니라 자신에게도 거짓된 행동을 숨기려 한다는 사실을 알 수 있다. 이상하게 들릴지 모르겠지만, 돈 문제에 있어서 우리는 종종 자신의 거짓말에 속아 넘어간다. 예를 들어 젠워스 파이낸셜Genworth Financial의 연구 결과를 보면, 상당수의 미국인들이 주위 사람들과 잘 어울리기 위해서보다는 지출을 위해서 노력을 많이 한다는 사실을 알 수 있다. 10명 중 8명은 이런 노력이 결실을 맺지 못하면 남을 탓하고, 10명 중 1명만 자신에게 문제가 있음을 깨닫는다.

앞에서 언급했던 〈머니〉에서 실시한 조사 결과, 3명 중 1명, 약 36%는 오랫동안 자신의 재정 현실을 직시하지 않고 피하는 것으로 나타났다. 6명 중 1명은 재정전문가와의 만남을 피하고, 통장이나 청구서를 전혀 쳐다보지도 않았다. 이런 행동의 이유는 모두 동일하다. 돈에 대해 생각하지 않기 위해서이다. 10명 중 1명 이상, 약 13%는 고지서를 받은 후에도 납부를 미룬다. 그것도 돈이 없어서가 아니라 자신이 처한 현실에 직면하고 싶지 않기 때문이다.

─〉 커플을 위한 연습활동

돈 문제가 이혼이나 불화에 있어 얼마나 중요한 역할을 하는지에 대해 전문가들은 의견을 일치시키지 못했다. 하지만 이제까지 모은 자료를 보면 돈 문제가 성관계와 더불어 불화를 일으키는 최대 요인임은 부인할 수 없는 사실이다. 돈 문제나 잠자리 문제의 핵심을 살펴보면,

신뢰와 의사소통이 부족했음을 찾을 수 있다.

다음 활동을 통해서 자신의 돈 이야기에 대해 알아볼 수 있다. 그리고 이를 토대로 신뢰와 의사소통의 토대를 형성하는 것이 활동의 목적이다. 즉, 자신이 돈을 얼마나 독특한 시각으로 바라보고, 돈에 대해서 얼마나 독특한 감정을 지니고 있는지 알아보자.

첫 부분은 각자 해야 한다. 각자 펜과 종이를 들고, 다음 질문에 대한 답을 적어라. 절대로 장문의 에세이를 쓰지는 마라. 온전한 문장을 쓸 필요도 없고, 최대한 간단하게 답을 작성하면 된다. 각 질문마다 1~2단어면 충분하다.

1. 당신이 돈으로 한 일 중에서 가장 큰 자부심을 느낀 일 세 가지는 무엇인가?

----

2. 당신이 돈으로 한 일 중에서 가장 큰 당혹감이나 수치심을 느낀 일 세 가지는 무엇인가?

----

3. 당신이 돈과 관련하여 한 선택 중 가장 현명한 선택 세 가지는 무엇인가?

----

4. 당신이 돈과 관련하여 범한 실수 중 최악의 실수 세 가지는 무엇인가?

----

5. 당신이 한 최고의 투자 세 가지는 무엇인가?

----

6. 당신이 한 최악의 투자 세 가지는 무엇인가?

----

7. 당신이 돈으로 산 것 중에서 당신에게 가장 중요한 것 세 가지는 무엇인가?

----

8. 당신이 돈을 얻기 위해서 포기한 것 중에서 가장 중요한 세 가지는 무엇인가?

----

9. 당신이 돈으로 사려고 하는 것 중에서 당신에게 가장 중요한 것 세 가지는 무엇인가?

----

10. 당신이 돈으로 살 수 없는 것 세 가지는 무엇인가?

----

11. 돈을 위해 당신 인생에서 포기할 수 있는 것 세 가지는 무엇인가?

----

12. 돈이 더 많으면 하고 싶은 일 중 가장 중요한 일 세 가지는 무엇인가?

둘 다 목록을 작성했으면, 함께 앉아서 하나씩 번갈아가며 자신이 적은 내용을 상대방에게 큰 소리로 읽어줘라. 내용을 읽을 때 간단히 적은 내용에 살을 붙여도 좋다.

이때 상대방은 마음을 열고 상대를 이해하는 마음으로 경청해야 한다. 이 과정에서 상대방을 판단하거나 비난하는 행위는 삼가야 한다. 서로 내용을 읽어주기 전에 상대방의 내용에 대해서 절대로 토를 달지 않겠다고 서로 합의를 해야 한다. 그리고 어려운 내용을 함께 공유한 용기와 솔직함을 높이 평가하고, 감사의 표시를 하는 것이 바람직하다.

자신의 목록을 상대방에게 읽어준 후에는, 이번에는 상대방의 목록 낭독을 조용히 들어라. 상대방의 말에 귀를 기울이는 동안 판단이나 비난을 하고 싶은 마음이 들더라도 꾹 참아야 한다. 이때 심호흡을 하면 조금 나아질 것이다.

만약 도중에 상대방이 토를 달면, 규정에 따라서 다시 처음으로 돌아간다. 그리고 목록을 처음부터 다시 읽어 내려간다. 전체 목록을 읽는 동안 서로 비난을 하거나 판단하지 않는 것이 중요하다. 연못의 고요한 표면에 비유해보자. 누군가 비난이나 판단이라는 돌멩이를 던져서 연못에 파장이 일면, 고요해질 때까지 가만히 앉아서 기다렸다가 다시 시작하라.

빚이라는 이름의
수렁에서 탈출하기

2008년 한때 호황을 누리던 짐바브웨의 경제가 거대한 경제 위기의 소용돌이에 휘말렸다. 인플레이션이 너무 극심한 나머지 17일마다 가격은 2배로 치솟았고, 결국 짐바브웨 중앙은행은 1천억 달러짜리 지폐를 발행하기에 이르렀다. 하지만 불행히도 짐바브웨 사람들에게 1천억 달러는 미국의 1달러에 불과했으며, 식빵 한 봉지조차 살 수 없는 돈이었다(그래도 오렌지 네 개 정도는 살 수 있었다). 화폐 가치가 하락하면서, 짐바브웨 가정의 한 주 평균 예산은 수조 달러에 이르렀다.

1천억이라 하면 1이라는 숫자 뒤에 '0'이 11개나 따라오며, 보통 사람이 평생을 살면서 계산해볼 일이 거의 없는 숫자이다. 당연히 현금인출기나 계산기로도 다룰 수 없는 액수이다. 즉, 짐바브웨 사람들은 더 이상 기계로 돈을 다룰 수 없었고, 너무 어마어마한 액수인 나머지 추상적으로나마 어렴풋이 생각하는 수준이었다. 그러다 보니 더 이상 돈을 사용하지 않고 쿠폰을 사용하는 사람이 생겼고, 몇몇 기업은 현금 대신 음식 등으로 월급을 대신했다. 만국 공통의 거래 수단이자 가치의 척도인 종이돈이 그 목적을 상실하기 시작한 것이다.

이처럼 우리의 현실에서는 현금과 실제 가치가 점점 벌어지는 사건이 발생하고 있다. 한 예로 미화 1달러의 가치를 지닌 짐바브웨의 1천억 달러 지폐를 인터넷 경매사이트 eBay를 통해 경매한 결과, 80달러에 낙찰되었다.

2009년 짐바브웨의 중앙은행은 곧 10조 달러, 20조 달러, 50조 달러, 100조 달러 지폐를 발행하겠다고 발표했다. 짐바브웨의 재정 위기를 통해서 우리는 돈이 보이지 않는 존재가 될 수 있으며, 얼마나 복잡하고 극단적인 의미를 내포할 수 있는지 알 수 있다. 그러나 돈이 현실에서 공상으로 변신하는 극단적인 예를 찾아보기 위해서 굳이 머나먼 아프리카까지 갈 필요는 없다. 바로 미국에서도, 미증유의 세계 금융위기가 시작되지 않았는가? 우리 모두가 '~인 체하기Let's play pretend' 게임에 빠져 있는 사이에 말이다.

게임은 아주 단순하다. 좋은 집에 사는 것이 좋다고 생각하고는, 실제로는 그렇지 않더라도 여력이 되는 것처럼 연기하면 되는 것이다. 은행과 주택담보 대출 업체는 실제로 고객이 얼마를 상환할 수 있는지는 생각하지 않고, 고객이 얼마를 상환할 수 있는 것처럼 연기하는지 그것을 보고 대출 액수를 결정했다.

한마디로, 빚이 전하는 비밀의 언어를 보면 언어가 얼마나 매력적이고 사람을 현혹시키는지 알 수 있다. 돈을 쓰다 보면 실제로 자신에게 없는 돈이 마치 자신의 주머니에 있다는 착각에 빠진다. 이는 광고의 영향이 크다. "인생을 살다 보면 돈으로 살 수 없는 것도 간혹 있어요. 하지만 나머지는 모두 살 수 있죠. 마스터 카드가 있잖아요." 그렇게 우리는 광고와 결탁하여 합리화(걱정 마. 상환까지는 1년이나 남았잖아), 낙관주의 오류(만기일이 될 때쯤이면 월급이 인상되어 있을 거야)와 더불어 8장에서 살펴본 방법을 핑계 삼아 마음껏 소비한다.

지렛대식 투자가 만연한 오늘날, 우리는 신용카드 등의 한도 금액을 못 본 체하며 살아간다. 수표나 어음도 초과 발행하고 신용카드도 마구 긁으면서, 지키지도 못할 상환 약속을 하며 돈을 지출한다. 홈에쿼티론home equity loan과 신용 거래 계좌margin loan를 사용하다 보니, 마치 지금 살고 있는 주택이 100% 자기 소유라는 착각에 빠진다. 하지만 연기된 비용 지급은 실제로 시간만 연기됐을 뿐 그대로 존재한다. 빚은 오늘날 존재하는 다양한 신용 상품의 옷을 입고 우리 앞에 나타난다. 우리는 '신용부도스와프'가 정확히 뭔지는 알지 못한다. 하지만 그 핵심과는 상당히 가깝게 지내고 있다. 어린 시절부터 '~인 체하기' 게임을 열정적으로 하고 있기 때문이다.

─〉 캐시 카우 Cash Cow와 셸 게임 Shell Game

'~인 체하기Let's play pretend' 게임이 통화제도의 핵심에 자리 잡고 있는지도 모른다. 통화제도에서는 모든 사람이 그렇게 하기로 동의했기 때문에 1달러는 1달러의 가치만 지니고 있다.

하지만 처음부터 그랬던 것은 아니다. 역사상 가장 오래된 경제 활동은 '물물교환barter'인 것으로 알려져 있다. 물물교환에서 사람들은 동등한 가치를 지닌 사물을 서로 맞바꿨다. 가축이나 곡물이 있으면 조금 더 독특한 가치가 있는 물건으로 쉽게 바꿀 수 있었기에, 가축과 곡물이 돈의 최초 형태라고도 볼 수 있다. 요즘 우리가 사용하고 있는 '소금salt'과 '봉급salary', 두 단어는 모두 로마어 'salarium'에 뿌리를 두고 있다. 이는 단순한 우연의 일치가 아니다. 로마 군인들은 소금으로 임금을 받았다고 한다. 이때 '~인 체하기' 게임은 전혀 존재하지 않았다. 소, 밀가루, 소금은 모두 생활에 없어서는 안 되는 것들이었다.

물물교환은 효과적인 경제 체제이기는 했으나, 양측이 동시에 상대방의 물건을 필요로 한다는 전제하에만 가능했다. 소 한 마리를 곡물 한 가마니와 창 몇 개와 교환하는 것이 항상 효율적이지는 못했고, 더욱이 소 한 마리, 곡물 한 가마니, 창 한 자루의 가치를 판단하는 정확한 기준도 존재하지 않았다. 그러므로 시간이 지나면서 사람들은 상품commodity, 다시 말해 유용성을 지니고 있으면서 눈에 보이고 또한 거래 가능한 물질에 대해 생각하기 시작했다. 대표적인 예로 금속을 들 수 있는데, 금속은 연장, 무기와 같이 필요한 물건으로 쉽게 바꿀 수 있다. 즉, 금속은 미래에 다시 거래를 할 때 용이하기 때문에, 상대방이 금속을 환영하는 것이다.

대표 화폐representative money는 실제 생활에서 실용성은 거의 없는 존재이며, 가치의 '상징symbol'이라는 역할을 한다. 대표 화폐의 등장과 함께 돈에 대한 개념이 잡히기 시작했다. 조개껍데기, 돌과 같은 사물에 사람들이 가치를 부여하면서 진정한 의미의 세계 최초의 화폐가 탄생했다. 21세기인 지금도 미크로네시아 연방의 얍Yap에 가보면 여전히 거대한 둥그런 동전이 지불 수단으로 사용되는 모습을 볼 수 있다.

수세기 동안 금속 동전은 구매하고자 하는 상품의 가치와 100% 상징적 역할만 하는 지폐 사이의 틈을 메우는 역할을 해왔다. 금속 동전은 녹여서 필요한 목적으로 다시 사용할 수 있다는 '진짜' 기능을 갖고 있기 때문에 가능했다. 돈의 추상적인 개념은 7세기 중국에서 첫 종이 화폐가 발행되면서 새로운 장을 맞이했다. 그리고 9세기에 중국 정부는 철제 동전의 시대에서 새로운 종이 화폐의 시대로 국가 경제를 이동했다.

그 후 18세기 반전이 일어났다. 스코틀랜드 출신 경제학자 존 로John Law가 은행과 같은 기관은 보유하고 있는 금의 가치보다 더 많은 액수의 화폐를 발행할 수 있다는 개념을 소개한 것이다. 그는 금보다는 국가가 소유하고 있는 토지의 가치를 화폐 발행 액수의 기준으로 삼아야 된다고 주장했다. 현대 은행 체제의 선구자인 그는 위태위태하던 프랑스를 재정 능력이 탄탄한 국가로 탈바꿈시켰고, 덕분에 프랑스에 갑부가 생기면서 동시에 '백만장자millionaire'라는 단어가 탄생했다. 불행히 가상 부에 대한 로의 선구적인 개념은 동전의 양면과도 같았다. 그가 루이지애나에서 벌인 어마어마한 땅 투기 프로젝트인 '미시시피 버블Mississippi Bubble'은 결국 프랑스 주식시장 붕괴와 프랑스 경제의 파멸을 초래했다(더불어 신생 백만장자 역시 파산했다). 이 사건이 있은 지 80여 년이 지난 후에야, 프랑스는 종이 화폐를 다시 도입했다.

어쨌든 종이 화폐는 여전히 금과 같은 사물과 연관은 있지만, 1971년 미국 연방정부에서 달러를 금으로 교환할 수 있는 금본위체제gold standard를 철폐하면서 종이 화폐는 더욱 추상적인 존재가 되었다. 종이 화폐는 여전히 물질적 현실material reality과는 독립되어 있다. 금을 화폐로 사용하다가, 종이 화폐와 같이 사용하다가, 지금은 종이 화폐만 사용하고 있다. 그렇게 돈의 추상적 개념은 탈출 속도(escape velocity, 물체를 위로 쏘아 올리면 보통 속도가 점점 느려져 순간적으로 멈추었다가 다시 떨어진다. 그러나 계속 위로만 올라가 이론적으로 무한대에서 정지하는 처음 속도가 있는데, 이를 탈출 속도라 한다.)에 이르렀다.

신용카드, 체크카드, 온라인 뱅킹, 전자 머니가 도입된 최근 수십 년 동안 돈의 경계는 더욱 방대해졌다. 이제는 휴대전화, 망막 인식, 지문 인식으로도 돈을 사용할 수 있게 되었다. 키보드 자판을 두드려서, 카드를 긁어서, 말을 해서, 지문이나 망막을 인식해서 결제를 할 수 있다는 말이다. 돈은 디지털 정보로서만 존재하는 무언가로 변하기도 했다. 그렇기에 우리가 입는 옷에서부터 우리의 몸에 이르기까지 곳곳에서 돈의 존재가 발견된다. 〈이코노미스트The Economist〉에 따르면, 그중에서도 항공사 마일리지가 세계에서 두 번째로 큰 화폐 형태라고 한다.

2004년, 미국 역사상 처음으로 전자 결제 액수가 현금 결제 액수를 뛰어넘었다. AC 닐슨AC Nielsen 사는 2020년이 되면 미국의 거래에서 현금 결제가 차지하는 비중은 10% 수준으로 낮아질 거라고 예측한다. 현금은 여전히 왕좌를 지키고는 있지만, 지금 그 왕좌가 심하게 흔들리고 있다.

─〉 돈의 추상적 개념

2002년 BSIBlack Snow Interactive라는 회사가 멕시코의 티후아나Tijuana에 사무실을 열었다. 저임금 노동자를 3교대로 24시간 근무시키면서 한 가지 업무를 맡겼다. 다크 에이지 오브 카멜롯Dark Age of Carmelot이라는 온라인 게임을 하면서 가상 캐릭터의 가치를 높이고, 아이템을 늘리라는 것이었다. 그 후에 캐릭터와 아이템은 온라인 경매를 통해 팔아 현실 세계의 돈을 벌었다.

2005년 풀러턴Fullerton에 위치한 캘리포니아 주립대학교California State University의 경제학과에서 부교수를 맡고 있던 에드워드 카스트로노바Edward Castronova는 또 다른 온라인 게임인 에버퀘스트Everquest의 가상 경제에 대한 연구를 실시했다. 연구 결과, 이론상 에버퀘스트의 가상 경제가 세계 경제의 77위(러시아와 불가리아 사이)에 이르고 화폐 가치는 일본의 엔화를 뛰어넘는다는 사실을 알아냈다.

에버퀘스트를 개발한 소니Sony는 가상 아이템을 현실 세계에서 판매하는 것을 금지했다. 그러자 곧 현실 세계의 암시장이 형성되었으며, 거래는 다시 활기를 띠기 시작했다.

돈이 지닌 추상적인 개념의 취약성을 인식한 사람이 연구진들만은 아니다. 카지노 소유자들은 현금으로 도박을 할 때보다 플라스틱 칩을 이용할 때 더 큰 이윤을 남길 수 있다는 사실을 깨달았다. 그러고는 동전을 넣는 슬롯머신 대신 플라스틱 카드나 토큰을 이용하는 슬롯머신을 설치했다.

신용카드 회사도 카지노에 높은 이윤을 안겨주는 '~인 체하기' 전략을 활용한다. 그래서 오늘날 카드사는 고객들에게 '수표책checkbook'을 발송해서, 언제든지 고객이 수표를 발행할 수 있게끔 만들었다. 물론 수표를 통해 결제한 금액은 실제 은행 계좌에서 나가지 않고, 카드 대금에 포함된다. 하지만 광고나 판촉물에서는 이런 사실을 전혀 강조하지 않는다. 오히려 고객들에게 우편함에 들어 있는 종이에 몇 자만 끼적이면 원하는 것을 뭐든지 살 수 있다고 강조한다.

한편 세계 현금 거래의 25%는 불법 거래에 사용되는 것으로 추정되며, 특히 마약, 테러, 불법 무기는 대부분 현금으로 거래된다. 정부와 감시 기관은 이 사실을 염두에 두고, 전자 화폐 도입을 구상하고 있다. 전자 화폐의 경우 추적과 통제가 용이하고, 더불어 세금 문제에 있어서도 편리한 것으로 알려져 있다. 사실 소니도 같은 방법을 택했다. 암시장 거래를 뿌리 뽑기 위해서 전자 화폐를 도입했다. 덕분에 암시장 거래는 줄어들었지만, 곧바로 돈세탁을 위한 새로운 시스템이 활개를 치기 시작했다.

─〉 어마어마한 허상

돈의 추상적 개념을 통해서 범죄 처단을 위한 공권력에 힘이 실리는지, 아니면 오히려 범죄를 부추기는지는 잘 모른다. 하지만 분명한 것은 우리의 일상생활을 편리하게 해준다는 사실이다. 가지고 다니기도, 접근하기도, 저축하기도, 빌리기도 쉽지 않은가? 물론 소비도 쉽게 만든다는 문제도 있다.

가상 머니를 사용하기가 점점 더 용이해지고, 더불어 그러고 싶은 유혹이 강해지면서 부채는 점점 쌓여갔다. 그러다 결국에는 국가 차원의 문제로 번졌다. 우편함을 보면 하루에도 낮은 이자를 강조하는 신용카드 전단지가 몇 장씩 꽂혀 있고, 그걸 보다 보면 마음이 흔들린다. 2008년 말, 미국인의 소비자 부채는 2조 5천억 달러에 달했고, 이는 미국 내 유통되고 있는 달러 가치의 거의 3배에 달하는 수준이었다. 2003년 소비자 부채는 대부분 신용카드, 의료비, 학비와 관련이 있었고, 금액도 1,350억 달러 수준이었다. 몇 년 사이에 몇 배나 증가한 것이다.

미국 공공정책 연구소인 데모스Demos에 따르면, 평균적으로 한 가정에 신용카드는 여섯 개 정도가 있으며, 각 카드의 한도액을 더해보면 2만 1,000 달러라고 한다. 또한 Carddebt.com의 연구 결과, 미국 가정의 평균 카드 미납금은 9,000달러 이상인 것으로 밝혀졌다.

마켓 컨설턴트로 일하고 있는 스티브의 신용카드 대금은 지난 2년간 거의 변하지 않았다. 그는 항상 더 이상 카드를 긁지 말든가, 통장에 있는 돈을 뽑아서 대금을 모두 납부하든가 해서 대금을 모두 내버리겠다고 생각한다. 하지만 그는 여전히 신용카드 돌려 막기에서 헤어 나오지 못하고 있다.

다른 5천만 미국인들도 스티브와 마찬가지로 소위 '리볼버revolver'라고 불리는 대금이월고객이다. 마케팅 연구를 통해 밝혀진 바에 따르면, 대금이월고객은 대체로 젊고, 최근 새로운 직장을 잡았고, 주위 동료들보다 수입이 적고, 신용카드를 일종의 보조 수입원으로 생각하는 것으로 나타났다. 대금이월고객은 다른 사람들보다 훨씬 많은 신용카드를 갖고 있다. (하긴, 카드가 몇 개 안 되면 돌려 막기가 가능하겠는가?) 신용카드 사용자 3명 중 2명(미국 전체 인구의 40%)은 이런 대금이월고객이며, 이들이 매년 연체금으로 납부하는 돈만 180억 달러에 달한다.

180억 달러라는 어마어마한 돈이 한 카드의 대금을 다른 카드의 대금으로 돌리는 데에 사용되는 것이다.

이제는 어린이도 예외가 아니다. 2004년 레전드 크레딧Legend Credit Inc.에서 어린이를 위한 마스터카드인 '헬로우 키티' 체크카드를 출시했다. 이들이 대외적으로 내건 목적은 '아이들이 재정 관리하는 법을 배우도록' 돕겠다는 것이었다. 키티 카드는 선불 방식이었다. 즉, 부모님이 계정을 열고 돈을 충전하면 아이들이 카드를 사용하는 방식이다. 신용카드 사용제한 나이인 18세가 안 되어도 키티 카드는 사용할 수 있었다. 현재 키티 카드를 만들려면 회비 연 15달러, 카드 유지비 월 3달러, ATM 사용료 건당 1.50달러를 지불해야 한다. 또한 고객 서비스 센터에 상담을 하려 해도 1분당 1달러가 부과된다.

신용카드사는 카드 사용자가 납기일을 넘겼을 때 더 큰 돈을 번다. Card-web.com 에 따르면, 미국인은 매달 신용카드 대금의 14~16%만 납부하는 것으로 나타났다. 돈이 있어도 두 번 생각하지 않고, 최소 결제 대금만 납부하는 것이다. 신용카드 대금이 2,500달러이고, 매달 최소 결제 대금만 납부하고 17%의 이자가 붙는다면, 이자를 포함한 모든 금액인 7,733달러를 모두 납부하는 데 30년이나 걸린다. 처음 대금이 5,000달러인 경우, 총 납부해야 할 금액은 1만 6,305 달러로 40년이 걸린다.

〈바람과 함께 사라지다 Gone with the Wind〉에서 스칼렛 오하라 Scarlett O'Hara 가 이런 말을 했다. "고향! 난 고향으로 돌아갈 테야. 그이를 다시 찾을 방법을 연구해봐야지. 어쨌든 내일은 내일의 태양이 뜰 테니."

─〉 중독 해부

식이장애를 겪고 있는 사람에게 음식은 단순한 영양소에 불과하다. 신경성 식욕부진증 환자에게 파스타 한 접시를 줬다고 하자. 환자 눈에 파스타는 단순한 칼로리보다는 상징적인 의미를 담고 있는 무언가로 둔갑한다. 단순히 그동안 거부하던 영양소나 편안함에서 그치는 것이 아니라 통제, 저항, 권력이라는 의미가 발생한다. 우리 앞에 놓인 돈에 새로운 의미가 생기는 것처럼 말이다. 돈이 지니는 추상적인 의미는 부정적인 영향을 미친다. 돈이 눈에 보이지 않는 존재로 변할수록, 우리는 돈으로 더욱 눈에 보이지 않는 짓을 하려 하기 때문이다. 우리는 새로운 주택이나 자동차를 사지만, 정말로 우리가 추구하는 것은 자신감, 마음의 평안이나 행복이다.

우리는 비디오 게임이나 옷을 사지만, 정말로 사고 싶은 것은 자녀와 친구에 대한 애정이다. 식욕부진증 환자에게 파스타가 상징적인 존재인 것처럼, 우리의 지갑에는 무슨 의미든 상징할 수 있는 플라스틱 카드가 가득하다. 그리고 식욕부진증 환자가 실제로 채울 수 없는 무언가에 대한 욕구를 채우려 시도했던 것처럼, 결코 채워지지 않는 소비는 점차 중독으로 발전한다.

3장에서 인형 수집에 열을 올리던 데니스를 기억하는가? 강박관념이 극에 달할 때에는 점점 줄어만 가는 신탁 자금에서 매달 8,000~1만 달러를 빼서 쇼핑을 했다.

데니스는 인터넷 쇼핑을 자제하기 위해서 온갖 노력을 했다. 하지만 뭔가에 중독되었을 때 가장 어려운 것은 아무것도 하지 않는 것이지 않은가? 수집은 데니스의 인생에 있어서 유일하게 잘 풀리는 부분이었다. 그렇다 보니 쇼핑을 그만두려고 노력할 때마다 자신이 쓸모없는 존재라는 기분이 들었다.

데니스에게 쇼핑 이야기는 그녀가 잃어버린 무언가를 채워주고 기분을 좋게 만들어주는 약속과도 같았다. 그녀는 쇼핑에 대한 자신의 욕구가 필사적이고 목마른 갈망이라고 표현했다.

너무 희미하고 형태가 없다 보니, 데니스는 그 의미를 파악하기가 쉽지 않았고, 그래서 구체적이고 눈에 잘 보이는 무언가를 손에 쥐길 원했다. 그녀는 그러지 않으면 '폭발'할 것만 같았다고 고백했다.

데니스는 온라인 쇼핑을 한 뒤의 자신의 마음 상태를 분열의 연장 extended dissociation이라고 묘사했다. 컴퓨터 앞에서 그녀는 의식이 없는 것처럼 보였다. 어렸을 때 그녀는 언니에게 성폭행을 당하며 트라우마를 겪으면서 그것에서 벗어나는 방법으로 분열을 배웠다. 그리고 분열은 어른이 되어서는 인터넷 쇼핑이라는 형태로 지속되었다.

논리적으로 자신의 충동구매로 인해 신탁 자금이 빠른 속도로 감소하고 있다는 사실은 알고 있었지만, 아는 것이 행동을 막지는 못했다. 데니스는 신용카드로 뭔가를 사면, 특히 인터넷으로 살 때에는 마치 '공짜'로 얻는 것 같다고 설명했다. 그래서 그 순간만은 만족하고, 앞으로 있을 결과에 대해서는 전혀 생각하지 못했다. 그녀의 고통은 인형을 구매하는 과정에서 한결 가벼워졌고, 인터넷에서 고도로 상징적인 신용카드로 결제를 하면서 고통이 사라지는 듯했다.

—〉 빚의 순환

빚 문제가 하루아침에 생기는 것은 아니다. 학생 때 소액 대출로 처음으로 빚을 진다. 그리고 그 후로 빚은 갚지도 못할 만큼 서서히 눈덩이처럼 불어난다. 빚이 우리에게 점차적으로 접근해 오는 것은 우연한 일이 아니다. 돈 이야기의 지시대로 움직인 우리의 행동이 낳은 결과이다.

8장에서 살펴본 충동구매의 시나리오에서 빚은 자기 강화적 악순환 self-reinforcing cycle을 거치며 누적된다.

충동compulsion → 수치심shame → 부인disavowal → 충동compulsion

각 단계를 차례대로 살펴보기로 하자.

충동compulsion

현재 여력으로는 살 수 없는 무언가를 사고 싶은 충동에서부터 빚의 순환 주기가 시작된다. 물론 자신이 경제적인 여력이 없다는 것을 잘 알고 있다. 하지만 그것을 구입한 뒤에 밀려오는 기분을 생각하면 꼭 사고 싶다는 충동을 느낀다.

빚의 전체 메커니즘에 깔려 있는 핵심은 간단하다. "지출은 감정적인 행동이다Spending is emotional."는 것이다. 공허함이나 애착 등 수천 가지 기타 감정적 충동으로 인해서 우리는 내부의 논리, 이성, 상식에 귀를 막고는 무언가를 사버린다. 그렇게 과소비, 보복형 소비를 한다.

지출할 돈이 없을 때에는 어떻게 욕구를 충족시키는가? 돈의 환상이라고 할 수 있는 신용카드를 이용한다. 신용카드는 소비능력spending power을 키워주며, 소비능력은 재정능력financial power과 동일하다. 손에 신용카드만 들고 있으면, 우리는 쇼핑몰이나 컴퓨터 앞으로 달려간다.

수치심shame

만약 우리가 가진 재산보다 더 많은 돈을 지출한다면, 순환이란 존재하지 않을 것이다. 쇼핑에서 돌아와서는 "오, 이런! 내가 무슨 짓을 한 거지?"라고 외치며 남은 한 주, 한 달, 일 년 동안 순간의 실수로 인한 적자를 메우기 위해 노력할 것이다.

그러나 현실은 그렇게 단순하지 않다. 우리는 집에 돌아가서 "오, 이런! 내가 무슨 짓을 한 거지?"라는 말은 하지만, 적자를 메우기 위한 계획은 세우지 않는다. 우리는 "무슨 짓을 한 거지?"라고 하고는, 혹시 보는 사람이 있는지 주위를 살펴본다. 그러고는 지문과 모든 증거를 제거하기 위해서 범죄 현장을 정리한다.

이 두 가지 반응에서 다음 두 단계가 형성된다.

먼저, "오, 이런! 내가 무슨 짓을 한 거지?"에 대해 생각해보자. 빚의 순환에 빠진 사람들에게 이건 현실 인식이나 의식 회복 이상의 의미를 지니고 있으며, 일종의 처벌을 위한 메시지와도 같다. "어떻게 그렇게 어리석을 수 있니? 그럴 돈이 없다는 거 뻔히 다 알고 있었잖아!"라고 자신에게 말한다. 또한 누군가가 자신을 보고 있는지 주위를 둘러보는 행위는 자신의 행동을 아무에게도 보여주고 싶지 않다는 것을 뜻한다.

그러나 아무리 보는 사람이 없다 하더라도, 우리 자신은 보고 있지 않은가? 변연계에 의한 감정 조절이 전전두엽의 활동에 지속적으로 장애를 일으킬 수 있는 원인을 이해하지 못하는 한, 어떻게 그리고 왜 우리가 그렇게 무책임하게 행동하는지 이해할 수 없다. 그러다 보면 자책을 하며 수치심에 휩싸인다.

부인disavowal

신용카드 사용자들이 자신의 신용카드 사용금액을 상당히 과소평가하는 것으로 연구 결과 밝혀졌다. 메릴랜드 대학교University of Maryland의 로렌스 어서벨Lawrence Ausubel 경제학과 교수는 신용카드 사용자들이 사용 금액의 40%만 인정한다는 사실을 알아냈다.

사람들은 왜 자신의 빚 중 60%를 부인하는 것일까? 수많은 알코올 중독자들이 음주운전으로 면허가 취소된 횟수를 줄여서 말하거나, 심지어는 자신의 하루 주량을 낮게 말하는 것과 같은 이치이다. 식이장애를 안고 있는 사람이 옷장이나 서랍장에 음식을 숨기고 있는 것과도 비슷하다. 즉, 이들의 내면을 보면 공통적으로 수치심이 존재하고, 그렇기에 수치스러운 행동을 비밀로 숨기길 원한다.

그렇기 때문에 지문과 같은 증거를 지우려고 애쓰는 것이다. 우리는 우리가 한 짓을 하지 않았으면 좋겠다고 생각하면서, 실제로 하지 않은 척 행동한다. 우리가 사실을 부인하기 위해 흔히 사용하는 전략으로는 청구서가 도착하면 뜯어보지도 않고 보이지 않는 곳에 치워버리기, 신용카드 청구 대금 중 최소 금액만 납부하며 전체 금액은 쳐다보지도 않기, 배우자나 다른 가족이 보지 못하도록 청구서를 꽁꽁 숨겨두기, 청구 금액이나 마감일에 대해 거짓말하기, 구매 가격에 대해 거짓말하기, 카드 돌려 막기 등이 있다.

예전에 상담을 했던 한 여성은 자신의 재정 상태에 대해 상담만 하려고 하면, 알레르기라도 생긴 것처럼 목이 마르고 입이 떨어지지 않아서 상담 자체가 거의 불가능했다. 그녀는 빚의 순환 주기 중 3단계 말기에 있었다. 자신의 빚에 대해 수치심을 느끼고는 심지어 자신을 도와줄 수 있는 사람에게도 말하지 않고 꽁꽁 비밀로 숨기기로 결심한 것이었다.

이것이 바로 빚의 순환이 낳는 비극이다. 한번 부인 단계에 들어가면 실제로 자신에게 빚이 없다는 공상에 빠지게 된다. 그리고 감정을 지배하는 뇌가 빚은 없다고 인지해버린다. 그럼 머지않아 쇼핑몰이나 컴퓨터 앞으로 달려가고, 새로운 빚의 순환 주기가 시작된다.

빚과 부채에 관한 퀴즈

다음 질문에 '예', '아니요'로 답하고, 해당 점수에 ○표 하시오. 처음 질문 10 개에 대해 '아니요'는 +5점, '예'는 -5점이다. 그리고 다음 질문 2개에 대해서는 '아니요'는 +15점, '예'는 -15점이고, 마지막 질문 하나에서 '아니요'는 +20점, '예'는 -20점이다. 질문에 모두 답을 한 뒤에는 점수를 합산하라.

질문	Yes	no
1. 반복적으로 신용카드 대금 중 최소 금액만 납부하는가?	-5	+5
2. 신용카드 대금이 매달 꾸준히 증가하는가?	-5	+5
3. 현재 가지고 있는 신용카드 중에서 총 결제금액이 한도액의 50%를 넘는 카드가 하나라도 있는가?	-5	+5
4. 다른 신용카드 대금을 납부하기 위해서 신용카드 현금 서비스를 자주 이용하는가?	-5	+5
5. 신용카드 대금을 다른 신용카드로 돌려 막는가?	-5	+5
6. 공과금, 집세, 대출금 상환 등의 납기일을 그냥 지나치는 경우가 잦은가?	-5	+5
7. 통장에 잔고가 거의 혹은 전혀 없는가?	-5	+5
8. 지난 3개월 동안 신용카드 발급이나 사용을 거절당한 적이 있는가?	-5	+5
9. 지난 3개월 동안 당신이 발행한 개인 수표가 부도난 적이 있는가?	-5	+5
10. 지난 3개월 동안 대금 납부 독촉 전화나 우편물을 받은 적이 있는가?	-5	+5
11. 배우자나 가족에게 당신의 빚에 대해서 숨기거나, 줄여서 이야기하거나, 혹은 이야기 자체를 피한 적이 있는가?	-15	+15
12. 배우자나 가족이 볼까봐 신용카드 청구서를 숨긴 적이 있는가?	-15	+15
13. 청구서를 뒤적거리거나 앉아서 생각하지 않고, 곧바로 현재 당신의 빚이 얼마인지 말할 수 없는가?	-20	+20

총점

최고점은 +100점, 최하점은 -100점으로서, 점수가 낮을수록 문제가 있는 것이다. 점수가 낮은 사람일수록 빚의 순환 주기에 빠질 가능성이 높음을 의미한다. 만약 위의 질문 하나에라도 '예'라고 즉각적으로 대답했다면, 이번 장에서 살펴보는 내용 중에 특별히 마음에 닿는 내용이 분명히 있을 것이다.

그렇다면 어떻게 해결해야 하는가? 어떻게 해야 이 악순환에서 벗어날 수 있는가? 이 모든 결과는 '~인 체하기' 게임에서 시작된 것이므로, 이제는 이 게임에서 손을 떼고 자신의 현실을 직시하고 인정해야만 한다.

─〉 자백의 힘

어린 시절 우리는 비밀을 이용해서 자신만의 사적인 영역을 만들었다. 또한 비밀은 우리가 일찍이 사용해온 무언無言의 '아니요'와도 같았다. 우리가 흔히 말하는 '미운 두 살terrible twos'은 때때로 부정적인 표현으로 잘못 이해된다. 그러나 '미운 두 살'의 진정한 의미는 그것이 아니다. 심술을 부리거나 고집을 부리는 것이 아니라 "여기서부터는 당신은 끝이고, 저는 시작이에요. 저는 부모님, 당신들을 연장하기 위한 존재가 아니에요."라고 말하는 것이다. 그 후 나이가 들면서도 부모님으로부터 자신을 구분하기 위한 방편으로 비밀을 사용하며, 동시에 부모님과의 분리를 보이지 않게 숨기려 노력한다. 즉, 비밀이 필요하다는 사실 자체가 비밀이 되어야 하는 것이다.

어른이 되어서 우리는 전략적으로 비밀을 유지한다. 이제는 다른 사람뿐만 아니라 본인에게도 무언가를 숨기려 한다.

비밀을 갖고 있다는 것은 계속해서 무언가를 놓지 않고 캡슐에 꽁꽁 밀봉해둔다는 말이다. 비밀이 누설되면 그동안 비밀을 포장하는 데 사용한 감정, 특히 수치심이 폭발할 위험이 있다. 더불어 비밀의 일부를 형성하는 환상에서 깨어나게 된다. 자신에게 비밀을 털어놓는 일을 어렵게 만드는 요인은 현재 갖고 있는 환상이다. 여기에서 환상은 이제까지 지켜진 적이 없는 약속, 앞으로도 이뤄질 가능성이 없는 약속으로, 비밀의 일부이다.

비밀을 털어놓는 것은 당신이 자아와 할 수 있는 가장 친밀한 행동이다. 이는 두려우면서도 동시에 활기를 불어넣는 일이다. 두려움, 당혹감, 수치심을 일으킬 수도 있지만, 동시에 새로운 자유를 만끽할 수도 있다.

자신의 비밀 모두를 제대로 알 수 있는 유일한 방법은 큰 목소리로 다른 사람에게 비밀을 이야기하는 것이다. 비밀을 계속 유지하면 비밀의 힘이 그대로 유지되지만, 털어놓는 순간 감정 분열과 같은 신비한 형태를 통해 분출된다.

비밀의 존재를 인식하는 것이 가장 첫 번째 과제이다. 처음에는 비밀을 인식하기도 전에 '부인'이라는 벽에 부딪히게 마련이다. 마치 비밀의 존재를 부인해야만 견딜 힘이 생기는 것처럼, 우리는 극구 비밀의 존재를 부인한다. 하지만 일단 비밀의 존재를 인정하고 나면, 아무리 내면에서 강하게 반박한다 하더라도 문제를 해결할 수 있다.

─〉 빚을 갚을 때 느끼는 스릴

데니스는 본인이 심경의 변화를 위해서 인터넷 쇼핑을 한다는 사실을 깨달음과 동시에 자신의 문제를 직시하게 되었다. 사실 뭔가 기분이 언짢을 때면 그녀는 곧바로 육체와 정신을 분리시키기 시작했고, 컴퓨터를 향해 달려가고 싶은 생각이 간절했다. 그리고 실제로 키보드를 건드리기도 전에 기분이 전환되었다. 물론 그녀가 정말로 초점을 맞춘 것은 인형 쇼핑 자체가 아니고, 자신이 느끼는 고통에서 벗어나는 것이었다. 상황을 바꿀 수 있는 마음의 힘을 인식하고 나서 그녀는 인터넷의 '마술'에 대해 다시 생각해보게 되었다. 그러고는 상황 변화를 위한 건전한 방법을 모색하기 시작했다.

데니스처럼 우리는 빚의 순환 주기에서 벗어나기 위해서, 더욱 강력하고 긍정적인 다른 길을 찾아야 한다.

소비를 하면 스릴을 느낄 수 있다. 소비를 하는 순간 도파민이 생성되고, 자연적으로 기분이 좋아진다. 빚의 굴레를 벗어나려면 빚을 갚는 행동을 통해서 기분이 좋아지게끔 자신을 훈련시켜야 한다.

연체금은 소리 없이 문제를 일으키게 마련이다. 과연 눈에 보이지 않으면 마음에도 보이지 않을까? 당신의 것이 아닌 무언가, 다른 사람의 돈을 사용하다 보면 어두운 그림자가 드리운다. 이런 말을 들으면 자신이 돈을 빌린 대상이 사람이 아니고 얼굴이 없는 기관이나 당국이라고 변명을 할지도 모른다. 아무리 그렇다 하더라도 당신이 빌린 돈은 다른 사람의 돈이고, 당신이 빚을 모두 갚을 때까지 삶의 모든 영역에 지장이 생길 수도 있다. 심지어는 빌린 돈으로 구입해서, 그동안 당신 것인 양 사용한 물건도 빼앗길 수 있다. 금전적인 이자뿐만 아니라 감정적인 이자도 점점 쌓여서, 결국 우리 인생의 균형이 무너진다.

《돈으로 만든 평안*Making Peace with Money*》의 저자인 제럴드 먼디스 Jerrold Mundis는 다음과 같이 말하면서 돈을 건넸다. 그러고는 빚을 갚는 순간 긍정적인 에너지가 발산될 수 있다고 설명했다. "이 돈을 축복해요. 그리고 이제 이 돈을 당신께 돌려 드려요. 이 돈 잘 사용하시길 바라요." 먼디스는 이런 행동을 통해서 사람들이 빚을 갚는 행위가 중요한 경험이라는 사실을 배운다고 주장했다.

인간은 뭔가를 달성할 때 쾌감을 느낀다. 노자는 《도덕경》에서 "되돌려 주는 것이 도를 행하는 방법이다*Returning is the way of the Tao*."라고 했다. 빚의 순환 주기를 끝내고 빚을 모두 갚으면 끝이 찾아오고, 성취를 위한 탄탄대로가 앞에 펼쳐진다.

─〉 재정 현실 파악을 위한 7가지 지침

앞에 나온 빚·부채에 관한 퀴즈에서 모든 질문에 동일한 점수가 부여되지 않았다는 사실은 이미 알고 있을 것이다. 11번과 12번의 점수는 이전 질문의 세 배, 13번 점수는 이전 질문의 네 배에 달한다. 11번과 12번 질문의 경우 당신의 부채 상황에 대해서 가까운 사람을 속이는지 여부에 관한 것이고, 13번은 스스로 자신의 부채 상황에 대해서 얼마나 잘 알고 있는지에 관한 것이기 때문이다.

핵심을 보면, 빚은 '~인 체하기' 게임임을 알 수 있다. 빚에서 벗어나는 유일한 방법은 게임을 중단하고 현실을 직시하는 것뿐이다.

6장에서 우리는 뇌의 감정적인 기능이나 반응적인 기능이 돈에 대한 더 나은 판단을 방해하려 하기 때문에, 그러지 못하게 만드는 방법에 대해 배웠다. 여기에서는 한 걸음 더 나아가서 자신의 재정 현실을 직시하는 법을 배우고자 한다.

다음은 재정 현실을 직시하기 위해 따라야 할 단계별 지침이다.

1. 종이 한 장을 펴놓고, 현재 당신이 지고 있는 빚에 대한 명확한 그림을 그려라

건전한 재정 생활을 회복하기 위해 꼭 필요한 첫 단계이다. 빚에 대한 퀴즈에서, 현재 자신이 얼마 빚지고 있는지 아느냐는 질문이 가장 높은 점수를 차지하고 있지 않았는가?

신용카드 명세서, 모기지 서류, 대출신청서, 그 밖에 관련된 모든 것을 꺼내서 차근차근 목록을 작성하라. 그 다음에는 총액을 구하라.

어떤 이들은 30분이 필요할 것이고, 또 어떤 이들은 1시간, 혹은 하루 종일 걸릴 수도 있다. 혹시 빠진 서류가 있어서 당장 총액을 구하지 못하는 상황이라면 전화를 걸어서 알아보거나, 인터넷에 접속하거나 어떻게 해서든 알아내라. 며칠이 걸리더라도 빠진 정보를 모두 구해서 종이 한 장에 빚에 관한 모든 내용을 정리하고, 총액을 구하라.

만약 당신이 용을 보지 못한다면, 어떻게 용을 죽이겠는가?

2 빚을 하나씩 갚아나가라. 이때 이자율이 가장 높은 것부터 시작하라

1단계에서 작성한 종이를 꺼내서, 우선순위를 정해야 한다. 이자율이 가장 높은 것부터 갚아나가는 것이 현명하다. 일단 이자율대로 순서를 정리했다면, 새로운 종이에 먼저 갚아야 할 순서대로 적어라. 그러고 나서는 이 종이를 언제든 쉽게 찾을 수 있는 곳에 보관하고, 매달 변동사항을 반영하여 수정하라.

이 종이는 앞으로 행군의 지도가 될 것이다. 지도를 따라서 하나씩 빚을 갚아나가서 결국에는 총액을 0으로 만드는 것이 목표이다. '최소 납부액'에 대해서는 더 이상 생각해서는 안 된다. 최소 납부액만 따지다 보면 원금은커녕 이자만 갚기도 빠듯하다.

3. 당신이 특별히 취약한 부분을 찾아라

옷, 외식, 전자제품 등 특히 당신이 자주 이성을 잃고, 충동적으로 구매하는 제품이 무엇인지 생각해보라. 당신에게 그 제품은 알코올 중독자의 술과도 같으므로, 제품이 눈앞에 나타났을 때 흔들리지 않도록 마음을 단단히 먹어야 한다.

4. 필요한 경우에는 카드를 자르고, 계좌를 폐쇄하라

충동구매는 우울증, 불안함 등 정신적, 정서적 스트레스 때문에 나타난다. 충동구매를 하는 사람은 대부분 이미 쇼핑에 중독이 된 상태이기 때문에 그 상태로는 회복을 기대하기 어렵다. 즉, 알코올 중독자가 자신의 문제가 무엇인지, 왜 알코올에 중독되었는지 알려면 먼저 술을 끊어야 하는 것과 같은 이치이다.

가까이에 술이나 담배가 있다면, 술이나 담배를 끊으려고 노력하는 것은 별 의미가 없다. 신용카드도 마찬가지이다. 그러므로 당신 자신을 괴롭히지 말고, 애초에 마음이 흔들리지 않게끔 신용카드를 자르고, 마이너스 통장을 없애버려라.

5. 구매 결정을 할 때마다 큰 그림을 생각하라

큰 그림에 대해 생각할 때에는 다음 질문 두 가지를 염두에 둬라.

- 무엇이 내게 최선인가?
- 지금으로부터 1년 후, 지금 내린 이 결정으로 내가 행복할 것인가?

큰 그림을 항상 염두에 둔다고 해서 반드시 항상 옳은 결정만을 내리게 된다는 말은 아니다. (자신의 재정 문제를 결정할 때, 유능하고 능숙한 재정 전문가라 하더라도 항상 성공하는 것은 아니지 않은가?) 하지만 상황에 따라 이성을 잃지 않도록 도와주고, 더불어 최선의 결정을 내릴 가능성을 높여준다.

6. 매월 당신의 현금 흐름을 정확하게 파악하라

그러면 당신의 소비에 대해서도 더욱 관심을 갖게 될 것이다.

너무 복잡하게 받아들일 필요는 없다. 여기에서는 매월 얼마가 들어오고, 얼마나 나가고, 어디로 나가는지 생각해보라는 것이다. 손으로 가계부를 쓰건, 혹은 컴퓨터를 이용하건 방법은 중요하지 않다. 뭐든 본인에게 편한 방법을 찾아서 실천하라.

7. 전문가와 상의하여 빚 청산계획을 세워라

현재 자신이 지고 있는 빚에 대해서 정리하고, 우선순위를 세우는 것은 혼자 해도 상관없다. 하지만 필요하다고 생각될 때에는 주저하지 말고 전문가의 도움을 구하라. 비싸지 않은 비용으로도 정식 재정 전문가나 회계사의 도움을 받을 수 있고, 그러면 단순하면서도 실용적인 계획을 세우는 데 도움이 된다.

빚에 대한 퀴즈에서 점수가 형편없이 낮았거나, 충동구매나 빚의 순환에 깊이 빠져 있다는 생각이 든다면, 부채 중독자 회복 모임Deptors Anonymous 참석도 하나의 방법이 될 수 있다.

—〉 건강한 재정 생활을 위한 7가지 지침

1. 돈은 돈이라는 사실을 기억하라

우선 깊게 숨을 들이쉬어라. 남에게 빚을 졌다고 해서 당신이나 당신의 인간적 가치가 떨어지는 것은 아니다. 마찬가지로 돈이 많다고 당신이 다른 사람이 되는 것도 아니다. 돈은 그저 돈일 뿐이다. 그동안 당신이 돈, 소비, 부채, 소유물, 순자산 등에 부여한 복잡한 의미나 감정적 드라마는 모두 떨쳐버려라. 이성을 잃지 않고 책임감 있게 돈을 다루는 것만큼이나 돈을 돈 자체로 보는 것도 중요하다.

'돈은 그저 돈일 뿐이다'라고 기본 원리를 마음에 깊이 새기는 것이 건전한 재정 결정과 습관의 초석이다.

2 내면의 만족이 돈을 능가한다는 점을 이해하라

내면에 진정한 평안이 있을 때 돈의 의미는 줄어든다. 돈 자체는 복잡한 의미를 지니고 있지도 않으며, 당신의 가치를 높여주는 수단도 아니다. 그저 교환을 위한 매개체일 뿐이다.

우리는 '성공'이 재정적인 성취와 동일시되는 사회에 살고 있다. 그러나 대부분 성공의 형태는 재정적 성공과는 전혀 상관이 없다. 정말로 성공한 사람은 자신이 좋아하는 일을 하면서, 더욱 열심히 하고자 하는 동기를 부여받고, 그러면서 인생에서의 성공과 더불어 보너스로 재정적 성공을 얻는다.

독일의 시인이자 철학자인 요한 볼프강 폰 괴테Johann Wolfgang von Goethe에게 인생의 비밀에 대해 물었을 때 그는 이렇게 대답했다. "인생의 비밀은 삶이죠The secret of life is living."

3. 돈에 문제가 없다는 사실을 기억하라

빈곤이 부보다 고귀한 거라고 미화시키거나, 자신이 성공하지 못한 것을 합리화시키지 않도록 주의하라. 돈은 돈을 가진 사람에게 더 많은 기회를 준다. 알베르 카뮈Albert Camus는 "사람들이 돈이 없어도 행복해질 수 있다고 생각하게끔 만드는 것은 바로 일종의 영적 속물근성이다."

4. 현재를 위한 돈과 미래를 위한 돈의 균형을 맞추는 법을 배워라

인생의 즐거움과 만족감을 높이기 위해서 돈을 건설적으로 사용할 수 있다. 이때 현재의 즐거움을 위해 사용하는 돈과 미래의 안정을 위해 축적하는 돈의 균형을 잘 맞춰야 한다.

5. 자신의 가치와 우선순위를 반영하는 재정 계획을 세워라

자신이 어디로 가고 있는지 모를 때에는 지도가 도움이 된다. 오늘날 우리는 신용카드 등을 쉽게 사용할 수 있기 때문에 재정 문제에 사로잡히는 경우가 많다. 하지만 명확한 계획을 가지고 있으면 신용카드의 유혹도 소용없다.

재정 계획이 복잡할 필요는 없다. 오히려 복잡하지 않을수록 좋다. 우선 당신 인생에서 우선순위를 파악하고, 이 우선순위를 받쳐주는 재정 목표를 세우고, 어떻게 그 목표를 달성할 수 있을지 방법을 강구하라.

6. 전문가에게 조언을 구하라

특정 분야에 전문 지식을 갖춘 사람에게 상담을 받기로 결심하는 것은 논리적으로는 당연한 일이지만, 감정적으로는 쉽지 않은 일이다. 당신의 의견에 온전히 동의하고 모두 반영해주는 사람과 상담하는 편이 훨씬 쉬울 것이다. 전자처럼 전문가의 말을 반박하지도 못한 채 조용히 들으면서 원래 입장을 고수하는 것은 매우 곤욕스럽기 때문이다.

상담을 받는다고 해서 무조건 전문가의 의견을 따르고 당신의 입장을 완전히 버려야 하는 것은 아니다. 당신의 관점은 유지하되 전문가로부터 배울 수 있는 내용도 있으므로 마음을 열어두고, 새로운 정보를 활용해서 더욱 유연하고 좋은 위치를 차지해야 한다.

7. 미디어 다이어트를 실시하라

미디어는 충동구매를 부채질하는 일등 공신이다. 매일 "너는 뚱뚱해", "너는 못생겼어", "너에게서 이상한 냄새가 나", "너는 매력이 없어", "네 인생은 지루해", "너는 지금 위험해"라고 말하면서 "그러니까 이걸 당장 사!"라는 결론을 들려준다.

당신이 쇼핑을 하며 선택을 할 때 텔레비전, 잡지 등 미디어를 통해서 들은 내용이 선택에 결정적인 역할을 한다는 사실을 먼저 깨달아야 한다. 그러고 나서는 매주 당신이 동의할 수 없거나 마음에 들지 않는 매체를 찾아라. 그리고 기존에 당신이 갖고 있던 생각과 매체에서 들려주는 이야기를 비교해보라.

미디어를 선택할 때에 신중을 기하고, 당신이 원하는 매체만 골라서 즐겨라. 미디어 금식은 영혼의 건강에도 좋다. 일주일에 하루쯤은 텔레비전이나 인터넷, 잡지 등을 전혀 보지 않는 미디어 금식을 실시하는 것은 어떠한가?

Chapter 10

당신이 사기를
당하는 이유

독점적 전략이기 때문에 자세히 다 밝히기는 힘들다.

— 버나드 메이도프(Bernard Madoff), 2001년 5월 7일 투자전문지
〈배런즈(*Barron's*)〉가 그의 투자 실적에 대해 의문을 제기했을 때

크리스마스가 3일 앞으로 다가온 2008년 12월 22일 저녁, 르네 티에리 마공 드 라 비요셰Rene-Thierry Magon de la Villehuchet는 매디슨 가Madison Avenue에 위치한 자신의 빌딩에서 청소를 하는 직원들에게 '늦게까지 할 일이 있으니 오후 7시까지 청소를 모두 마쳐달라'고 부탁했다. 직원들은 그의 뜻대로 7시까지 청소를 마치고 퇴근했다. 그들이 다음 날 출근했을 때, 이상하게도 르네의 사무실은 굳게 잠겨 있었다. 하지만 사무실 안에서 르네는 책상 앞에 앉아 있었다. 그의 책상 위에는 수면제 병이 나뒹굴고 있었고, 옆에는 손목에서 떨어지는 피를 받기 위한 쓰레기통이 놓여 있었다. 칼로 손목을 그어 자살한 것이다.

르네는 헤지펀드hedge fund를 전문으로 다루는 투자회사, 액세스 인터내셔널 어드바이저스AIA, Access International Advisors의 공동창설자로 활동하면서 수많은 유럽의 부호들과 귀족을 상대해왔다. 당시 AIA는 유명

한 맨해튼 펀드 매니저이자 자산가이며 나스닥^{NASDAQ} 거래소 의장을 지낸 버나드 메이도프^{Bernard Madoff}에게 14억 달러를 투자한 것으로 알려졌다. 12월 초에 희대의 투자사기 혐의로 체포된 바로 그 버나드 메이도프 말이다.

자신의 형제 베르트랑^{Bertrand de la Villehuchet}에게 남긴 편지에서 그는 개인적으로 회사가 고객에게 미친 손실에 책임을 느낀다고, 자신도 메이도프의 사기 행각 발표에 남들 못지않게 적잖이 놀랐다고 전했다(사실 르네와 메이도프는 실제로 만난 적조차 없다). 베르트랑은 〈뉴욕 타임스〉와의 인터뷰에서 이렇게 말했다. "그는 책임감과 죄책감을 느꼈습니다. 오늘 금융 세계에서 책임이란 없습니다. 어느 누구도 책임을 지려는 사람이 없습니다."

〈스팅^{The Sting}〉이나 〈오션스 일레븐^{Ocean's Eleven}〉과 같은 영화를 보면 사기꾼은 보통 사랑스러운 매력남이다. 그리고 살찐 고양이처럼 난폭한 적보다 항상 한 수 앞서가며 적을 이기고, 로빈 후드^{Robin Hood}처럼 나쁜 방법으로 부자가 된 이들의 돈을 빼앗는다. 이들의 주무기는 카사블랑카 같은 매력과 탁월한 수다이고, 여기에 행운과 할리우드의 적절한 타이밍이 진가를 발휘한다.

르네의 비극적인 자살은 매력이나 로맨스가 진짜 사기극과는 전혀 상관이 없다는 사실을 보여준다. 사기의 결말은 불행일 뿐이다.

─〉 카를로의 쿠폰과 샘 아저씨의 햄버거

1903년 카를로^{Carlo}는 스물한 살이라는 젊은 나이에 미국에 도착했다. 당시 여느 이민자들처럼 그의 주머니는 가벼웠고, 야망은 넘쳤다

(당시 그의 전 재산은 2.50달러였다). 그러나 불행히도 그의 야망에는 항상 도덕적 문제가 있었다. 웨이터로 일하면서 고의로 손님에게 거스름돈을 덜 주는 일에서부터 수표 위조에 이르기까지 다양한 일을 하다가 결국 곤경에 빠지게 되었다. 캐나다와 미국에서 몇 년을 감옥에서 보냈고, 그 후 합법적인 사업 계획을 생각해냈다. 대형 사업자의 전화번호를 책으로 묶어서 광고란을 파는 것이었는데, 당시에는 성공을 거두지는 못했다. 하지만 후에 그의 아이디어 덕분에 '옐로 페이지The Yellow Pages'라는 전화번호부가 탄생했다.

비록 사업은 실패로 돌아갔지만, 카를로는 예기치 못한 새로운 아이디어를 얻게 되었다. 스페인의 한 회사에서 그가 만든 카탈로그에 관한 문의를 위해 우편물을 보냈는데, 카를로가 답장을 보낼 때 우표로 바꿔서 사용하라고 국제회신 우표쿠폰IRC, International Reply Coupon을 보낸 것이다. 그전에 그는 국제회신 우표쿠폰을 본 적도 없고, 관심도 없었다. 하지만 살짝 조사를 하고 나서, 카를로는 쿠폰으로 새로운 사업기회를 만들 수 있겠다고 확신했다.

제1차 세계대전 이후 인플레이션으로 인해 미국 달러 환율이 떨어졌고, 이탈리아에서는 IRC 구입 가격이 하락했다. 즉, 1달러짜리 IRC를 1달러보다 낮은 가격에 살 수 있다는 말이다. 이를 토대로 카를로는 세 단계로 구성된 아주 단순한 계획을 세웠다.

1. 해외로 돈을 송금하여 IRC를 구입한다.
2. 미국에서 IRC를 우표로 바꾼다.
3. 미국에서 우표를 팔아서 이윤을 남긴다.

저가에 구입하여 고가에 판매하는 이 전략은 100% 합법적이었고, 아주 실용적인 것처럼 보였다. 단, 하나의 걸림돌이 있었는데 투자자가 필요하다는 것이었다. 그는 친구, 동료 등 지인들에게 접근하여 자신이 설립한 증권거래회사Securities Exchange Company에 투자하면 45일 내에 50%의 수익을 (혹은 90일 이내에 100%의 수익을) 보장하겠다며 설득했다. 몇몇 사람들이 투자를 했고, 약속대로 원금의 150%에 해당하는 돈을 돌려받자 소문은 삽시간에 퍼져나갔으며, 더 많은 투자자들이 몰려들었다. 1920년 2월까지 카를로는 5,000달러를 투자받았고, 그 후 6개월도 채 되지 않아서 투자액은 100만 달러에 육박했다. 절정에 달했을 때에는 보스턴 시민 3만 명이 하루에 25만 달러를 그의 회사에 투자했다.

그러나 문제가 있었다. 우표 가격은 싸다. 게다가 IRC 시스템을 운용해서 100만 달러 원금에 대한 이자를 지불하려면 간접비가 엄청났다. 재정분석가인 클래런스 배런Clarence Barron의 계산에 따르면, 그 정도 규모의 투자금을 운용하려면 1억 6,000만 개의 우표쿠폰이 필요했다. 하지만 당시 유통되고 있는 우표쿠폰의 수는 2만 7,000 개에 불과했다. 이제까지 미국에서건 다른 나라에서건 IRC가 그렇게 대량으로 구입된 적이 없으므로, 미국 우체국은 카를로를 의심하기 시작했다.

결국 그의 사기 행각은 천하에 밝혀졌다. 그해 11월 카를로 폰지는 사기 혐의로 5년 징역형을 선고받았고, '폰지 사기Ponzi scheme'라는 단어가 사전에 추가되었다.

폰지가 사용한 전략의 기저에는 두 가지 요인이 깔려 있다. 첫째, 대부분의 투자자들이 계속해서 원급과 수익을 투자할 것이고, 그러면 실제로 돈을 줄 필요가 없을 것이다(그의 예상은 적중했다). 둘째, 계속해서 새로운 투자자들이 생기면서 돈이 유입될 것이다. 그래서 혹시 기존 투자자가 돈을 빼길 원한다면 새로 유입된 돈을 사용하면 될 것이라고 생각했다. 바로 이 두 번째 전략, 새로운 투자자의 돈으로 기존 투자자에게 돈을 지급하는 형태가 바로 폰지 사기다. 대표적인 예가 바로 카를로와 버나드 메이도프가 월 스트리트에서 모은 수십억 달러이다.

메이도프의 방법처럼, 폰지 사기는 지극히 단순하다. 그는 복잡한 조건을 제안하지도 않았고, 그렇다고 물을 연료로 사용하는 자동차와 같이 신기술을 보유하고 있던 것도 아니고, 엄청난 부를 약속한 것도 아니다. 10달러를 투자하는 사람에게도 90일 후에 원금의 200%를 주겠다고 약속했다. 이것이 바로 아메리칸 드림을 이루기 위한 길처럼 보였기에, 수많은 사람들이 몰려들었다. 사실 진짜라고 하기에는 너무 좋은 조건이었다. 그러나 진짜는 아니었다.

맥스 플레이셔Max Fleischer가 그린 1930년대 만화 〈뽀빠이Popeye〉를 보면 윔피Wimpy가 "오늘 햄버거를 주면 화요일에 꼭 계산할게요."라고 말하는 장면을 볼 수 있다. 이는 지금 무언가를 취하고 값은 나중에 지불하길 바라는 인간의 바람을 보여준다. 하지만 '나중'이란 '결코 ~하지 않을게'의 완곡한 표현이고, 폰지 사기의 핵심이기도 하다. 특히 후대에 이르면 지금보다 세상이 더 좋아질 것이라고 추측하며 살아가는 현대 미국인들은 더욱 폰지 사기에 취약하다고 볼 수 있다. 오늘보다 다음 주가 좋을 거라고 생각하지 않는가? 왜 굳이 지금 다음 주 화요일에 햄버거 값 계산할 일에 대해서 걱정하겠어? 그때면 지금보다 상황이 나아져 있을 텐데. 그렇지 않겠어?

이런 잘못된 생각은 아주 기이한 시나리오를 낳는다. 미국 사회보장 시스템에 대해서 생각해보자. 오늘날의 일반적인 은퇴 연령인 65세가 처음 정해진 때는 언제일까? 100년 전 프러시아Prussia로 거슬러 올라간 다는 사실을 아는 사람은 거의 없다. 당시 근대 독일의 선구자인 오토 폰 비스마르크Otto von Bismarck는 65세에 정년퇴임을 하면 연금을 확실 하게 지급해 주겠노라고 약속했다. 솔직히 당시에 65세를 넘기는 사람 이 많지 않았으므로, 정부 측에는 전혀 나쁘지 않은 조건이었다. 하지 만 오늘날에는 80대나 90대에도 정정하신 어르신이 얼마나 많은가? 그 런데 아직도 똑같은 약속을 지키고 있으니, 어쩌면 다음 세대에 이르 면 파산해 버릴지도 모른다.

이론상으로 시스템에 당신이 투입하는 돈은 언젠가 다시 당신이 받 을 돈이다. 하지만 현실을 보면 꼭 그런 것은 아니다. 연금으로 당신의 월급에서 나가는 돈은 당신의 이익을 위해서 사용되지 않는다. 이미 오래 전 시스템에 들어와서 지금 은퇴를 한 기존 가입자들의 이익을 위해서 사용되는 것이 현실이다. 수십 년 동안 이 시스템이 가능했던 것은 계속해서 사람들이 취직했고, 시스템에 돈을 투입했기 때문이다. 그러면 운영진은 그 돈을 모아서 연금 수령 자격을 갖춘 은퇴자들에게 돈을 지급했다.

어디선가 들어본 이야기 같지 않은가? 그렇다. 국민들을 돌보겠다는 의도로 시작된 연금 사업이 의도치 않게 정부 주도의 대규모 폰지 사 기와 비슷해지고 있다.

왜 우리는 신용사기를 당할까?

2001년 엔론Enron 사태가 기업 비리에 관한 것이었다면, 메이도프 스캔들은 고수익을 미끼로 한 투자사기이다. 9·11사태가 발생한 지 몇 주 만에 엔론 사태가 발생한 것처럼, 2008년 9월 주식시장이 크게 휘청하고 몇 주 만에 메이도프 증권거래회사Securities Exchange Company에 사람들의 이목이 집중되었다. 어쨌든 버나드 메이도프와 엔론의 켄 레이Ken Lay 등 비난의 대상이 되는 인물에 우리의 분노를 집중시키는 일은 쉽다(또한 카타르시스를 안겨주기도 한다). 하지만 그 아래 숨어 있는 현상은 결코 가볍지 않다. 사건 전반에 걸쳐 르네는 결백했다. 그는 자신이 느끼는 죄책감과 자책감을 편지로 표현했다. 그의 편지 내용을 듣는 순간 서브프라임 모기지 사태subprime meltdown가 처음 모습을 드러내기 시작한 이래로 계속해서 우리 안에서 조용히 되풀이되던 궁금증이 깨어난다.

"어떻게 우리가 당할 수 있지?'

신용사기가 더욱 무서운 것은 학대, 절도, 살인 등 다른 범죄와는 달리 우리의 자발적인 참여가 있어야만 가능하기 때문이다. 마치 탱고를 추려면 2명이 필요한 것처럼 말이다.

"장개석이 공산주의에 맞서 싸우는 것을 돕기 위해서 1940년대에 CIA가 동굴에 묻어둔 채권bonds을 주겠다.", "개인 소유로 할 수 있는 아름다운 열대 섬을 주겠다.", "아직 완성되지는 않았지만 새로운 비료에 대한 계약권을 주겠다.", "250년 전에 제작되었지만 당시에는 비디오나 DVD가 없어서 공개되지 않은 영화를 주겠다."

이런 투자 제안은 두 가지 공통점이 있다. 첫째, 모두 100% 공상에 불과하며 실제로 존재하지 않는다. 그러나 둘째, 실제로 믿는 투자자들이 있다.

어떻게 그렇게 열렬히 믿을 수 있단 말인가? 사람들이 품고 있는 희미하고 아련한 꿈을 자극해서 선명하게 볼 수 있게끔 만들기 때문이다. 그리고 그림에 색을 칠해서 사람들이 보고 싶은 것을 보게 만든다. 사람들은 자신의 욕망을 이야기에 투영시키고, 자신이 부자가 되는 결론을 상상한다. 그러나 우리 현실을 보면 우리에게 사기를 치는 사람들은 사기 전문가가 아니다. 단지 우리가 거기에 빠지는 것이며, '~인체하기' 게임과 같은 다양한 충동질에 넘어가는 것뿐이다.

1990년대 닷컴 붐은 엄밀히 말하면 신용사기는 아니었다. 하지만 급속한 성장에 대한 기대와 열광으로 인해 사람들은 80년 전 폰지 사건 때와 같이 돈을 잃었다. 존 로^{John Law}의 미시시피 버블^{Mississippi Bubble}에서부터 서브프라임이 주도한 최근 부동산 붐에 이르기까지 다양한 금융 위기가 발생했을 때와 마찬가지로 닷컴 붐은 일종의 본인이 자처한 사기 사건이라고 볼 수 있다.

투자사기가 성행하면서 각 주의 증권 감독기관을 대표하는 북미증권관리자협회^{NASAA, North American Securities Administrators Association}는 정기적으로 톱 10 투자사기 목록을 발표한다. 1987년 투자자들이 사기꾼들에게 얼마를 잃었는지에 대해서 처음 조사를 실시할 당시, 연 400억 달러로 추산되었다. FBI에 따르면 오늘날 미국 내 '보험사기'의 규모만 보더라도 400억 달러에 이른다. 그 후 미디어를 통해서 정보를 얻을 기회가 많아지고, 전문 지식을 갖춘 사람들도 많아졌지만 피라미드, 폰지 사기, 부동산 사기, 좋은 투자 정보는 여전히 새로운 투자자들의 발목을 잡는다.

우리는 여전히 예전과 같은 투자사기를 당하고 있다. 왜 그럴까? 사기꾼의 이야기가 우리가 꿈꾸는 이야기와 잘 부합하기 때문이다. 사기꾼이 성공하는 이유는 우리가 듣고 싶어 하는 이야기를 들려주기 때문이다.

─〉 취약한 인간의 뇌

6장에서 이미 우리가 금전 문제에 있어서 어느 정도는 실수를 범할 수밖에 없는 존재라는 사실에 대해서 살펴봤다. 이런 실수는 합법적인 투자나 사업 기회에만 국한되는 것은 아니다. 우리는 '신상품'이 '폭탄 세일' 한다는 등 현실이라고 하기에는 너무 좋은 이야기를 들으면 흔들리고 만다. CIA가 묻어뒀다는 채권 이야기에도 귀가 솔깃하지 않는가?

사기의 정체를 밝혀내고 사기꾼을 쫓아내는 데에는 논리적이고 분별 있는 결정, 장기적인 계획의 고향인 전전두엽 피질이 적임자이다. 하지만 전전두엽 피질이 문제 근처조차 접근하지 못하는 경우도 있다. 사기꾼들은 단기간에 높은 수익을 올려주겠다고 약속하고, 그 모습을 상상하는 순간 변연계에 발동이 걸리며 우리의 감정을 주관하는 우뇌가 활발하게 활동하기 시작한다. 그럼 논리적이고 장기적인 사고는 완전히 무력화된다. 즉 경고등이 울리기는커녕, 단기간에 높은 수익을 내주겠다는 약속에 우리는 흥분한다. 더불어 하룻밤 사이에 성공하는 이야기를 미화시키는 전설을 듣고 자랐기 때문에 우리의 우뇌는 더욱더 이런 기회를 놓치고 싶어 하지 않는다.

전전두엽 피질이 고도로 정교하게 기능하려면 시간이 걸리고, 또한 나이가 들면 퇴화하기 때문에 아주 젊거나 늙은 사람일수록 이런 종류의 사기에 취약하다. 따라서 어린아이들은 사탕, 게임기, 놀이공원 광고에 현혹되고, 노인들은 좋은 주식 정보, 높은 수익, 가짜 콘도, 유령 자선단체에 쉽게 말려든다. 사실 노령화로 인해 미국이 사기의 천국이 되어가고 있는지도 모른다.

─〉 믿고자 하는 욕구

2002년 한 프랑스 학자가 고대 유물을 조사하던 중, 전 세계가 떠들썩해졌다. 당시 고대 문자를 전공한 학자가 고대 예루살렘에서 시신을 담기 위해 사용하던 석회암으로 된 유골 단지를 발견했다. 그 유골 단지에는 이렇게 쓰여 있었다. "야고보, 요셉의 아들, 예수의 형제."

신약성경을 보면 십자가 사건 이후 예루살렘에서 기독교 운동을 이끈 예수의 형제에 대해서 몇 번 언급되어 있다. 즉, 이 유골 단지가 역사상 예수의 존재를 증명하는 중요한 물증인 셈이다. 동시에 국제적인 관심이 쏟아졌고, 수천 명의 사람들이 유물이 전시된 토론토로 몰려들었다. 전 세계의 기독교 단체들은 예수가 실존 인물임을 증명하는 반박할 수 없는 확실한 증거가 나왔다며 축제 분위기에 휩싸였다.

하지만 하나의 문제가 있었다. 그 유골 단지가 가짜라는 것이다. 그 뿐만이 아니었다. 조사 결과 유골 단지가 유일하게 위조된 유물이 아니라는 것이었다. 이제까지 수백만 달러 상당의 위조 유물이 불법 유통되었고, 20여 년간 유명 박물관 소속의 전문가들도 당했다는 것이다.

어떻게 똑똑하고 분별 있는 전문가들이 한 번도 아니고, 두 번도 아니고, 20년이라는 오랜 기간 동안 속을 수 있었을까? 이는 우리가 믿을 만한 물증을 찾아서 자신이 믿고 있는 내용을 증명하길 원하기 때문이다. 그런 감정적 욕망에 불이 붙고 무의식적인 결탁이 이뤄진 덕분에 전문가들도 속아 넘어갔다.

'믿고자 하는 욕구'라고 불리는 욕망은 우리 중 가장 똑똑한 사람의 마음속에도 자리 잡고 있다. 종교와는 상관없는 인간의 충동으로서, 어린 시절부터 항상 우리 안에 있었다. 당신도 마음속 깊은 곳에서는 산타클로스를 믿고 싶지 않았는가? 우리가 원하는 것은 뭐든 마법처럼 우리에게 안겨주는 자상한 할아버지 말이다. 또한 어른이 되어서도 알라딘의 요술 램프를 찾길 희망하고 있지 않은가? 문지르기만 하면 못 하는 게 없는 램프의 요정 지니가 나와서 우리의 간절한 소원을 이뤄주면 좋지 않겠는가?

이처럼 높은 수익을 가져다주는 마법 같은 힘에 취약하기 때문에 사기가 가능한 것이다. 또한 우리는 스스로 남들이 모르는 좋은 정보를 알고 있는 사람을 만난 '행운아'라고 생각한다. 진짜라고 하기에는 너무 좋은 이야기를 들었을 때 믿고 싶은 욕구가 생긴다. 이는 배운 사람에게나 못 배운 사람에게나 동일하게 나타나고, 이를 이겨낼 수 있는 사람은 많지 않다. 그렇기 때문에 월 스트리트의 유능한 투자자들도 투자에 문외한 사람들과 마찬가지로 금융사기에 놀아나는 것이다. 아무리 훈련을 받고 지식을 쌓았다 하더라도 여전히 인간이지 않은가?

─〉 자신의 가치를 증명하고자 하는 욕구

- "솔직히 선생님께서 지금 제가 말씀드리는 이번 기회를 잡으실 만한 여력이 되시는지는 잘 모르겠네요. 하지만 여력이 되신다면 정말로 평생 후회하지 않으실 거예요. 어떤 펀드에 관한 건지 들어보실래요?"

• "이 프로그램에 대해서 잘 모르시니, 숫자에 대해서 다시 설명해 드려야 할 것 같네요. 똑똑한 사람들은 몇 년 전부터 이미 다 알고 있거든요."

위의 두 가지 멘트는 전문 사기꾼이 사용하는 정교하게 다듬은 멘트로, 가치를 인정받고자 하는 욕구를 건드리는 데 사용된다.

사기꾼 대부분은 사람의 마음을 읽는 일에 능숙하며, 자신이 원하는 상품이나 투자 상품을 구입할 여력이 된다는 사실을 보여줌으로써 자신의 가치를 입증하려는 사람들을 구별하는 법을 알고 있다. 자신에 대한 의심과 불안함이 있는 사람이 자신의 주머니 사정보다 더 많은 돈을 지출하는 경향이 있음을 증명하는 대목이다. 전형적으로 존경이나 사랑을 받길 원하기 때문에, 이런 종류의 사람들은 창피해서 영업사원이 지금 권하는 상품을 구매할 여력이 없다는 말을 하지 못한다. 그러고는 수화기를 내려놓는 순간 돈을 마련하기 위해서 젖 먹던 힘을 다한다. 즉, 상품을 구매할 여력이 없는 것 아니냐고 영업사원이 넌지시 돌려서 던진 말 한마디에 넘어가는 것이다.

몇몇 투자자들에게는 멍청해 보이는 것에 대한 두려움과 수치심이 약점이 된다. 특히 유창한 말솜씨를 자랑하고 좋은 정보를 많이 갖고 있는 것처럼 보이는 영업사원이라면 이들을 당황하게 만들 수 있다. 그러면 이들은 영업사원이 제안하는 내용을 그대로 따름으로써 자신의 무지와 모자람을 감추려 한다.

탐욕이나 위협을 이용한 책략은 상대방이 돈이 없을 경우 상대를 창피하게 만든다. 그리고 만약 이때 상대방이 배우자, 투자 상담가, 고문

등과 상의해보겠다고 이야기하면, 오히려 상대방이 모자란 사람이라고 비하하며 꾸짖는다. "혹시 집에서 부인에게 잡혀 사시나요? 선생님 정도면 혼자 결정을 하실 수 있지 않으신가요?"

그래도 상대방이 주저하면, 사기꾼은 어쩌면 상대방이 주저하는 것은 프로그램에 대해 제대로 이해하지 못했기 때문이라며 조용히 이야기한다. "어쩌면 수치에 대해서 다시 설명을 해드려야 프로그램에 대해서 이해하실 수 있을 것 같네요." (마치 학습부진 아동에게 하듯 인내심을 갖고 이야기한다.) 마지막에는 지금 당장 행동을 취하지 않으면 버스를 놓치기라도 하는 것처럼 재촉한다.

→ 특별해지고자 하는 욕구

전문직에 종사하는 한 여성이 유능하다고 소문난 투자 전문가에 대한 이야기를 들었다. 그리고 그녀는 그에게 전화를 걸어 자신을 고객으로 받아들여 줄 수 있는지 물었다. 그의 사무실에 찾아갔을 때, 그녀는 럭셔리한 인테리어와 온갖 기계 설비를 보고 입을 다물지 못했다. 그런 사무실에 근무하는 사람이 자신을 고객으로 인정해주고, 초대해줬다는 사실에 고마웠다. 그는 '스마트 머니 smart money'에 대한 설명을 들려줬다.

시간이 지나고 나서야 그녀는 아주 명확한 경고 신호를 간과했다는 사실을 깨달았다. 조금만 조사를 했다면, 그 '뛰어난 투자 전문가'가 증권 거래 회사와 연계되어 있다고 말했지만 실제로 그렇지 않다는 사실을 알아냈을 것이다. 또한 그는 투자 분야에서 정식 실적을 보유하고 있지도 않았다. 이런 신호를 놓치지 않았다면 그녀의 환상이 산산조각

낮을 것이다. 하지만 신호를 간과했기 때문에 그녀는 2만 8천 달러를 잃었다.

투자자들은 특히 '내부' 정보에 관심이 많다. 내부 정보를 알게 되면 마치 자신이 엘리트 집단에 속하기라도 한 것처럼 느낀다. 특히 남몰래 특별해지고자 하는 욕구를 갖고 있는 사람은, 누군가에게 선택을 받거나 집단에 소속될 수 있는 기회를 거부하지 못한다.

일부 투자 사기꾼들은 '돈 많은 사람들은 다른 사람들이 갖지 못하는 투자 기회를 갖고 있을 거야'라는 생각을 이용한다. 그리고 특권층은 남들이 모르는 은행 시스템에 대해서 이야기하며, 선택받아야만 그들이 알고 있는 정보를 얻을 수 있다고 생각한다. "월 스트리트의 유명한 전문가들은 나 같은 사람이 이런 정보를 아는 걸 원치 않을 거야."

이런 투자자들은 전문가들과 같은 기회를 얻을 수 있다는 말에 넘어간다. 엘리트 집단에 들어갈 수 있다는 사기꾼의 말이 탐욕과 특별해지고자 하는 욕망을 동시에 충족시켜주기 때문이다.

이들은 자신이 선택받았다는 생각에 좋아한다. 하지만 곧 알게 된다. 자신이 (사기 대상으로) 선택되었다는 사실을.

─〉 소속되고자 하는 욕구

예전에 상담을 했던 멜라니는 소문이 돌고 있는 인수주에 대해 '좋은 정보'만 들리면 극도로 흥분했다. 다음은 그녀가 들려준 이야기이다.

마치 운명이 제 편인 것 같았어요. 운명은 결코 내게 등을 돌리지 않는구나. 헤쳐 나가기 어려운 상황에서도 기적적으로 제가 이기면, 정말로 운명의 여신이 미소를 보내는 게 보였어요. 정말 흥미로운 판타지가 가득했어요. 아마 이기면 당신도 자신이 똑똑하다고 느낄 거예요. 도박처럼 운으로 이긴 거라고 하더라구요. 그리고 내기를 거는 팀을 선택할 때 예상에 대한 이유와 전략에 대해서 설명해야 해요. 설명을 잘하고 나면 저는 시시한 여자에서 지적인 스포츠 캐스터나 시장 전문가로 변신하죠. 제가 돈을 건 팀이 지거나 제가 산 주식이 폭락하기 전까지는 말이죠.

그녀의 계속되는 설명을 보면, 그녀는 돈을 따거나 똑똑해 보이거나, 스릴을 만끽하기 위해서 내기를 하거나 주식 투자를 하는 것이 아니었다. 그녀의 목표는 '소속감'이었다. 그녀가 내기를 하는 경기는 항상 주말 경기였다. 이때 그녀에게 가장 중요한 것은 같은 팀에 돈을 건 사람들 사이에 형성되는 공감대, 유대감이었다.

멜라니는 자신의 진짜 가족에게서 느끼지 못한 결속력과 연대감을 느끼기 위해서 수많은 '가족'을 만들어냈다. 어렸을 때 그녀가 어떤 행동을 해도 부모님께서 정서적인 반응을 보이신 적은 거의 없었다. 민감하고 연약했던 그녀는 인정, 사랑을 받지 못하거나 결속감을 느끼지 못하면 힘들어했다.

어른이 된 멜라니에게 도박과 주식은 인정과 연대감을 느끼게 해줬다. 그녀가 산 주식이 오르면 같은 주식을 산 사람들이 모였다. 반대로 떨어지면, 그래도 여전히 사람들과 함께 있을 수 있었다. 그녀에게 이런 모임은 수익보다 더 중요했다. 그녀는 이렇게 말했다. "큰 내기에서 이기기라도 하면 월요일 밤에 모여서 자축하죠. 일종의 공동체예요."

─〉 돌봄을 받고자 하는 욕구

캘리포니아 팜데일Palmdale에 위치한 유나이티드 크리스천 펠로우십 교회United Christian Fellowship Church에 새로 나온 스미스Phoebus Vincent Smith 라는 사람은 자신과 같은 흑인들이 지적인 투자를 통해서 부자가 됐으면 좋겠다고 말했다. 그는 그런 사람들을 돌보겠다고 자원했고, 에드윈 대런스보그Edwin Darensbourg 목사는 돈 관리에 경험이 부족한 자신의 성도들을 그가 도와줄 것이라고 믿고, 그를 교회에 초청했다. 그 결과 교회 모임으로는 최초로 투자를 시작했다.

6개월 내에, 목사가 투자한 돈에 수천 달러의 수익이 발생했고, 그는 스미스가 선물한 롤스로이스Rolls-Royce 자동차를 몰았다. 여기까지는 좋았다. 정말 너무 좋았다. 거의 천 명의 성도가 스미스와 함께 200만 달러 가까이 투자했다. 하지만 몇 달이 지나고, 그 돈은 모두 사라졌다.

일부 사기꾼들은 끈끈한 연합체 내에서 돌봄 받길 원하는 사람들의 욕구를 이용한다. 그 결과 최근 종교집단 내에서 발생하는 피해가 속출하고 있다. 사기꾼은 목사와 성도들 사이의 믿음을 이용하기 때문에, 일단 목사가 미끼를 물면 교회 전체가 흔들린다.

미국연방통상위원회Federal Trade Commission는 다수의 교회가 사기의 희생양이 된 노스 캘리포니아에서 '교회사기 회의'를 개최했다. 사기를 당한 사람들은 하나같이 스스로 손쓸 수 없는 일이었다고 말한다. 그들은 정보도 거의 전무한 상태에서 수동적으로 거래에 참여하면서, 잘 알지도 못하는 사람에게 거액의 수표를 써줬다. 조사 결과 사기를 당한 사람들 대부분은 (3년 치 연봉을 모두 투자하고 함께 사기를 당한) 행정직원에게 이런저런 사실에 대해 꼼꼼히 물었다고 한다.

즉, 이들은 투자를 신중한 결정이라고 생각하기보다는 자신과 자신의 돈을 돌봐 줄 누군가에게 돈을 넘기는 것이라고 생각했던 것이다.

─〉 자극에 민감

"이 제안은 내일이면 끝납니다. 만약 지금 들어오지 않으시면, 모두 다 날아갑니다."

사기꾼들이 자주 사용하는 멘트이다. 지금 바로 결정할 것을 강조하며, 우리가 자극에 민감하다는 사실을 이용한다. 또 비밀이라는 둥, 절대 누설해서는 안 된다는 둥 이야기를 하며 우리의 감정을 자극한다.

빠른 수익 창출과 더불어 환경 보호, 기아 아동 돕기, 질병 확산 방지 등 고차원적 목표를 내세우는 사기꾼도 있다.

이런 종류의 사기를 당하는 희생자들은 대부분 충동적으로 행동하고, 더불어 결과에 대해 생각하는 능력이 부족하고, 결과에 무관심하다. 보통 이들은 자신이 사기를 당했다는 사실을 아는 순간 충격에 휩싸인다. 자신에게 그런 일이 있으리라고는 꿈에도 상상하지 못했기 때문에 그 충격은 더욱 크다.

─〉 누군가를 속이고 싶은 욕망

자신의 투자 내역을 다른 사람들과 논의하지 않는 사람은 위험에 노출되어 있다는 사실을 사기꾼 등도 잘 알고 있다. 이렇게 스스로 자신을 고립시키는 투자자는 '자신이 믿는 것을 보려는' 의지가 강하기 때문에 사기꾼의 말에 쉽게 현혹된다. 나중에는 자신이 어리석은 결정을 내렸다는 수치심과 당혹감에 자신의 실수를 숨긴다.

게임은 또 다른 게임을 부르게 마련이다. 범인은 피해자가 조금이라도 부정을 저지르려고 하면 곧바로 이를 악용한다. 그럼 곧바로 연장전이 시작되고, 피해자는 땀 흘려서 저축하거나 투자를 하지 않고도 곧바로 큰돈을 벌겠다는 생각에 빠진다. 어쩌면 그렇기 때문에 연 수익률이 9%라는 말로 사기를 쳤다는 소식은 듣지 못하는 것이다. 9%는 별로 큰 수익률이 아니지 않은가! 다른 사람의 것을 공짜로 많이 얻고자 하는 심리, 그것이 사기의 시발점이다.

미국 드라마 〈소프라노스*The Sopranos*〉를 보면 주니어 삼촌Uncle Junior의 대사에서 그와 그의 형제가 어떻게 'executive game'이라는 이름의 사기를 꾸몄는지 알 수 있다.

> 그게 말야, 너의 아빠와 나는 30년 전에 이 게임을 시작했지. 어느 날 우리는 신용카드사가 어떻게 고객을 낚는지에 대해서 이야기를 나눴어. 사람들은 대부분 일시불로 결제를 하지 않는 한, 자신이 무엇을 샀는지 신경을 쓰지 않고 살아가더군. 어쨌든 신용카드사는 사람들이 혹은 네가 죽을 때까지 고지서를 보내올 테고, 너는 카드를 발급해준 사실에 신용카드사에게 감사함을 느낄 거야. 그리고 너는 일시불로 결제하는 것보다는 차라리 계속 독촉받는 게 좋다고 생각하겠지. 게임을 하다 보면 그런 유형의 사람들도 있어. 그래서 우리는 이 게임을 'executive game'이라고 부르지.

이처럼 희망, 바람, 권리, 무지가 한데 모여 피해를 야기하는 것이다. 때로는 공상과 과장된 생각도 한몫한다. 35,000,000:1이라는 경쟁률을 뚫고 로또에 당첨되는 환상은 '무지개 사고rainbow thinking'의 일종이다.

—〉 사기의 반복

논리적인 생각이나 상식으로는 이해가 잘 안 될 수도 있지만, 한 번 사기를 당한 사람은 다시 사기를 당할 가능성이 여전히 높은 편이다. 일부 기업은 전화 통화를 통해서 물건을 구매하는 등 '잘 속는 사람 목록'을 작성해서 다른 기업에 판매하기도 한다. 거기에는 수입에 대한 정보를 비롯하여 이전에 어떤 투자 정보에 솔깃해서 사기를 당했는지 등도 포함되어 있다.

그렇다면 무엇 때문에 한 번 속은 사람이 또 속는 것일까? 한 번 사기를 당했으면 두 번째에는 주의를 기울여야 하는 것 아닌가?

- 일부는 자신이 사기를 당했다는 사실 자체를 부인하며 예전과 같은 방식으로 투자를 계속한다.
- 일부는 계속해서 높은 위험을 감수하며 높은 수익을 낼 가능성이 있는 부분에 투자함으로써 이전의 손실을 만회하려 한다. 그러면서 "번개는 같은 곳을 두 번 치지 않는다"라는 말로 위안을 삼는다. 하지만 번개는 그럴지 몰라도 사기는 그렇지 않다.
- 한 번 사기를 당하고 나면, 더욱 믿을 만해 보이는 사기꾼을 믿어서 또 사기를 당한다.
- 일부는 앞으로 일어날 일에 대해서 희망을 갖는다. "제대로 된 합법적인 회사를 찾기만 하면, 이번에는 꼭 돈을 벌 수 있을 거야."
- 자신이 당했다는 사실에 당혹감을 느끼게 되면 구겨진 체면과 잃은 돈을 만회하는 데 집중하기 때문에, '새로운 기회'가 찾아왔을 때 판단력이 흐려져 또 사기를 당하기 쉽다. 수치심과 창피함으로

인해 스스로 자신이 처한 상황을 인정하기조차 쉽지 않다.

• 몇몇 사기꾼들은 피해자의 지난 사건에 대해 동정을 표시하며 접근해온다. 특히 이전 사기 사건을 들먹이며 상대방의 경계를 늦춘 뒤, 동지애를 형성해서 신뢰를 쌓는다. 그렇게 이전 사건을 통해서 가까워지고 나면 이렇게 말한다. "네, 저희가 그 녀석들을 알죠. 저희가 그 녀석들이 다시는 이 분야에 발도 들여놓지 못하게 쫓아냈어요."

─〉 다양한 버전

사기꾼들이 제시하는 거래 조건이나 기회를 보면 한 가지 공통점이 있다. 우리 눈에는 너무나도 믿음직한 것처럼 보인다는 사실이다.

이처럼 환상을 만들어내는 능력은 성공한 영업사원들이 공통적으로 갖고 있는 특징이기도 하다. 정직하고 양심적으로 활동하여 성공한 채권중개인이 내게 이런 이야기를 들려준 적이 있다. "사실 제가 파는 건 채권이 아니에요. 저는 이야기를 파는 사람이랍니다. 제가 아는 모든 것을 이야기에 포함시키는 것이 중요하죠. 그리고 항상 제가 파는 것이 이야기라는 사실을 기억하죠." 이는 영업사원, 연예인, 소설가, 정치인, 그리고 사기꾼도 마찬가지이다.

사기 이야기를 살펴보면 다양한 버전이 있다. 신용사기가 들려주는 은밀한 언어의 사투리라고나 할까?

소프트 신용사기 Soft Scam

소프트 신용사기는 실제로 존재하는 상품, 회사, 제휴, 정보를 거짓으로 이용하는 것을 말한다. 제대로 정보를 갖추지도 않고, 또한 거의 알려지지도 않은 조직이 어마어마한 보너스 연금을 준다고 이야기하면 사람들은 곧바로 넘어간다. 때로는 사기꾼들이 높은 수수료를 제안하며 보험 설계사들을 꼬셔서 저위험 고수익 상품을 권한다.

2000년 8월 8일, 비즈니스 뉴스를 전문으로 다루는 〈인터넷 와이어 Internet Wire〉는 에뮬렉스 사Emulex Corporation의 CEO가 사임을 했고, 현재 증권거래위원회SEC, Securities and Exchange Commission에서 회사를 조사 중에 있다는 소식을 전했다. 다음날 아침 에뮬렉스 사의 주식은 개장 16분 만에 한 주당 103달러에서 45달러로 곤두박질쳤다. 그렇게 에뮬렉스 사가 22억 달러를 손해 보고 나서야 나스닥NASDAQ 측은 주식 거래를 중단시켰다.

곧, 뉴스가 사실 무근임이 밝혀졌다. 에뮬렉스 사에는 전혀 문제가 없었고, CEO 또한 아무 데도 가지 않고 그 자리를 굳건히 지키고 있었다. 증권거래위원회가 조사를 하더라도 불법주차 범칙금 고지서 한 장 찾기 어려울 정도로 회사는 결백했다. 뉴스는 〈인터넷 와이어〉의 직원이 공포를 조성하기 위해서 꾸민 것으로 드러났다. 이 사기꾼은 에뮬렉스 사의 주식을 공매空買해서 가격이 떨어질 때 돈을 번 것이다. 그 결과 당시 투자자들은 하루아침에 1억 달러를 잃었다.

하드 신용사기Hard Scam

소프트 신용사기와는 달리 하드 신용사기는 존재하지도 않는 회사나 상품을 들먹인다.

플로리다에 위치한 투자회사인 해머스미스 트러스트Hammersmith Trust

는 연 1,600% 수익을 약속하며 부유층을 상대로 사기를 쳤고, 피해액은 최소 1억 달러로 알려졌다. (이 사건으로 인해 징역형을 선고받은 8인 중 한 명인) 데이비드 길릴런드David Gilliland 대표는 자신이 갖고 있는 국제 금융에 대한 박식한 지식으로 돈 많은 투자자들을 홀렸다. 그가 숨겨진 금융 거래 수단과 은밀한 내부자 거래에 대한 이야기를 들려주면, 투자자들은 그가 금융 천재라도 되는 듯 우러러봤다.

물론 고도로 투기적으로 보이기는 했지만 거래는 합법적으로 보였기 때문에, 투자자들은 그가 형성한 집단에 들어왔다. 길릴런드는 국제 채권을 통해서 투자금의 30%를 매월 벌 수 있게 해주겠다고 설득했다. 후에 투자자들은 자신이 그에게 준 돈 중 1센트도 실제로 투자에 사용된 적이 없다는 사실을 알게 되었다. FBI와 관세청에서 나와서 서류, 컴퓨터 등 압수수색을 시작한 후에도 여전히 해머스미스 측은 새로운 투자자를 유입하기 위해서 노력한 것으로 알려졌다.

나쁜 투자 신용사기 The Bad Investment Scam

나쁜 투자 신용사기는 실제로 존재하기는 하지만 위험이 높고 부적절한 투자 상품을 이용한다. 마치 위험이 낮고 높은 수익이 보장된 것처럼 설득해서, 투자자들이 석유회사와 가스회사 합병 혹은 공중전화, 현금인출기, 인키(인터넷Internet과 키오스크Kiosk의 합성어로 DSK 시스템을 기업의 마케팅 활동에 효과적으로 지원할 수 있도록 제작된 최첨단 제품) 등 장비 대여 사업에 투자하게 만든다.

유니프라임 캐피털 억셉턴스Uniprime Capital Acceptance라는 라스베이거스에 위치한 소규모 자동차 매매 회사의 주식은 1달러 정도에 거래되었다. 어느 날 이 회사는 전 세계를 놀라게 할 만한 소식을 발표했다. 에이즈 치료약을 개발했다는 것이다.

당연히 소식을 들은 사람들이 처음으로 "도대체 어떻게 자동차 매매 회사가 치명적인 에이즈의 치료약을 개발했다는 거지?"라는 질문을 던졌다. 곧 유니프라임 측은 뉴 테크놀로지 & 컨셉New Technology and Concepts이라는 자신들의 자회사가 있는데, 그곳 의사가 스페인의 한 병원에서 지난 15년간 정맥주사 치료법을 조용히 연구해왔다고 설명했다.

인터넷 채팅룸은 이 소식에 떠들썩했고, 회사는 큰 이익을 얻었다. 인류의 건강과 관련된 문제이니 그러는 것이 당연했다. 유니프라임의 주식은 초우량주로 분류되었고, 유니프라임 주식에 비하면 마이크로소프트 사의 주식은 껌 값이라는 말까지 나오기에 이르렀다. 유니프라임의 주식은 주당 5달러를 훌쩍 뛰어넘었고, 회사의 시장가치는 1억 달러에 육박했다.

사실이라고 하기에는 너무 좋은 여느 이야기들처럼, 이 이야기 역시 사실이 아니었다. '의사'라고 알려진 사람은 사기꾼이었고, 그는 지난 15년간 연구를 하기는커녕 콜로라도의 감옥에서 수감 생활을 한 것으로 밝혀졌다. 그가 병원 가까이에서 일한 것이라고는 요양원 수위 생활이 전부였다.

친밀한 신용사기The Affinity Scam

사기가 성공하려면 먼저 상대방의 신뢰를 얻어야만 한다. 그리고 신뢰를 얻을 때 공통점을 강조하는 전략만큼 효과적인 방법도 없다. 친밀형 사기꾼들은 목표 집단에 접근해서, 자신과 그들의 공통점을 강조한다. 같은 종교, 국적, 업계 등 다양한 공통점을 들먹인다. 어떤 영업 사원은 근무 지역에 따라서 각기 다른 억양을 사용해서 친밀감을 형성한다. 사기꾼들도 마찬가지이다. 그리고 만약 상대방이 모 회사에서 근무했다고 하면, 자신도 거기에서 근무했다고 이야기한다.

신원 도용 Identity Theft

신원 도용이란 다른 사람의 주민등록번호, 신용카드 번호, 은행 계좌 번호 등 중요한 정보를 습득해서 신원을 도용하는 행위를 말하며, 최근 급증하는 추세이다.

한 애틀랜타 남성은 자신이 배심원 관리 업무를 담당하는 법원 직원인 것처럼 위장하여 부유한 사업가에게 전화를 걸었다. "선생님께서 배심원 호출에 응하지 않으셨네요. 그래서 벌금이 부과됐습니다. 지금 제가 바로 처리해드리려고 하는데, 그러려면 몇 가지 필요한 정보가 있습니다." 그렇게 얻은 정보로 그는 사업가의 신분으로 위장하여 돈을 썼다.

신용카드 사기를 치는 사람들은 "비자카드 신용카드 사기 예방 및 관리센터의 ○○○입니다."라며 그럴듯하게 자기를 소개한다. 심지어는 자신의 사원 번호도 알려준다. "사모님 카드 내역을 보니 이상한 점이 있어서 연락드렸습니다. 확인해보는 게 좋을 것 같아서요." 그리고는 신용카드 발급 기관을 이야기하며 묻는다. "혹시 네바다에 위치한 마케팅 회사에서 385.50달러 상당의 텔레마케팅 방지 기구를 구입하셨나요?" 상대방이 "아니요."라고 답하면, 곧바로 멘트를 이어간다. 그리고 신용카드 사기 사건 번호를 발급해서 알려주는 척하면서 신용카드 번호를 알아낸다. "신용카드를 지금 갖고 계신지, 정말로 도난당하신 것이 아닌지 확인하기 위해서 신용카드 뒷면의 CVC 세 자리를 불러주셨으면 합니다." 그럼 이제 사기꾼은 피해자의 신용카드로 전화나 인터넷을 통해서 뭐든 구입할 수 있다.

인터넷 신용사기The Internet Scam

돈을 갈취하는 사기와 신원 도용 사례는 특히 인터넷상에서 폭발적으로 증가하고 있다. 사기꾼에게 인터넷은 불법 행위를 위한 가장 효과적인 공간이며, 인터넷을 자주 사용하는 사람들은 지식수준에 상관없이 인터넷 사기 위험에 노출되어 있다. 다음은 인터넷 사기의 예이다.

스팸메일Spam mail 제레미라는 한 청년은 어떤 프로그램을 이용해서 하루에 수십만 통의 이메일을 발송한다. 이메일의 내용은 주로 재택근무, 포르노에 관한 것이다. 그가 일하는 곳은 노스캐롤라이나 롤리Raleigh에 위치한 자택 인근으로 그곳에는 초고속 인터넷 선이 16개나 깔려 있다. 이는 직원이 1,000명 이상인 기업에서 사용하는 수준이다. 3만 통 중 답장이 평균 하나라도 오면 그의 연 수입은 75만 달러가 된다.

피싱Pishing 피싱에서는 합법적으로 보이는 이메일이 사용된다. 대개 대기업이나 유명 기관을 사칭하며 개인 정보를 요구한다. 한때 시티은행 고객들이 보안 위험에 대한 경고 이메일을 받은 적이 있다. 당시 그 메일을 받은 사람들은 메일에 링크된 사이트에 들어가서 시키는 대로 체크카드 비밀번호를 업데이트했다. 하지만 그 사이트는 시티은행에서 만든 사이트가 아니었으며, 웹서버가 독일의 베르멘Bermen에 위치한 것으로 알려졌다.

대출 제안 Debt capital offer 중소기업 사장들을 상대로 사업자들을 위해 저금리로 대출을 해주겠다는 메일이 발송된 적이 있다. 메일에는 대출을 받길 원한다면 먼저 설문지를 작성해야 한다는 내용이 있었다. 설문을 통해서 얻은 정보로 사기꾼들은 회사 기금에 손을 댈 수 있는 통로를 확보했다.

가짜 웹사이트 Fake website 이 계책은 가짜 웹사이트로 사람들을 부른 뒤, 확인을 위해 개인 정보를 입력하라고 지시한다. 예를 들어 eBay에서 보내는 것처럼 메일을 보내서는, 현재 계정이 잠겨 있으니 이를 해제하려면 개인 정보를 갱신하라고 지시한다.

사무용품 사기 Office supply routine 사무용품 회사를 사칭하여 비서에게 전화를 걸어, 품질 보증을 위해서 필요하니 프린터기의 모델명과 시리얼 넘버를 알려달라고 한다. 그러고는 후에 이메일을 통해서 유명한 사무용품 유통업체를 사칭하며, 현재 사용하고 있는 특정 프린터기를 거론한다. 그리고 그 제품에 필요한 소모품을 저가에 대량 판매한다고 홍보한다. 그러면 회사 측에서는 구입을 결정하고 신용카드로 결제를 한다. 하지만 상품은 도착하지 않는다.

피라미드 사기 The Pyramid Scheme

폰지 사기와는 형제지간인 피라미드 사기는 다른 투자자들을 모으는 기존 투자자가 있어야만 가능하다. 일반적으로 상품 없이 진행되며, 특정 프로그램에 가입할 것을 권한다. 전형적인 예로 연쇄 편지chain letter를 들 수 있다. 한 사람이 편지를 받으면 목록 맨 아래에 자신의 이름을 적고, 다섯 사람에게 편지 사본을 보낸다. 이때 봉투 안에 몇 달러를 넣는다. 최근 피라미드 사기를 보면 '기부 파티gifting party', '보조금 프로그램giving program'과 같이 모은 돈의 일부를 자선단체에 기부한다. 그리고 참가자가 예를 들어 1만 달러와 같이 목표액을 달성할 경우에는 면세 선물을 제공하는 등의 패턴을 보인다.

또 다른 피라미드 사기의 유형으로 '디너 클럽The Dinner Club'이 있다. 네 가지 코스가 등장하는 저녁 식사에 빗댄 표현이다. 8명의 새로운 사람, '애피타이저'가 맨 아랫줄을 채우며 각자 5,000달러를 나무의 맨 윗줄에 있는 '디저트'에게 지급한다. 그럼 이제 맨 아랫줄에 있던 사람은 '수프와 샐러드'로 올라가고, 새로운 여덟 명이 '애피타이저'가 된다. 그렇게 '디저트'까지 올라가면 (그때까지 이 구조가 유지된다면) '애피타이저'로 들어온 사람 여덟 명에게 각각 5,000달러씩 받는다. 그럼 총 4만 달러가 되는 것이다. 처음에 이 계획은 완벽하게 돌아가는 듯하지만, 5,000달러를 낼 새로운 사람이 더 이상 들어오지 않으면, 구조는 자신의 무게를 버티지 못하고 힘없이 주저앉아 버린다.

이상한 예측 사기 The Uncanny Forecaster Scam

미래를 정확하게 예측할 수 있는 능력은 오랫동안 사기 희생자들을 낚는 데 효과적인 미끼 역할을 해왔다. 오늘날 점쟁이들의 새로운 시장은 다름 아닌 주식시장이다.

자신을 브로커라고 소개하는 사람이 전화를 걸거나 우편물을 보내와서는 투자 정보를 건넨다. "이 주식은 조만간 값이 오를 거예요. 그렇다고 이 주식을 사거나 혹은 제게 투자를 하시라는 말씀은 아니에요. 제가 누군지도 모르시잖아요. 그냥 그 주식을 잘 살펴보세요."라며 미리 적어놓은 멘트를 읽는다.

추이를 지켜보다 해당 주식이 오른다 싶으면 다시 전화가 온다. 그리고 일전에 이야기한 주식이 곧 곤두박질칠 거라고 예측한다. "그렇다고 공매空買를 하시라는 말은 아녜요. 그냥 그 주식이 어떻게 되는지 잘 지켜보세요." 그러다 정말로 주가가 폭락하면 세 번째 전화가 걸려온다. 이번에는 좋은 투자 기회가 있다면서 확실한 주식이니 당장 사는 것이 좋다며 재촉한다. 이때 그쪽에서 부르는 대로 1만 달러 혹은 2만 5,000달러를 투자하면, 전화를 건 사람과 당신의 돈은 함께 사라진다.

어떻게 주식에 대해 그렇게 정확하게 예측할 수 있었을까? 어떻게 무슨 일이 일어날지 다 알 수 있단 말인가? 물론 알지 못했으며, 단순히 확률 게임을 했을 뿐이다. 먼저 100명을 선택한 뒤, 50명에게는 주식이 오를 거라고, 나머지 50명에게는 주식이 떨어질 거라고 말한다. 그러다 주식이 오르거나 떨어지면 그에 해당하는 50명에게만 전화를 걸면 된다. 이번에는 그중 25명에게 주식이 오를 거라고, 나머지 25명에게는 떨어질 거라고 말한다. 그럼 25명에게는 두 번 다 옳은 예측을 알려준 것이기에, 이들은 상당히 흥분하고, 감동을 받는다. 이 상태에서는 결단력이 흐려져서 쉽게 넘어온다.

—〉 신용사기를 예방하기 위한 7가지 지침

1. 전문가와 일하라

당신의 투자를 도와줄 브로커나 조직에 대해서 주위 사람들의 조언을 구하라. 당신의 질문에 대해서 모두 답해주고, 정식으로 등록된 브로커를 통해서만 투자해야 한다.

또한 투자에 대해서 궁금한 사항이 있을 때에는 전문가의 조언을 구하라.

2. 전화를 끊을 때가 언제인지 배워라

모르는 브로커나 영업사원의 전화는 무시해라. 당신의 투자 정보를 물어도 절대 답하지 말고, 이미 알고 있는 척하면서 확인을 요구한다 하더라도 대답하지 마라. 은행이나 신용카드사를 사칭하더라도 넘어가면 안 된다.

3. 신용카드를 조심해서 사용하라

신용카드 번호가 나와 있는 명세서나 고지서는 찢어서 폐기하거나 잘 보관해야 한다. 또한 카드 사용내역을 꼼꼼히 살펴서, 혹시 당신이 사용하지 않은 내역이 있는지 확인하라.

4. 시간을 갖고 두 번 확인하라

재촉을 받는 순간과 행동으로 옮기는 순간 사이에 생각할 시간이 있어야 한다. 생각할 시간의 중요성을 꼭 인지하고, 존중하고, 절대 무시하지 마라. 그리고 그 시간은 조사, 투자 계획, 전문가와의 상담을 위해 활용하라.

서두르면 실수를 하게 마련이고, 심한 경우에는 재앙을 부를 수도 있다. 그러므로 절대 100% 준비가 되기 전에 괜히 섣부르게 결정하려고 애쓰지 마라. 투자는 결코 긴급사항이 아니다. 그러므로 하룻밤 자면서 생각해보는 것이 좋다.

5. 당신이 취약할 때를 조심하라

몸이나 마음이 약할 때는 사기에 더욱 취약하다. 특히 이혼, 실직, 가족의 죽음, 불황과 같은 위기가 발생하면 우리는 더욱 취약해지게 마련이다. 은퇴 후 사용할 자금이 넉넉하지 않은 것 같다는 생각이 드는 순간 찾아오는 두려움 역시 우리를 취약하게 만든다.

누군가 당신을 돌봐 줄 것이라는 환상에서 깨어나야 한다. 물론 쉬운 일은 아니다. 환상에서 깨어나지 않으면 환상에 대한 대가를 치러야 한다.

6. 듣고 싶은 이야기가 들리면 경계하라

합법적이건 불법적이건 모든 판매자는 당신이 꿈을 안고, 판타지를 그리며 산다는 사실을 알고 있다. 그리고 주식에 대해서는 주식이 얼마나 오를지에 대한 이야기를 듣길 원한다는 사실도 알고 있다.

하지만 상대방이 말하지 않는 내용에 귀를 기울여야 한다. 큰 그림을 염두에 두고, 최상의 결과뿐만 아니라 최악의 결과도 함께 생각해야 한다. 만약 모든 것이 좋게만 들린다면, 당신과 영업사원이 만든 판타지 밖에 있는 사람과 이야기를 나눠라.

7. 사실이라고 하기에는 너무 좋아 보인다면, 사실이 아닐 수 있다

'좋은 정보'에 전적으로 의존해서 주식을 매입하는 일을 삼가라. 혹은 '선택된 사람들에게만' 기회가 주어진다는 말에 넘어가서도 안 된다.

당신이 왜 운이 좋은지 본인에게 물어보라. 사실 우리 모두는 누군가에게 뭔가를 받길 원한다. 만약 상대방이 제안해오는 내용이 사실이라고 하기에는 너무 좋아 보일 경우, 사실이 아닌 경우가 대부분이다. 만약 정말로 '위험 0%'의 투자라면, 왜 당신에게 그걸 설명해주고 있는가?

당신이 이해하고, 설명할 수 있는 것에만 투자를 해야 한다.

Part **3**

새로운
돈 이야기를
써라

The secret language of MONEY

"개인 재정에 대한 단순한 입문서가 아니다. '얼마나'와 관련된 내용이 담겨 있다. 당신의 돈이 들려주는 이야기가 얼마나 당신의 앞길을 방해하는가? 이런 현실을 바꿀 수 있다면 얼마나 많은 돈을 벌 수 있을까?"

_ **크리스 와이드너**(《피렌체 특강》, 《영향력》의 저자)

얼마면
충분한가?

조금만 더

— 세계 제1의 부자 존 D. 록펠러(John D. Rockefeller),
"얼마를 벌어야 만족하시겠습니까?"라고 묻는 기자에게

론은 세상을 깜짝 놀라게 할 만한 일 때문에 상담실을 찾아왔다. 더이상 벽에 공간이 없다는 것이다.

론은 성공한 건축가이자, 목표만 세웠다 하면 실패하는 법이 없는 사람이었다. 몇 년 전 그는 은퇴 후에 사용할 자금만 만들어놓으면 평안과 안정을 찾을 수 있으리라고 생각했다. 머지않아 목표를 정확히 달성했다. 그러고 나서는 주택 담보 대출을 모두 갚겠다는 목표를 세웠고, 곧 달성했다. 그 후에는 별장 담보 대출을 갚겠다는 목표를 세웠다. 역시나 달성했다. 다음은 자신의 순자산을 500만 달러로 만들겠다는 목표를 세웠다. 역시 그는 실패하지 않았다.

매번 목표를 달성할 때마다 론은 다음 목표를 달성하고 나면 만족하겠지 생각했다. 연봉 40만 달러 목표를 달성한 지는 오래다. 하지만 만족하지 못한 그는 새로운 목표를 세우면서 이번에는 만족하겠지 생각했다. 이번 목표만 달성하면 행복해질 거라고 확신하며 이제껏 목표를 높여가며 살아왔다. 그렇게 수십 번 목표를 세우고 달성하길 반복했지만 여전히 행복은 남의 이야기였다.

상담을 받아보겠다는 결심을 하게 된 결정적인 사건이 있다. 건축 설계 부문에서 상을 받은 것이다. 이전에 여러 번 그랬듯이 상패가 도착했고, 사무실 한쪽 벽에 남은 마지막 공간에 상패를 세웠다. 그렇게 해서 사무실의 평평한 공간 중 상패, 메달, 트로피가 놓이지 않은 곳이 없었다. 이제는 그곳에 더 이상 한 개라도 더 놓을 공간 없이 꽉 차게 되었다.

어떤 사람은 이런 상황을 골칫거리, 어떤 이들은 자랑거리로 받아들인다. 론은 전자였고, 골칫거리를 넘어서 인생 최대의 위기로 다가왔다. 왜 그럴까? 모든 공간에 자신의 성공을 보여주는 트로피가 가득한데도 만족하지 못하기 때문이다. 대체 무엇을 얼마나 이뤄야 충분한건지 도무지 모르겠다는 생각이 드는 순간 놀란 그는 곧바로 상담실로 달려왔다. 그에게는 어느 것도 충분하지 않은 것처럼 느껴졌다.

그의 이야기를 듣는 중에 《이상한 나라의 앨리스*Alice in Wonderland*》에 나오는 앨리스와 체서 고양이의 대화가 떠올랐다.

"제가 여기서 어디로 가야 하는지 알려주실 수 있으세요?"
앨리스가 물었다.
"그건 네가 어디로 가고 싶으냐에 달려 있지."
고양이가 대답했다.
"어디든 상관없어요."

앨리스가 말했다.

"그럼 어디로 가든 상관없잖아."

고양이가 말했다.

"내가 어딘가 도착하기만 하면 되는데…."

"오, 그럼 분명 그렇게 될 거야. 충분히 걷기만 하면 말이야."

론은 많이 걸어왔지만 어디에도 도착하지 못했다.

더 많은 것을 원하는 욕구는 왜 끊이지 않는 것일까? 왜 '충분'이라는 것은 손에 잡히지 않는 것일까? 이는 우리가 실제로 돈을 추구하는 것이 아니기 때문이다. 이제까지 앞에서 살펴봤듯이, 우리에게 돈은 그저 단순한 돈이 아니라 일종의 상징이다. 만약 우리가 돈이 아닌 다른 것을 쫓고 있는 거라면 돈으로는 결코 만족할 수 없는 것이 당연하지 않은가? 마치 배고파서 음식을 간절히 원하는 사람이 〈구오메이 Gourmet〉, 〈보나페티Bon Appetit〉와 같은 음식잡지 몇 장을 찢는다고 만족하지 못하는 거나 다름없다.

그러다 보면 이성이라는 철로를 벗어나 중독이라는 어두운 골짜기를 향하게 된다.

—> "한 번만 더"

리키는 1997년 7월 라스베이거스에서 처음으로 슬롯머신에 재미를 붙인 지 얼마 되지 않아 허리 수술을 받았다. 물론 그녀는 큰돈을 딸 가능성이 거의 없다는 사실을 통계학상으로 알고 있었지만, 그래도 '혹시'라는 기대에 푹 빠진 나머지 평소에는 잠시도 벗어나지 못했던 허리 통증에서 해방될 수 있었다. 당시 그녀는 앞으로 벌어질 사건에 대해서 전혀 준비되지 않은 상태였다. 7월 4일 독립기념일, 그녀에게 예기치 못한 일이 일어났다. 초보자로서는 운이 좋게 3,700달러를 딴 것이다. 하지만 앞으로 나올 액수에 비하면 반도 안 되는 적은 액수였다. 놀랍게도 슬롯머신을 돌리는 동안은 허리 통증이 감쪽같이 사라진다는 사실을 깨달았다. 마치 엉덩이에 모르핀 주사를 직접 맞은 것처럼 말이다.

곧 그녀는 슬롯머신에 빠져들었고, 자신이 가장 좋아하는 기계에서 다른 사람이 돈을 따는 모습을 보면 질투심을 불태웠다. 다음 해 부활절 연휴에는 현금과 카드 결제금액을 통틀어 10만 달러를 잃었다. 그리고 슬롯머신을 돌리는 동안 아이들을 자동차에 가둬놓은 탓에 아동학대죄로 경찰이 잡으러 오기 전까지 슬롯머신에서 떨어질 줄 몰랐다. "물론 그게 잘못된 행동이라는 것은 잘 알고 있었죠." 리키는 말했다. "하지만 카지노에 들어가고 싶은 욕구가 모성애보다 훨씬 더 강하던걸요."

가엾은 리키를 너무 나쁘게만 생각하지 않으려면, 그녀가 그렇게 막장으로 치달은 것이 단순히 그녀의 약한 의지나 성격적 결함 때문이 아니라는 점을 기억해야 한다. 정말로 그녀의 행동은 과학적으로 설계된 카지노 환경이 만들어낸 산물일 뿐이다. 슬롯머신 제작자들은 신경학자나 심리학자들보다 슬롯머신 중독자의 행동을 예상하며 훨씬 더 많은 공을 들인다. 기계의 디자인과 소프트웨어 개발에는 최근 발견된 행동심리학 이론 및 사실들을 모두 활용하고, 인간의 두뇌와 '더'를 원하는 끊임없는 갈망을 부채질한다.

미국 카지노 게임기 제조업체 IGT^{International Game Technology}에서 수석

게임 디자이너로 활동하고 있는 앤서니 베어로커Anthony Baerlocher는 사용자에게 처음에 긍정적인 이미지를 심어주기 위한 소액 당첨 시나리오에 대해서 설명했다. 일단 작은 금액이라도 몇 번 잭팟이 터지고 나면, 사람들은 게임에 몰입한다. '가격은 항상 정확하다The Price is Right'라는 이름의 슬롯머신은 소액 당첨을 허용함으로써 조금씩 사용자의 돈을 빨아먹는다. 그가 개발한 게임기 중 가장 큰 성공을 거둔 '운명의 수레바퀴Wheel of Fortune'는 간발의 차로 잭팟을 놓치도록 조작되어 있다. 한 줄에서 한 칸만 더 움직였더라면 베팅한 금액의 250배를 딸 수 있게 해놓는 것이다. 그렇게 되면 사람들은 '거의 됐는데…'라는 생각에 기계를 떠나지 못한다. 사람들이 이 기계에 쏟아 붓는 돈이 연간 10억 달러 이상이라고 한다.

도박 반대 운동가들은 슬롯머신을 '도박의 크랙코카인'이라고 부른다. 도박 중에서 슬롯머신만큼 인간 마음의 특정 부분을 완벽하게 조작하는 게임은 없다. 미국에서 1년 동안 슬롯머신 앞에 앉는 사람 수는 4,000만 명에 이르며, 꾸준히 상승세를 타고 있다고 알려졌다. 1980년대 말까지만 해도 카지노를 합법적으로 허용한 주는 두 곳에 불과했다. 오늘날은 서른 곳 이상이 카지노를 합법화했다. 카지노 사업의 밑천은 슬롯머신이며, 슬롯머신은 미국에서만 매일 10억 달러를 긁어모으고 있다.

─〉 조금만 더. 제발…

중독은 우리에게서 나타나는 일종의 질병이나 질환으로 간주된다. 하지만 실제로 중독은 우리가 가지고 있는 습성으로, 일시적으로 자존심을 세우거나 기분을 좋게 하기 위해서 눈에 보이는 무언가를 쫓는 행위이다. 뭐든 중독의 대상이 될 수 있으며, 돈이나 일에서부터 섹스나 마약, 온라인 포르노, 장외 도박 등 그 종류도 다양하다. 하지만 기본적인 과정은 비슷하다.

처음에 중독은 '의존'과 '내성'을 통해서 나타난다. 중독이라고 하면 사람들이 가장 먼저 떠올리는 단어가 '의존'이지만 이보다 더 중요한 요소, '내성'이 있다. 중독이 되려면 무언가를 반복적으로 해야 하는데, 그때마다 똑같은 수준의 스릴을 느끼려면 점점 더 많은 양이 필요하다. 그렇지 않으면 불쾌감이라는 녀석이 고개를 든다. 그렇기 때문에 사람들이 '더'를 원하는 것이다.

중독은 흡연, 약물 복용과 같이 중독적인 행위를 통해서 나타나며, 장기간 지속되면 뇌에 물리적인 변화가 생겨서 특정 행동에 더욱 민감해진다. 실제로 연구 결과 반복적인 약물 복용이 뇌신경 기능과 구조를 바꾼다는 사실이 드러났다. 그리고 약물 복용을 중단한 이후에도 원상복구 되는 데에는 오랜 시간이 걸린다.

더욱이 뇌에서 즐거움을 느끼는 부분은 고도로 민감하기 때문에, 실제 행동뿐만 아니라 행동에 대한 약속에도 반응한다. 그래서 마약이나 마약 복용에 사용하는 장비만 봐도 전율이 흐른다. 알코올 중독자의 경우 자주 가는 호프집 간판을 보거나, 손에 술잔만 있어도 기분이 좋아진다. 코카인 중독자의 뇌는 코카인 비슷한 글씨가 쓰여 있는 전광판만 보더라도 반응한다.

리키의 경우, 슬롯머신을 하는 동안 도파민과 세로토닌이 생성되었기 때문에 허리 통증을 느끼지 못한 것이다. 그리고 심한 경우에는 카지노에서 자주 들리는 소리나 인테리어만 보더라도 비슷한 반응이 나타난다. 론은 더 이상 상패를 놓을 공간이 없어지기 전까지는 사무실에 전시해놓은 트로피와 상패를 보면서 자신의 분야에서 성공했다는 쾌감을 느꼈다.

돈이 당신의 감정적인 욕구를 채우거나 갈등을 해결해주리라고 기대해서는 안 된다. 하지만 실제로는 우리가 얼마나 그렇게 되길 기대하고 있는가! 언젠가는 '돈 = 행복'이 될 거라는 환상에서 평생 깨어나지 못하는 이들도 있다. 그래서 끊임없이 '큰 건'을 찾아 헤매거나 '조금 더' 벌려고 안간힘을 쓴다.

제임스 트레이너의 사례를 생각해보자. 제임스는 플로리다에 위치한 은행을 털고 있는 중이었다. 그런데 한참 은행을 털다가 갑자기 멈추더니 움직이지 않았다. 불행히도 예전에 제임스가 애인에게 불타는 사랑을 보여주기 위해서 선택했던 장소가 보안카메라가 있는 은행과 비슷한 곳이었던 것이다. 그는 카메라 앞에 서서 돈에 입을 맞추려 했다. 위장도 하지 않아 용모 파악이 수월했기에 제임스는 곧 체포되었다.

은행을 털고 카메라 앞에서 돈에 입까지 맞출 정도로 돈을 사랑했지만, 그는 항상 적자였다. 결국 돈에 중독된 나머지 넘지 못할 선까지 넘어버린 것이다.

─〉 중년의 위기

중년은 일반적으로 40대 중반에서 50대 중반으로 넘어가는 시기를 말한다. 미모, 활기, 정력을 잃는다는 두려움과 절박감이 찾아오는 시기이기도 하다. 이 시기에는 돈이 마치 이 모든 것을 되찾아 줄 수 있을 것처럼 보인다. 특히 정체성이 제대로 확립되지 않은 사람은 미모, 활기, 정력에 더욱 많이 의존하기 때문에, 돈에 대한 환상에 빠지기 쉽다.

중년이 되면 자아 정체성이 확고한 사람도 일, 사랑, 돈, 성공의 의미를 다시 생각해보게 된다. 그러다 자아의 일부라고 생각하는 일을 제대로 마치지 못했다는 생각이 들면, 일이나 돈을 통해서 그 부분을 메우려 노력한다.

이제까지 많은 업적을 이루며 잘살았어도 여전히 만족하지 못한 채 살아가는 이들이 있다. 그들은 항상 직업, 배우자, 이웃 등 외적인 무언가를 바꾸려 노력한다. 그렇게 하면 내면에 없는 무언가가 채워지기라도 하는 것처럼…. 환경을 바꾸면 자신도 바뀌리라는 희망을 품는다. 하지만 계획대로 외부 환경을 모두 바꾼다 하더라도, 여전히 그대로인 자신의 모습을 발견하게 된다. 그럼 그때 중년의 위기가 찾아오는 것이다. 만족스러운 성과를 이루는 데에도 실패하고, 게다가 만족스러운 성과를 이룬 것처럼 보이는 데에도 실패했다는 생각이 드는 순간 고통스럽다.

중독의 대가는 무엇인가? 롤스로이스Rolls-Royce 광고를 보면 이런 말을 한다. "롤스로이스의 대가는?"

- 1년 동안 휴가 한 번 사용하지 못하고 일만 한다.
- 자녀의 학교 운동회에도 한 번 가보지 못한다.
- 우정은 남 이야기다.
- 회사의 건강을 위해서 자신의 건강을 희생시킨다.
- 동료들은 모두 호프집에서 한잔하고 있는 늦은 밤, 홀로 사무실을

지킨다.

- 자녀의 첫 걸음마도 보지 못한다.
- 하는 모든 일에서 최고를 추구한다.

한마디로 롤스로이스는 보통 사람이 곧바로 지불할 수 있는 것 이상을 필요로 한다는 말이다. 리키는 많은 것을 포기했지만, 우리는 돈을 위해서 모든 것, 심지어 자신까지 포기할 준비는 되어 있지 않다.

심한 경우 마약이나 알코올 중독자들은 마약이나 술을 얻기 위해서 넘지 말아야 할 선을 넘어간다. 도둑질을 하고, 심지어는 살인까지 한다. 돈 중독이라고 다르지 않다. 이미 9장에서 빚에 동반하는 이상한 행동에 대해서 살펴봤다. 정직한 사람도 청구서를 위조한다든가, 영수증을 숨기는 등 부정을 저지르지 않는가? 10장에서는 신용사기라는 어두운 이야기를 살펴보았다. 실제로 돈에 대한 중독, 충동은 사기보다 더 음침한 범죄로 우리를 인도한다. 더 많은 돈을 바라는 끊임없는 탐욕은 도덕을 무시하고 소매치기, 절도, 횡령, 유용, 폭행, 살인을 저지르게끔 우리를 유혹한다.

물론 이 정도 수준의 범죄를 저지르는 사람은 많지 않다. 대부분은 사회적으로 용인되는 수준의 행동을 취한다. 하지만 실제로 돈 때문에 다른 사람을 죽이지는 않지만, 자신도 모르는 사이에 가족이나 자신의 목을 조르고 있지는 않은가? 행복과 만족을 질식시키고 있지는 않은가?

─〉 오호, 퇴근시간이다! 집에 가자

2장에서 잠깐 소개했던 성공한 사업가, 마이크를 기억하는가? 큰 거래를 성사시키고 나면 자신이 살아 있다는 사실을 느끼고, 활기가 넘친다고 했던 그 마이크 말이다. 마이크는 프로젝트를 마치자마자 곧바로 다음 프로젝트를 시작했다. 사실 지난 프로젝트에서 번 돈을 빨리 써버렸기 때문에, 지체하지 않고 곧바로 새로운 프로젝트를 시작해야만 했다. 마이크는 거의 강박적으로 새로운 도전과제를 만들려고 했다. 그러다 보니 자신이 맺은 결실을 즐기는 건 거의 불가능했다.

"저는 거래를 성사시켜 50만 달러를 벌기 위해서 정말 눈코 뜰 새 없이 열심히 일했어요. 그러고 나면 제가 벌지 못한 100만 달러 생각에 제 자신이 비참하단 생각이 들어요."

마이크는 항상 무언가로부터 도망을 치는 기분이라고 말했다. 그는 실패할까봐 두려웠고, 더욱이 그런 두려움조차 느끼지 못하게 될까봐 더 큰 두려움이 찾아왔다. 실패에 대한 두려움조차 느끼지 못한다면 성공을 위한 추진력을 잃어버리기 때문이다. 항상 마이크는 그 순간을 즐기기가 두렵다고 말했다. 그 순간을 즐기다가 야망을 잃을까봐 겁이 난다는 것이다. 실제로 마이크는 무언가로부터, 더욱 엄밀히 말해 '현재'로부터 도망을 치고 있었다. 그는 생계에 미친 듯이 열중한 나머지 사람다운 생활이 뭔지 까맣게 잊고 살았다.

최고의 프로듀서, 미다스의 손, 유력 인사, 불도저, 재주꾼 등 마이크와 같은 사람에게 붙이는 별명은 다양하다. 하지만 가장 정확한 표현은 '일중독자'이다.

이는 비단 마이크에게만 해당되는 이야기가 아니다. 수백만의 미국인들이 주당 60시간 이상을 사무실에서 보내고 있다. 캐나다 인구의 3분의 1은 스스로 일중독자라고 고백했다. 수많은 사람들은 일을 통해서만 자신의 정체성을 확립할 수 있다고, 일이 없이는 자신의 존재를 인정받을 수 없다고 생각한다. 또 어떤 이들은 자신이 부족하다는 생각을 지우기 위해서 일을 한다. 이유가 어떻든 일중독자들은 쉬지 못한다.

정말로 일에 중독된 사람들은 일 자체에서 즐거움을 찾지 못한다. 오히려 성공은 뜻밖의 비참한 결과가 된다. 마이크의 경우처럼 성공을 해도 절망과 좌절이 찾아오고, 더 많은 것을 위해 달려가게 된다. 여전히 뭔가 부족하다는 생각이 들고, 이들은 '더'를 외친다.

다음은 전문직에 종사하는 한 여성이 들려준 이야기다.

"일을 하면 안심이 돼요. 뭔가에 눌리는 것 같은 기분이 들면 저는 일을 해요. 일은 제가 잘 알고 있는 분야이기에 마음이 진정돼요. 또한 일은 제가 할 수 있는 것이기에 저는 뭔가를 성취할 수 있죠. 때로는 일이 제 등을 토닥여주며 저를 위로하기도 하죠."

그녀는 일을 통해서 어떻게 인생의 지속성과 안전성을 얻는지에 대해서 설명했다. 자신의 생활에 뭔가 문제가 생기면 그녀는 일에 더욱 집중해서는 마음의 안정을 찾았다. 심지어 어렸을 때에도 화가 나면 방에 들어가서 유년 시절의 '일'에 미친 듯이 열중했다.

일중독자들의 경우 자신이 일에 중독되었다는 사실조차 알지 못하기 때문에 피해는 더 커진다. 사실 이들은 주위 사람들에게는 지속적으로 칭찬을 받는다. '슈퍼 맘', '가족의 파수꾼', '스타 영업사원'과 같은 꼬리표는 실제 이야기를 보이지 않게 포장한다.

─〉 최고의 뒷면

다른 중독에는 없는 일중독만 지니는 특징이 있다. 주위에서 눈살을 찌푸리기보다는 오히려 조용히 넘어가고, 심지어는 우러러본다는 사실이다. 돈 중독과 일중독만은 사회적으로 어느 정도 용인이 된다. 또한 누군가 문제를 제기한다 하더라도 쉽게 합리화할 수 있다. 그러므로 일중독자 대부분이 자신이 일중독이라는 사실을 아무렇지 않게 부인한다.

"내 자식들이 하고 싶다는 거 다 시켜주기 위해서 열심히 일하는 거죠."라는 말로 일중독을 쉽게 합리화시킬 수 있다. 돈 중독으로 아무리 삶이 피폐해져도 주위에서 좋은 부모, 좋은 배우자, 좋은 친구로 치켜세워 주면 힘든 줄 모른다. 일단 돈에 대한 우리의 욕망이 합리화되고 나면, 우리의 돈 이야기에 욕망이 반영되는 것은 시간문제이다. 이때 친구, 동료, 직장 상사, 문화가 흡수를 돕고, 그러다 보면 선이 애매해진다. 결국 우리는 비싼 자동차, 더 큰 집을 위해 가족과의 시간을 포기하더라도 죄책감조차 느끼지 못한다. 아무튼 고생한 것과 헌신에 대한 무한한 보상 약속 때문에 사람들이 미국으로 몰려든 것 아닌가! "어이, 난 그저 선량한 시민일 뿐이야!" 그러는 와중에 일중독은 단순히 용인되는 차원을 넘어서 모범 시민이라는 증거가 되어버렸다.

그렇다고 오해는 하지 마라. '최고'를 추구하는 것이 잘못된 것은 아니다. 목표를 달성하기 위해서 열심히 일하는 것은 고귀한 일이다. 단지 (조지 루카스George Lucas의 말처럼) 최고의 결과를 성취했다는 증거와 자아를 동일시하면 그때부터가 문제인 것이다.

우리는 종종 돈과 물질을 증거로 삼고, 이를 계산한다. 물론 항상 그런 것은 아니다. 또한 주위 사람들의 인정, 박수갈채, 혹은 론이 받은 상패와 같은 표창 등 외적인 증거를 찾는다. 또는 자신이 들인 공, 노력 그 자체를 자랑스럽게 생각한다. 일중독자 중에도 재정적인 문제에 시달리는 사람이 파다하다. 자신의 은행 잔고가 바닥나는 것은 신경 쓰지 않고 이제까지 자신이 한 일이 자신의 가치를 보여주기라도 하는 듯 자랑스럽게 생각한다. 아서 밀러Arthur Miller의 《세일즈맨의 죽음Death of a Salesman》을 보면, 주인공 윌리 로먼Willy Loman은 자신의 가치를 평가하기 위한 표를 만들면서 자신의 명성, 영업 실적, 자식의 성적, 가족의 가치를 평가 기준으로 삼았다. 하지만 모든 항목에서 좋은 성과를 내지 못했고, 결국에는 자신의 가치는 생명보험금뿐이라는 암울한 결론에 다다랐다.

이는 일중독자의 말로이며, 진정한 가치는 외적인 보상이나 상징이 아닌 내적인 경험을 통해서만 발견할 수 있다는 사실을 깨달아야만 이같은 결말을 피할 수 있다.

돈, 돈으로 살 수 있는 것, 돈을 벌기 위한 일 중 어느 것 하나도 우리의 정서적 욕구를 채워줄 수 없으며, 오랫동안 이어진 문제를 해결하지도, 만족감을 주지도 못한다. 언젠가 '돈 = 행복'이 될 거라는 환상 속에서 평생 살아가는 사람들은 항상 '한탕'에 목마르다. 그러면서 계속 이렇게 되뇐다. "다음에는, 다음에는, 다음에는……." '한탕'은 결코 나타나지 않을 것이라는 사실을 깨닫는 순간 윌리를 집어삼킨 우울증이 찾아온다. 우울증을 피하기 위해서 사람들은 연신 '다음'을 외친다.

Money Quiz ≫

업무를 처리하는 시간이 길고, 자신의 일에 대해 대단한 만족감을 느낀다고
해서 모두 다 일중독은 아니다. 자신의 일을 즐기지 못한 채 일만 하는 사람이
어야 진정한 일중독자라고 할 수 있다. 마치 담배 중독자가 담배 없이 하루도
살지 못하는 것처럼, 일중독자에게 일은 없어서는 안 되는 존재이다.
당신의 일과 일에 대해 느끼는 감정을 생각하며 다음 질문에 답하라.

01. 근무 시간이 끝나고 퇴근할 때 업무 관련 문제, 프로젝트, 전화 통화, 약속, 회의까지 집
으로 가져와서는 회사 일에 개인 시간을 빼앗기는가?

02. 회사 밖에서도 일에 관련된 대화를 하고, 업무 관련 결정에 대해 다시 생각하고, 업무
세부사항을 검토하는가?

03. 일과 관련이 없는 일을 즐기지 못할 때가 있는가?

04. 출근하지 않았거나 못했을 때 초조함, 우울증을 동반한 금단현상과 비슷한 불안함이
엄습해 오는가?

05. 성공을 위해서는 자신의 시간을 헌신해야만 한다고, 원하지 않더라도 야근을 해야 하
며 그것이 '일'이 요구하는 바라고 자신을 설득한 적이 있는가?

06. 프로젝트에 관한 비난, 평가, 방해를 자신에 대한 비난, 평가, 방해로 받아들이는가?

07. '일 = 자신의 존재'라고 생각하는가?

08. 일을 통해서 남들에게, 혹은 스스로에게 자신의 가치를 증명하려 하는가?

09. 극단적인 노력과 성취만이 당신의 진정한 가치를 제대로 보여줄 수 있다고 믿는가?

10. 집안일이나 가족 불화와 같이 원치 않는 일을 피하고 싶을 때, 일을 핑계로 삼는가?

11. 주위 사람들이 당신에게 너무 오래 일에 빠져 있어서 주위를 돌아보지 않는다고 불평하
는가?

12. 친한 사람이 당신에게 일중독자라고 말한 적이 있는가?

식욕부진증 환자를 보면 뭔가에 중독된 사람이 모두 다 '더'만 외치는 것이 아니라는 사실을 알 수 있다. 끊임없이 '덜'을 외치는 이들도 있다. 돈 중독 중에는 끊임없이 부를 멀리하는 가난 중독도 있다. 다음 질문 중 하나에라도 '예'라는 대답을 한다면, 당장은 아니더라도 후에 가난 중독이 될 가능성이 있다.

1. 부유한 것보다 가난한 것이 더욱 지조 있고 숭고하다고 생각하는가?
2. 부유한 것보다 가난한 것이 더욱 영적이라고 생각하는가?
3. 돈이 들어오면 곧바로, 혹은 충동적으로 돈을 다 써버리고 다시 가난한 상태로 돌아가는가?
4. 그럴 돈이 없다는 생각에 자동차나 집을 수리해야 하는데도 하지 않고, (정기 건강검진과 같은) 의료 서비스도 멀리하는가?
5. 자신보다는 다른 사람을 위해 돈을 쓰는 것이 더 편안한가?
6. 자신의 업무나 능력보다 낮은 임금을 받는가?
7. 받지 못한 월급을 늦게 받을 때 마음이 불편한가?
8. 재정적으로 진전을 보이려고 할 때마다 문제가 생겨서 앞으로 나아가지 못하게 방해하는 것 같은가?

—〉 일과 관련하여 건전한 관계를 확립하기 위한 6가지 지침

1. 일의 목적을 명확히 하라

우리는 생계를 유지하고 공과금을 내기 위해서 일을 한다. 하지만 그것은 껍데기일 뿐 알맹이는 아니다. 다른 사람의 칭찬을 듣거나 인정받기 위해서 일을 하는 건지, 혹은 자신의 이익과 만족을 위해서 일을 하는 건지 생각해보라. 어떤 일을 하건, 어떤 직책에 있건, 어떤 업계에 있건, 그 중심에는 자신의 만족을 위해서 지금 하고 있는 일을 한다는 사실을 기억하라.

2. 명확한 경계를 세워라

업무와 사생활의 선을 명확히 그려라. 매일, 매주 쉴 시간을 정해둬라. 경계를 세우고, 경계를 존중하는 것이 업무와 사생활 모두를 위해서 좋다.

3. 일은 직장에 두고 와라

가족이나 친구에게 업무에 대해 이야기하는 시간이 얼마나 되는지 생각해보라. 또한 직장에서 사귄 친구와 보내는 시간이 얼마나 되는지도 따져보라. 자신의 일 이야기에 몰입하면 경계를 세우는 일도 쉽지 않고, '일 = 자신의 존재'라는 착각에 빠지기 쉽다.

4. 윤리 목표보다는 생산량 목표를 세운 뒤, 그날 업무에 임하라

'하루 ○시간 근무'라는 기준을 버리고, '좋은 성과'라는 개인적 만족을 기준으로 삼기 위해서 의식적으로 변화를 시도하라. 업무를 위해서는 특정 시간을 근무해야 하더라도 그렇게 하는 것이 좋다. 단순히 매일 몇 시간 근무를 해야 한다고 생각하지 말고, 그날 당신이 이루는 일에 대한 만족감을 목표로 삼아라.

5. 명확한 재정 목표를 세워라

(9장에서 언급한) 간단한 재정 계획의 일부로, 투자와 은퇴를 위한 구체적이고 측정 가능한 액수를 목표로 세워라. 그리고 각각의 투자 내역에 학비, 은퇴, 내 집 마련, 위급상황 등 명확한 용도를 정하라.

6. 당신에게 삶이 있다는 사실을 인정하라

직장에서 보내는 시간을 줄이고 휴식을 취하는 데 죄책감이 들거나 마음이 불안한가? 그렇다면 업무를 위해서 휴식을 취하는 시간이 필요하다는 사실을 기억하라. 이는 궤변이나 합리화가 아니다. 정말로 업무의 효율성을 극대화시키려면 휴식을 취하고 사생활을 갖는 것이 중요하다. 직장 밖에서 더 나은 삶을 보낼수록, 직장에서의 삶도 나아진다.

—〉 새로운 대본 쓰기

식욕부진 소녀가 '2.5kg만 더' 빼겠다며 계속해서 '2.5kg만 더'를 외치다 보면 죽음의 문턱에 다다르게 된다. 돈 이야기 역시 마찬가지다. 7월 4일 라스베이거스에서 보낸 리키의 휴가나 마이크의 1시간 초과 근무는 처음에는 아무런 문제가 없는 것처럼 보였다. 하지만 '5달러만 더', 혹은 '5분만 더' 외침이 반복되면서 결국 문제가 발생하고 말았다.

'2.5kg만 더' 빼겠다고 외치는 식욕부진 환자의 사례를 살펴보면, 돈 중독에서 벗어나는 데 도움이 될 것이다. 식이장애를 겪는 사람들에게 음식은 단순한 영양소 이상의 의미를 지닌다. 안정, 통제, 저항, 풍요로움 등 다양한 의미를 나타내는 상징적인 존재가 된다. 그리고 이는 매끼 식사, 심지어는 한입 베어 물 때마다 나타난다. 즉, 영양소와 함께 다른 의미들이 음식에 들러붙어 우리 앞에 나타난다. 그렇게 '음식 이야기'가 만들어지고, 각자의 음식 이야기에는 다른 줄거리가 존재한다. 먹는다고 식욕부진이 해결되는 것이 아니다. 새로운, 성공적인 음식 이야기를 다시 써야만 한다.

다시 말해, 식이장애를 가진 사람이 건강을 되찾으려면 단순히 음식을 더 많이 먹는다고 되는 것이 아니라 음식과의 관계에 변화를 가져와야 한다. 식욕부진은 제대로 먹어서 다시 살이 찐다고 해결되는 것이 아니다. 음식을 단순한 영양소로 볼 때에야 비로소 해결됐다고 볼 수 있다.

돈 중독과 일중독도 마찬가지이다. 돈에 붙어서 우리 앞에 나타나는 요소들이 있다. 이제는 그런 요소들을 모두 떼어내고, 돈 자체만을 봐야 한다. 음식이건, 돈이건, 일이건 그 이상도 그 이하도 아닌 그 자체로 봐야만 한다. 자아는 완벽하기 때문에, 돈이나 일로 자아를 포장할 필요가 전혀 없음을 기억해야 한다.

─〉 그렇다면 얼마가 충분한 것일까?

슈만Schuman의 피아노 소나타를 보면 'so rasch wie möglich', 즉 '최대한 빨리'라고 적혀 있는 부분이 있다. 몇 소절 뒤에는 'schneller(더 빨리)'라고 적혀 있고, 조금 뒤에는 'noch schneller(여전히 더 빨리)'라고 적혀 있다. 어쩌면 이것은 슈만의 유머였는지도 모른다. 하지만 우리의 돈 이야기에서는 전혀 재미있는 내용이 아니다. 이미 모든 것을 갖고 있는데 어떻게 더 원할 수 있단 말인가? 고대 그리스 철학자 에피쿠로스Epicurus는 지혜로운 말을 많이 남겼다. "충분한 것도 너무 적다고 여기는 사람에게는 어떤 것도 마음에 들지 않는다."

얼마가 충분한 것인지 어떻게 알 수 있는가? 이 질문에 답을 할 수 있다는 것은 '충분'에 대한 생각을 갖고 있다는 말이다. 즉, 자신의 가치에 대해 스스로 인정하고 있다고 볼 수 있다. 사랑과 자부심을 돈, 명예, 권력과 동일시하는 행위는 자신을 실패자로 만드는 거나 다름없다. 공들여서 저택, 제트기 등으로 이야기를 구성해서 현실로 만든다 하더라도 자신의 가치가 높아지는 것은 아니다. 자신의 가치는 외부에서 키울 수 있는 것이 아니며, 돈으로 살 수 있는 것도 아니다.

우리가 돈과 관련해서 겪는 문제의 대부분은 우리의 소유물과 우리의 존재를 구별하지 못하기 때문에 나타난다. 재정 목표의 상대성에 대해 설명하기 위해 1장에서 본 간단한 퀴즈를 기억하는가?

1. 현재 나의 연 수입은 _____ 다.
2. 돈 때문에 걱정하거나 문제에 부딪히는 일 없이 재정적인 만족감과 함께 행복을 얻으려면, 나의 연 수입은 _____가 되어야 한다.

아마도 대부분의 사람들처럼 두 번째 액수가 첫 번째 액수의 두 배쯤 될 것이다. 여기까지는 좋다. 이는 목표가 있다는 말이고, 목표가 있다는 건 좋은 것이다. 그러나 목표 액수를 달성하면 어떻게 되는가? 예상했던 만족감을 느끼기는커녕 론과 같이 행동하고 있지는 않은가? 방금 달성한 액수의 두 배 되는 액수를 새로운 목표로 세우기를 반복하지는 않은가? 더 많이 벌고, 사고, 가지고, 지출할수록, 우리는 더 많이 벌고, 사고, 가지고, 지출하길 원한다. 이는 '쥐들의 경주rat race'라고 불리는 끝없는 반복이다.

자꾸 변화하는 상황에서 좋은 목표를 세우는 방법을 배운다고, 혹은 시간이 지나도 바꿀 필요 없는 고정된 목표를 세운다고 해서 마음이 평안해지는 것은 아니다. 재정 목표를 세우는 것은 새로운 돈 이야기를 쓰는 데 중요한 부분이다. 또한 마음의 평안은 목표, 과녁판에 있는 것이 아니라 사수하는 데에 있음을 기억해야 한다. 당신의 새로운 돈 이야기는 당신이 갖고 싶은 것이 무엇인지 결정하는 데에서 시작하지 않는다. 당신이 어떤 사람이 되길 원하는지 결정하는 것이 먼저이다.

아마 론과 그의 사무실을 가득 채운 상패가 어떻게 됐는지 궁금할 것이다. 나는 론과 함께 오랫동안 론의 돈 이야기에 대해 열심히 살펴보았다. 이때 론은 현재 자신의 우선순위를 살펴본 뒤, 다시 우선순위를 정리했다. 그 후 머지않아 그는 들어오는 모든 프로젝트를 맡지 않고, 특별히 잘하고 열정을 느끼는 건축 프로젝트만 맡기로 계획하고 실행에 옮겼다.

다시 말해, 그의 생각이 노동관work ethic에서 생산관productivity ethic으로 옮겨간 것이다. '매일 12~14시간 근무하겠다'라는 생각을 버리고 '하루 동안 한 일에 만족하겠다'라고 생각하기 시작했다.

그 결과, 론은 일을 하면서 행복을 느낄 수 있었고 수입과 여가시간이 함께 늘어났다. 남는 시간 일부는 〈빅 브라더스Big Brothers〉라는 이벤트 동호회를 조직하는 데 투자했고, 재정적인 지원도 아끼지 않았다. 그렇게 수입이 늘고 여가시간이 생기고 업적이 쌓여감에 따라, 론의 만족감도 점점 커져갔다.

문제의 핵심을
파악하라

윌버(Wilbur) 형과 내가 푹 빠져 있던 일을 하기 위해서
아침이 오길 간절히 기다리던 때가 생각난다.
— 오빌 라이트(Orville Wright), 《키티호크의 기적(*The Miracle at Kitty Hawk*)》 중

게리는 경영에 대한 조언을 얻기 위해서 처음으로 내 사무실을 찾아왔다. 하지만 당시 그는 자신이 무엇을 필요로 하는지조차 알지 못했다. 심지어 내게 자신의 이야기를 들려준 후에도, 애초에 자신이 왜 내 사무실 문을 두드렸는지 모르는 듯했다. 그가 아는 거라고는 자신의 사업이 잘 풀리지 않는다는 정도였다. 게리는 의사였고, 7장에서 잠깐 소개했던 폴과 마찬가지로 새로운 시스템 도입으로 증가한 간접비 때문에 골머리를 앓았다. 상황은 생각보다 심각했다. 의료과실 보험비가 전년 대비 2만 달러나 오르면서 그는 이렇게 말했다. "한 번만 더 이렇게 오르면, 아마 6개월 내로 병원 문을 닫아야 할 거예요."

게리는 자신의 이야기를 마치고는 절망적인 눈빛으로 나를 쳐다봤다. 그가 지금 얼마나 어려운 상황에 처해 있는지 들었으니, 이제는 그의 일과 삶에 대해 질문할 시간이었다. 먼저 일을 할 때나 그 밖의 시간

에 열정을 느끼는 일이 있느냐고 물었지만, 그는 아무런 생각이 없었다. 그러나 그는 '열정'의 '열' 자도 떠올릴 수 없는 듯 아무런 생각이 없어 보였다.

"뭔가를 하는 도중에 흥미를 느낀 적이 있나요?"라는 질문에 그는 얼굴을 찌푸렸다. 아무리 생각해봐도 자신이 흥미를 느끼는 일을 전혀 떠올릴 수 없다는 표정이었다. 적어도 최근에는 말이다. 지난 몇 년간 그는 점점 가벼워져만 가는 자신의 지갑 때문에 걱정이 이만저만이 아니었다. 그러다 보니 그의 유일한 목표는 생존이었다. 그렇게 그는 자신이 쓴 암울한 이야기에 따라 암울하게 살아왔고, 그 결과 활기가 뭔지 잊은 지 오래였다.

이런 불행을 겪는 사람은 비단 게리뿐만이 아니다. 2005년 해리스 인터랙티브Harris Interactive가 성인 8,000명을 상대로 조사한 결과, 직장인의 33%는 현재 직장에 완전히 정이 떨어진 상태였고, 이보다 더 많은 42%는 신경쇠약에 시달린다고 답했다. 절반에 조금 못 미치는 44%는 지금의 상사를 만날 수 있어서 정말 다행이라고 답했다.

간단히 말해서 상당수의 사람들이 자신의 현재 직업을 싫어한다는 것이다. 월요일 아침뿐만 아니라 화요일, 수요일, 목요일, 금요일 아침마다 우리는 억지로 눈을 뜬다. 돈 쓰는 재미에 빠지지만 않았어도 아마 다수는 결근을 하거나, 진작 회사를 그만뒀을 것이다. 쳇바퀴 돌듯 돈을 쓰고, 돈을 벌고 하느라 하늘 한 번 제대로 보지도 못하고 살아간다. 게리처럼 우리도 자신의 이야기에 끌려가고 있지 않은가? 여기에는 단순히 돈 이야기뿐만 아니라 우리의 직장 이야기, 인생 이야기도 포함된다.

다행히도 여기에서 끝나진 않는다

우리의 이야기는 돌이나 점토판에 새겨져 있거나, 책으로 출판된 것이 아니다. 우리 이야기는 현재 진행형이고, 더욱이 이야기의 작가는 다름 아닌 우리 자신이다. 즉, 우리가 이야기를 바꿀 수 있다는 말이다.

—〉 열정의 불꽃

나와 한참 이야기를 나누고 나서야 게리는 그나마 자신이 즐겁게 하는 시술에 대해서 이야기했다. 어떤 시술인지, 시술을 하고 나면 어떻게 되는지 등 조금 더 자세히 이야기해달라는 나의 부탁에 게리는 시술에 대해서 설명하기 시작했다. 그러면서 그의 자세와 목소리 톤이 눈에 띄게 바뀌었다. 의자 끝에 걸터앉은 그는 목소리에 힘을 실어 말하면서 점점 활기를 되찾아 갔다. 드디어 그는 특별한 무언가, 열정을 찾은 것이다.

이제까지 그가 근무했던 종합병원에서 이 시술을 할 수 있는 사람이 몇 명이나 되냐고 물었다.

"사실, 없어요. 제가 일했던 병원에는 한 명도 없었어요. 그나마 다른 병원 의사 한 명만 그 시술을 어떻게 하는지 알고 있고요." 겸손해하는 그의 모습 속에서 내심 자랑하고픈 빛이 역력했다.

그가 흥미를 느낀 시술은 아직 경쟁이 치열하지 않은 틈새시장이었다. 이뿐만 아니라 시술을 마칠 때마다 곧바로 수입이 생기기 때문에 일석이조였다. 더욱 좋은 소식은 환자에게도 득이 된다는 사실이다. 단순한 '미용' 시술이 아니라 더 나은 삶을 위해서 필요한 의학적 시술이라는 것이 그의 설명이었다. 하지만 무엇보다도 게리가 정말로 흥미를 느끼는 분야라는 점이 가장 중요했다.

그는 현재 평균적으로 한 달에 한 번 정도 이 시술을 하고 있다. 그런 그에게 이 목표를 어느 정도로 높이고 싶으냐고 묻자, 그는 잠시 생각을 하더니 이렇게 대답했다. "음. 일주일에 한 번 정도 하게 되면 좋을 것 같네요. 솔직히 일주일에 두세 번 정도면 정말 환상적일 것 같고요."

어쨌든 중요한 것은 게리가 일 이야기의 핵심을 파악했다는 사실이다. 이 도시에서 시술을 할 수 있는 의사가 거의 전무한 상황에서 그 시술을 실시하여 사람들의 삶을 변화시킬 수 있다는 자체가 그의 열정이 되었다. 이 기회를 제대로 활용하기만 하면, 분명 그의 직장생활과 인생에 활기가 살아날 것이 분명했다.

다음으로 우리는 목표 달성을 위해 필요한 전략에 대해서 논의했다. 이야기를 나눌수록 게리의 열정은 분명해졌다. 먼저 우리는 의사들을 상대로 해당 시술에 대한 설명회를 개최하고, 이를 토대로 다른 의사들이 게리에게 환자를 보낼 수 있는 네트워크를 형성하기로 했다. 솔직히 게리가 사무실을 들어올 때와, 1시간 후에 나갈 때 전혀 다른 사람이었다고 말하면 과장일 수도 있다. 하지만 거짓말을 조금 보태면, 사무실을 떠날 때 그는 정말 180도 변해 있었다.

게리가 계획을 행동으로 옮기고 자신의 일 이야기를 다시 쓰기 시작하면서, 오랫동안 잊고 지낸 흥분을 되찾았다. 그는 자신의 일에서 다른 가능성도 보게 되었고, 다양한 각도에서 상황과 사물을 바라보는 데 관심을 갖기 시작했다. 더불어 지역 사람들과 두루두루 친하게 지낼 수 있었다. 스피치 클럽인 토스트마스터즈Toastmasters에서 워밍업을 한 후에는 미국의사협회에서 자신의 연구 결과를 발표했고, 그의 시술을 국제시장에 내놓기 위해서 컨설턴트를 고용하기에 이르렀다. 내 사무실을 찾아온 지 4개월 만에 게리의 시술 건수는 매주 2~3건으로 늘어났다.

─〉 행복을 찾아서

잘못된 생각이 우리 문화에 깊이 뿌리를 내리고 있는 경우가 있다. "성공한 사람일수록 추진력이 있고, 쉬지 않고 일을 하고, 또한 최고의 업무 성과를 내기 위해 달려가다가 가정생활이나 자신의 건강을 희생시키는 일이 많다."는 것이 대표적이다. 그러면서 우리는 머릿속에 깊이 새겨진 이미지, 부유하지만 비열한 스크루지Scrooge와 행복하지만 가난한 크래칫Cratchit의 모습을 떠올린다. 이때 함께 등장하는 문구가 있다. "당신은 행복한 삶을 영위할 수 있다. 사업에서의 성공과 부를 누릴 수도 있다. 하지만 이 둘을 동시에 누릴 수는 없다."

문제는 이 '진실'이 진실이 아니라는 점이다. 성공과 행복은 상호 배타적이지 않다. 실제로는 그 반대이다.

이와 관련하여 장기간의 연구가 실시된 바 있다. 하버드 대학교의 정신과 의사 조지 베일런트George Vaillant는 한 집단을 수십여 년간 연구한 끝에 통념과는 정반대되는 결론을 내렸다. 행복한 결혼 생활을 하고 친구들과 가깝게 지내는 사람이 회사에서 성공할 가능성도 높다는 것이다.

베일런트 박사는 건강한 생활을 위해 꼭 필요한 요인으로 창의적인 활동, 인맥과 우정, 지적 호기심과 평생 학습을 꼽았다.

그의 연구를 보면 성공한 사람들 대부분은 자아와 자신의 목표에 대한 확신을 갖고 있었고, 다른 사람의 대기업에 간부로 들어가서 돈을 버는 것보다는 규모가 크지 않더라도 자신의 사업을 하는 것을 선호했다. 그렇게 열정을 품고 일하는 사람들에게 부는 덤으로 따라왔다. 베일런트 박사는 〈하버드 가제트*Havard Gazette*〉라는 학보와의 인터뷰에서 이렇게 말했다.

"당신의 세월에 인생을 더할 수는 있다. 하지만 당신의 인생에 세월을 더할 수는 없다. 또한 세월에 인생을 더하면 돈도 따라오는 듯하다."

─〉 열정을 찾기 위한 6가지 지침

당신은 어떤 일에 가장 즐거움을 느끼는가? 어쩌면 게리처럼 남들보다 잘하는 일이 될 수도 있다. 혹은 일 자체가 좋아서 자연스럽게 남들보다 잘하게 되는 경우도 있다. 어쨌든, 당신이 열정을 품은 일은 무엇인가?

어쩌면 '나에게 열정이란 게 있기는 한 거야?'라고 생각될 수도 있다. 하지만 처음에 게리가 어떤 상태였는지 생각해보라. 업무로 인한 좌절과 절망이 영원히 지속되는 것은 아니다. 분명 어딘가에 열정이 있고, 작은 불씨만 있으면 활활 타오를 것이다.

열정을 찾으려면 먼저 세상을 보는 눈과 세상과 소통하는 방법에 변화를 줘야 한다. 이때 다음 전략을 이용하면 도움이 될 것이다.

1. 호기심을 품어라

당신이 모든 것을 알 수는 없단 사실을 인정하라. 그리고 "왜?"라고 물어라. 새로운 것, 익숙하지 않은 것, 모르는 것에 갈증을 느껴라.

2. 참여하라. 집에만 있으면 열정을 찾기 어렵다

새로운 활동을 하고 새로운 사람을 만나는 기회를 만들어야 한다. 다시 말해 자신의 안전지대를 벗어나야만 열정을 발견할 수 있다. 동호회나 모임에 가입해보라. 항상 '아니요'라고 답하던 상황에서 '예'라고 대답해보는 것은 어떠한가?

3. 큰 그림을 보라. 게리의 열정은 바로 코앞에 있었다

하지만 지출이 점점 불어나고, 영혼에 상처를 받다 보니 문제에만 초점을 맞추게 되었다. 그 결과 열정이 바로 눈앞에 있는데도 보지 못했다. 열정을 찾으려면 큰 그림을 봐야 한다. 자신을 위한 명상의 공간을 만들어라. 9장에서 소개한 '미디어 다이어트media diet'도 도움이 될 것이다.

4. 어렸을 때를 생각하라

이제까지 열정을 한 번도 느껴보지 못한 사람은 없다. 어렸을 때에는 열정을 품은 일이 분명 한두 가지가 아니었을 것이다. 자신이 좋아하는 일에 푹 빠진 나머지 부모님이 시킨 다른 일을 하지 않아서 혼난 적이 있지 않은가? 하지만 무슨 이유에서인지 그런 열정은 시간이 지나면서 하나씩 사라진다. 어떤 일에 열중할수록 활기찼던 때를 떠올려보라. 무엇을 좋아했는가? 커서 뭐가 되고 싶었는가?

5. 도움을 구하라

게리처럼 열정을 찾는 일에 다른 사람의 도움이 필요한 경우도 있다. 전문가에게 도움을 받아도 되고, 당신에 대해 잘 아는 가까운 친구나 배우자가 될 수도 있다. 전문적으로 상담을 하는 사람이나 조력 집단mastermind group을 알아보는 것도 하나의 방법이다. 그리고 당신이 원하는 것이 무엇인지 함께 이야기하라. 절대 후회하지 않을 것이다.

6. 움직여라

어느 상점 앞에 늙은 개 한 마리가 누워 있다. 그 개는 눈이 반쯤 감긴 채로 간간이 신음소리를 낸다. 한참 동안 개를 쳐다보던 손님이 주인에게 묻는다.

"왜 저러는 거예요?"

"아, 저 개 말이에요? 이름이 호머에요. 못 위에 누워 있다 보니 아파서 저렇게 끙끙거리는 거랍니다."

주인이 느릿느릿 대답했다.

"음, 그럼 옆으로 움직이면 되지 않나요? 왜 안 움직이죠?"

"그렇게까지 아프지는 않거든요."

게리가 처음 나를 찾아왔을 때, 그도 못 위에 누워 있었다. 역경의 이야기에 푹 빠져 있던 나머지 다른 것은 보지 못했다. 자신의 기존 이야기를 계속 반복해서 자신이나 타인에게 이야기하기는 쉽다. 자신을 버리고 간 남자(여자) 친구 이야기, 아무 짝에도 쓸모없는 배우자가 우리의 인생을 망친 이야기, 당신을 배신한 동업자 이야기, 비열한 직장 상사 이야기, 그만두고 싶지만 그만둘 수 없는 직장 이야기, 정부 이야기, 경제 이야기, 날씨 이야기 등 종류도 가지각색이다.

물론 이런 이야기의 100%가 거짓은 아니지만, 이야기는 이야기일 뿐이다. 어떤 이야기를 전할지, 혹은 살아갈지는 우리의 결정에 달려 있다. 매일, 매시간 우리에게 선택권이 주어진다.

아직 당신의 열정이 무엇인지 정확히 파악하지 못했을 수도 있다. 그 상황에서 뭔가를 결정해야 하는 순간이 올 수도 있다. 그러면 늙은 개처럼 그냥 못 위에 누워 있지 말고, 못을 피해 옆으로 움직여라!

─〉 이상, 요구, 욕구 : 조정의 힘

레즐리는 사업 확장을 원하지만 무언가가 앞을 가로막고 있다는 기분이 들어서 상담실 문을 두드렸다. 인정받는 틈새시장 전문가로, 그녀는 컨설턴트 업무를 감독했다. 매번 고객의 의뢰를 성공으로 마무리했지만 그녀의 수입은 그녀의 명성에 어울리지 않았고, 그녀에게 필요한 것을 사기에도 모자란 액수였다. 게리에게 했던 것처럼 레즐리와도 좋아하고 잘하는 일을 함께 찾아보려 했다. 그러나 레즐리에게는 뭔가 빠진 듯했다.

그래서 멘토 코치를 할 때 사용하는 '이상, 요구, 욕구 목록Inventory for Ideals, Needs, and Wants'이라는 문서를 보내주며, 제시된 목록에서 이상理想 세 가지, 필요한 것 세 가지를 선택하라고 했다. 그녀의 선택은 다음과 같았다.

이상

- 독창력
- 지배력
- 남들을 가르치는 일

요구needs; 필요한 것

- 자율성
- 자아 향상

욕구wants; 원하는 것

- 돌봄 받는 것

돌봄 받길 원한다는 내용과 자율성과 자아 향상이 필요하다는 내용, 독창력과 지배력과 남을 가르치는 것이 이상이라는 내용 사이의 괴리가 눈에 띈다. 다시 말해 그녀의 이상, 필요로 하는 것, 원하는 것이 일치하지 않을뿐더러, 자신이 갖고 있는 목표와도 잘 어울리지 않았다.

레즐리는 자신이 지닌 돈 문제의 원인이 정서적 문제라는 사실을 깨달았다. 그녀의 가족에 있어서 돈은 사랑과 관심의 언어였다. 부모님은 레즐리에 대한 자신들의 사랑을 보여주기 위해 돈을 사용했고, 돈은 일종의 눈에 보이는 증거가 되었다. 더불어 부모님이 돌아가신 후에 어마어마한 유산을 상속받기로 이미 정해져 있었다. 어쨌든 그녀는 자신의 이야기 전개에 관여하고 있었고, 이미 자신을 스스로 돌볼 수 있을 정도의 상당한 재산과 수입을 지니고 있었다. 결국 누군가로부터 돌봄을 받고자 하는 그녀의 바람은 실현이 불가능해졌다. 어쨌든 그녀가 자신의 요구, 욕구, 이상에 대해 정리함으로써 오리무중이던 상황이 정리되었다.

이제 레즐리가 의식적으로 기존 욕구를 포기하기만 하면 문제는 해결될 수 있었다. 누군가에게 돌봄을 받길 원하기보다는 스스로 자신을 돌볼 능력이 있다는 사실에 감사해야 할 때이다.

그 결과 레즐리는 직장에서 가족과 개인 상담을 하며 행복을 느꼈다. 레즐리에게 그 일은 전문 분야이자 가장 잘하는 일이었기 때문이다. 또한 자신의 시간과 재산 일부를 투자해서 프로그램을 운영하며 후배 양성에 힘썼다.

우리는 인생에서 적어도 한 번쯤은 자신이 중요하게 생각하는 것과 필요로 하는 것이 불일치하는 것을 경험한다. 부모는 항상 '가족'을 최우선순위로 둔다고는 하나, 정작 자녀의 학예회나 가족 소풍날에 참여하지 못한다. 왜냐하면 그 순간에 부모는 '성취'를 더 우선적으로 생각했기 때문이다.

필요로 하는 것과 이상은 우리가 이야기를 구성하는 데 핵심이다. 레즐리가 했던 것처럼 이런 요소들이 어떻게 어우러져 있는지 일단 파악하고 나면, 현재 이야기가 마음대로 풀리지 않는 이유를 알 수 있다. 더불어 새로운 이야기를 쓰는 데 도움을 얻을 수 있다.

─> 이상이 무엇인지 파악하라

이상이란 최고에 대한 내적 기준을 말한다. 핵심 가치이자 진정한 가치를 보여주는 모델이기도 하다. 이상에 맞는 삶을 살면 자신감과 자존감이 높아진다. 반대로 이상에 반대되는 삶을 살면 수치심을 느끼고 성취감 결핍에 시달린다. 즉, 이상은 존재라는 핵심 요소로 구성되어 있다.

각양각색의 이상이 있지만, 어떤 이상이든 우리가 가치를 두는 대상이라는 사실은 변하지 않는다. (예를 들어 건강, 행복, 친절에 가치를 두지 않는 사람이 있는가?) 여기에서 중요한 것은 그중에서도 당신이 가장 높은 가치를 두고 가장 열정적으로 믿는 대상을 찾는 일이다. 인생을 살다 보면 핵심 이상이 변하기도 하지만, '원점'에서 아주 멀리 가지는 않는다.

아래 목록에서 당신에게 가장 중요한 세 가지를 선택하라. 반드시 정직하게 당신 마음이 움직이는 대로 답해야 한다. 당신이 중요하게 여겨야만 한다고 생각되는 것이나, 주위에서 중요하게 생각하라고 말하는 것, 다른 사람들이 중요하게 생각하는 것을 선택하는 것이 아니다.

아래의 목록이 완벽한 것은 아니므로, 목록에 없는 내용을 적어도 된다. 처음에 세 가지 이상을 선택한 뒤에, 그중에서 추려내는 것이 쉬울 수도 있다. 선택한 후에는 아래의 빈칸에 적어라.

Money Quiz

성취	발견	독립	통솔력	진실
모험	가족	개성	평화	승리
미모	기분	영향	쾌락	기타
촉진	자유	친밀감	권력	＿＿
관용	인자함	정의	자존심	＿＿
유대감	성장	친절함	감수성	＿＿
기부	행복	지식	영성	＿＿
독창성	건강	리더십	성공	＿＿
위엄	정직	학습	가르침	＿＿

나의 최고 이상은 다음과 같다(중요도에 따라서 위에서 아래로).

1. ---

2. ---

3. ---

─〉 이상에 맞는 삶을 살기 위한 4가지 지침

자신의 이상이 무엇인지 확인했으니, 이제는 어떻게 해야 이상에 맞는 삶을 살 수 있는지 생각해볼 차례이다. 그중 몇 가지 방법을 소개하고자 한다.

1. 어떻게 적용되는지 보라

직장인, 배우자, 부모, 형제, 친구 등으로서의 삶 등 인생의 각 영역에서 당신이 가장 높게 생각하는 이상 세 가지가 어떻게 적용되고 있는지 생각해보라.

2. 당신의 우선순위를 자랑스럽게 생각하라

의사결정을 할 때 이상에 대한 당신의 우선순위를 반영하고 자랑스럽게 생각하라. 예를 들어, 자녀가 제1순위라면 자녀에게 급한 문제가 생겼을 때에는 학습이나 독창성에 대한 욕구는 포기하라.

3. 기꺼이 대가를 감수하라

각각의 이상에는 가격표가 달려 있다. 다시 말해, 이상대로 살기 위해서는 그만한 대가를 치러야 한다. 예를 들어, 자녀를 키울 때 걱정으로 잠을 설칠 수도 있다. 이뿐만 아니라 자녀의 커가는 과정이 늘 재미있지 않고 지루할 수도 있다.

4. 이상을 위해 살아라

당신 자신을 암컷 호랑이라고 생각하고 이상을 새끼라고 생각하라. 그러면 당신의 목숨과도 같은 이상을 보호하기 위해서는 뭐든 할 수 있다. 이제까지는 진심으로 이상을 따라 살지 않고, 이상을 보호하려는 노력조차 하지 않았다면, 이제는 이상을 되찾을 시간이다.

지금 당신이 갖고 있는 이상 중에서 명확하지 않은 내용이 하나라도 있다면, 시간을 내어 거기에 집중하라. 그리고 필요한 경우에는 한 치의 의심이나 의혹이 모두 사라졌다고 느껴질 때까지 목록을 다시 작성하라.

─〉 필요한 것이 무엇인지 파악하라

우리의 이상과는 달리, 필요로 하는 것, 즉 요구needs란 우리의 정신, 육체, 영혼을 위해 없어서는 안 되는 무언가를 의미한다. 일반적으로 어렸을 때에는 양육, 감정이입을 통한 조율, 탐험, 인정, 긴장 조절 등이 필요하다. 어른이 되면서 자연스레 요구도 바뀌게 되는데, 여기에는 안정, 정체성, 지지, 사랑, 의사소통, 안전, 성생활 등이 포함된다.

지속적으로 필요한 것이 충족되면 인생이 효과적으로 잘 돌아가고 있다는 기분이 든다. 가령 프로젝트나 업무를 마쳤을 때 밀려드는 만족감이라고나 할까? 반대로 필요한 것이 충족되지 않는 경우에는 정반대의 감정이 나타난다. 지속적으로 불쾌함에 시달리고, 뭔가 잘 풀리지 않는다는 기분을 떨쳐버리기 힘들다. 연대감에 대한 요구가 충족되지 않으면 우리의 내면에 불협화음이 발생한다. 이처럼 요구가 충족되지 않을 때 우리는 그것의 필요성을 절실히 깨닫는다.

우리들은 이상과 마찬가지로 필요로 하는 것과 중요시하는 것이 제각각 다르다. 다음 목록에서 당신에게 가장 중요한 세 가지를 선택하라. 여기에 모든 내용이 적혀 있는 것은 아니므로, 필요한 경우에는 다른 사항을 추가해도 된다.

Money Quiz 》

승인	의사소통	명령	혼자만의 시간
성취	통제	운동	기타
인정	의무	표창	_____
실현	효과	안전	_____
보살핌	공감	보안	_____
확실성	조화	단순함	_____
편안함	양육	힘	_____

내가 가장 필요로 하는 것은 다음과 같다(중요도에 따라서 위에서 아래로).

1. ---

2. ---

3. ---

당신의 요구와 이상이 서로 조화를 이루고, 더불어 당신의 요구가 명확한 비전과 목표에 부합해야 한다. 그러면 당신의 모든 노력을 한 방향에 집중시킬 수 있고, 모든 것이 뜻대로 되고 있다는 느낌에 기분도 좋아질 것이다.

하지만 개인뿐만 아니라 조직 체계에서도 모순은 존재하기 마련이다. 예를 들어 기업의 이상이 팀워크, 리더십, 직원 후생, 창의성, 혁신, 잠재력 발견이라고 하자. 하지만 기업은 생산성, 손실 한계선에 따라 상황에 맞는 결정을 내릴 필요가 있을 때도 있으므로, 항상 이상에 따라 경영할 수 없는 노릇이다. 참고로 기업의 핵심 이상이 기업에 근무하는 개인의 핵심 가치와 일치할 경우는 기업과 개인이 함께 성장한다.

―〉 당신이 원하는 것

"당신이 원하는 것을 항상 가질 수는 없어요. 하지만 필요한 것은 노력하면 언젠가 찾게 될 거예요." 롤링스톤스The Rolling Stones의 노래 가사이다.

노래 가사처럼 우리는 항상 원하는 것을 얻는 것은 아니지만 필요한 것은 웬만하면 손에 넣는다. 그리고 원하는 것과 필요한 것이 일치하지 않을 때도 분명히 있다.

바람이나 욕망은 요구나 가치처럼 꼭 필요한 요소는 아니다. 새로운 바람이 생기면 욕구는 대체되기도 하고, 계속 변하는 우리의 환상에 따라 함께 변한다. 하지만 필요한 것이 다른 것으로 대체되는 경우는 드물다.

대체적으로 이상과 요구의 고향은 우리의 존재이며, 바람의 고향은 우리의 상황이다. 특히 과거에 충족되지 않은 요구를 잠시 드러내기 위해서 뭔가 원하는 경우도 있다. 예를 들어 어린 시절에 인정을 받고픈 요구가 충족되지 못한 사람은 성인이 되어서도 끊임없이 확인과 칭찬, 성취를 갈구한다. 많은 사람들이 비슷한 요구를 갖는 것은 가능하지만, 비슷한 욕구를 가질 가능성은 낮다. 욕구는 개인의 경험과 긴밀하게 연관되어 있기 때문이다.

때로는 ('충분'에 대한 명확한 정의가 없는 등) 목표에 대한 정확한 개념이 없기 때문에 자신의 욕구를 충족시키지 못하는 경우도 있다. 또한 현재에 과거의 욕구를 충족시키려 하는 경우가 있는데, 이 경우 역시 욕구를 충족시키기란 불가능하다. 필요한 것을 충분히 얻지 못했을 때, 우리는 연약해진다. 반대로 원하는 것을 너무 많이 얻었을 때 역시 우리는 연약해진다. 필요하지 않은 것을 충분히 얻기란 불가능하다.

욕망은 다음과 같다. 현재 지니고 있는 욕망이 채워지지 않는 경우에 우리는 새로운 욕망을 선택한다. 우리의 돈 이야기처럼 우리의 욕망은 돌이나 DNA에 새겨져 있는 것이 아니다. 요구에 부합하는 욕망을 스스로 선택하는 것, 더 나아가 요구와 이상에 모두 부합하는 욕망을 선택하고 조정하는 것이 만족하는 인생의 비결이다.

—〉 의사 결정과 목표 평가에 이상과 요구 사용하기

서로 상충되는 요구, 욕구, 가치는 우리의 앞길에 방해가 된다. 또한 아무리 많은 시간, 돈, 에너지를 쏟아 부어도 만족감을 느낄 수 없다. 따라서 중요한 결정을 내리기 전에 먼저 이상, 요구, 욕구에 부합하는지 생각해보는 것이 바람직하다.

- 이상, 요구, 욕구에 모두 부합한다면 — 예스!
- 이상과 요구에는 부합하지만 특정 욕구와는 상충된다면 — 아마도?

이 경우에는 결정 내용에 상충되는 욕구가 결정을 포기해야 할 만큼 중요한지 생각해보라. 이상과 요구에 비해 욕구는 일시적이므로 욕구와 상충되는 결정이 바람직할 때도 있다.

- 이상, 요구, 욕구에 모두 상충되거나, 이상이나 요구 중 하나에만 부합된다면 — 노! 혹은 보류!

이상, 요구, 욕구를 일직선으로 맞추는 방법은 가정생활, 직장생활, 대인관계, 자신의 존재, 사업, 개인의 성공, 재정 계획, 영적 계발 등 인생의 중요한 영역에서 방향과 목표를 설정할 때 이용된다.

우리는 상당히 목표 지향적인 문화 속에 살고 있다. 그러므로 목표가 이상과 요구와 일직선상에 있는 한, 목표에 집중하는 것은 전혀 문제가 되지 않는다. 하지만 그렇지 않은 경우에는 승산이 거의 없다. 목표 달성에 성공하여 승리를 거뒀다 하더라도, 실제로는 패한 것이기 때문이다.

나는 중요한 결정과 목표를 설정하고 따르기 위해서 아래와 같은 과정을 사용한다. 일명 '이상과 요구 결정 나무Ideals and Needs Decision Tree'다.

이상Ideal + 요구Need → 목표Goal → 전념Commitment

→ 성취Fulfillment → 자아 가치 확인Self-validation

목표를 채택하기 전에 당신이 우선시하는 이상과 요구에 부합하는지 면밀히 확인하라. 이상과 요구에 잘 부합한다면 '전념' 단계로 넘어가라.

일단 목표에 전념하고 나면, 한눈 팔지 말고 '성취'를 향해 곧바로 달려가라. 단순히 자신과의 약속 때문이 아니라 당신의 이상과 요구 때문에 그렇게 해야 한다. 또한 '성취'는 하나의 목표 달성에 국한되는 것이 아니라 장거리 여정의 일부가 되어야 하며, 동시에 당신의 진정한 가치를 보여주는 증거가 되어야 한다.

목표가 이상과 요구와 일직선상에 위치하면, 당신의 존재를 보여주는 하나의 표현이 된다.

—〉 승리의 문턱에서 맛보는 패배

정치인들은 다양한 역할을 감당한다. 먼저 공공의 선을 옹호하고, 사회 질서를 지키기 위한 모임에 참석하고, 위기상황에서는 우리를 이끈다. 그리고 한 가지 더 있다. 예나 지금이나 스캔들과 자멸 행위로 우리의 관심을 사로잡는다.

불명예와 수치로 가득한 정치 드라마 없이 한 해라도 조용히 지나간 적이 있는가? 어쩌면 우리는 그런 드라마를 은근히 즐기는지도 모른다. '샤덴프로이데(Schadenfreude, 슬픔의 즐거움을 의미하는 독일어)'는 남의 불행을 자신의 행복으로 여기는 마음을 의미한다. 오늘날 정치인, 영화배우, 가수, 운동선수의 수많은 의무 중 하나가 바로 우리의 샤덴프로이데를 충족시켜주는 일이라도 되는 듯하다.

그렇다고 이 같은 우리들의 태도가 100% 잘못되었다고는 생각하지 않는다. 어쩌면 우리에게 '나도 저 사람과 비슷한 처지가 될 수 있다'라는 사실을 상기시켜주는 경고성 이야기가 필요한지도 모른다. 그들이 걷는 자기 파멸의 길이 우리의 길이 되지 말라는 법이 없지 않은가?

문학과 영화는 승리의 문턱에서 패배의 쓴맛을 본 유명인들에 대한 이야기로 가득하다. 그동안 바라고 바라던 바가 결실을 맺기 직전에 절망의 늪에 빠진 이들. 셰익스피어Shakespeare 소설에 등장하는 레이디 맥베스Lady Macbeth와 입센Ibsen의 레베카 웨스트Rebecca West는 모두 자신이 그동안 간절히 바라던 바람이 이뤄지려는 순간 치명적인 질병을 앓는다. 영화 〈말의 입*The Horse's Mouth*〉을 보면, 걸리 짐슨Gulley Jimson은 조이스 캐리Joyce Cary가 성마르게 화를 내는 모습을 보고 성공과 멀어지는 방법을 발견한다. 그는 철거가 예정된 벽에 가장 정교한 걸작을 그리고는, 벽화가 완성되자마자 직접 불도저로 벽을 밀어버린다.

기회, 지능, 성공에 대해 상상하지만 자신의 잠재력을 발휘하지 못하거나, 잠재력을 발휘하려고만 하면 고통이 따르는 사람이 있다. 사실 이들을 가로막는 것은 외적인 훼방보다는 자신이 만든 내면의 걸림돌인 경우가 더 많다. 이들의 내면에는 자신의 성공을 마치 참을 수 없는 무언가로 여기는 듯한 마음이 존재한다. 왜 그렇게 오랫동안 추구하고, 열심히 노력해온 것에서부터 멀어지려 하는 것일까? 아마도 핵심 이상과 요구에 심한 격차가 있거나, 진정한 이상과 겉으로 이야기하는 이상이 일치하지 않기 때문일 것이다.

─〉 성공은 마음가짐이다

성공은 기술이나 지능보다는 마음가짐과 깊은 관련이 있다. 물론 성공을 위해서 노력, 상품, 서비스가 필요한 경우도 있지만 항상 그런 것은 아니다. 성공은 우리가 무엇을 하느냐보다는 어떻게 하느냐에 달려 있다. 얼마나 열정적으로 하느냐, 자신이 지니고 있는 핵심 이상理想에 부합하느냐가 관건이다.

추측과 신념은 우리의 행동을 결정한다. 과거에 시작한 어떤 일을 마치는 것으로는 부족하다. 희망을 잃지 않으려면 이상에 부합하는 꿈과 목표가 있어야 한다. 과거를 극복하는 일과 미래를 창조하는 일은 어느 정도 연관은 있지만, 완전히 하나는 아니다. 새로운 가능성을 만들기 위해서는 미래에 집중해야 한다. 과거는 마치 한 발짝 떨어진 곳, 되돌아갈 수 있는 곳처럼 보인다. 하지만 과거로 돌아가는 데 성공한 사람은 없다. 그러므로 과거에 어디에 있었는지보다 지금 어디를 향하고 있는지에 심혈을 기울여야 한다.

그러면 희망이 그 뒤를 잇고, 희망은 조화로운 목표와 계획을 통해 실현된다. 희망은 뭔가 좋은 일이 일어날 거라는 자신감 넘치는 기대이다. 미래에 대한 희망이 있으면 마음에 품은 그림을 현실로 만드는 데 도움이 된다. 마음속 그림에 집중하면 계획을 현실로 옮기기 위한 토대를 다질 수 있기 때문이다. 더불어 상황에 따라 전략을 유연하게 실행으로 옮길 수도 있기 때문에 도움이 된다.

당신의 이상이나 상황을 고려하지 않고 다른 사람이 추천해준 전략이나 방법을 그대로 따른다면, 다른 사람을 위해 맞춘 양복을 입는 거나 다름없다. 만약 당신의 인생, 성과, 경력을 바꾸길 원한다면 가장 먼저 해야 할 일은 당신 이야기를 바꾸는 것이다. 다시 말해 당신이 살아가는 이야기를 바꿔야 한다는 뜻이다.

아리스토텔레스는 돈이 두 가지 기능을 갖고 있다고 말했다. 하나는 '목표를 달성하기 위한 수단'이고, 나머지 하나는 '목표 그 자체'이다. 그중 두 번째 기능을 조심해야 한다고 한 그의 말은 전혀 틀리지 않다. 돈을 우리의 목표로 삼는 순간, 우리가 열정을 품는 대상이 모두 사라져버린다. 돈이 직장생활과 일상생활의 목표가 되면, 우리의 인생은 만신창이가 된다.

조금 더 명확히 살펴보자. 부자가 되는 것이나 되길 바라는 것 자체에는 문제가 없다. 하지만 부는 성공의 요인이 아니라, 성공을 하면 따라오는 부산물에 불과하다. 직업에 있어서도 돈이 목표가 되어서는 안 된다. 돈은 그저 근로에 대한 대가일 뿐이다.

문제의 중심은 항상 문제 안에 있게 마련이다. 진짜 성공은 '조정'에 있다. 직장생활과 인생에서의 재정적 성공과 행복을 얻으려면, 한 방향으로 향해야 한다. 내면과 외면이 추구하는 방향이 일치해야 한다는 말이다. 동기, 열정, 전략, 목표를 조정하여 서로 조화를 이루도록 만들어야 하고, 더욱 중요한 것은 자신의 존재와도 조화를 이뤄야 한다는 사실이다.

시간, 열정, 에너지, 돈을 핵심 이상理想에 투자하면, 성공은 반드시 따라올 것이다. 이상에 대해 지속적으로 생각하고 몰두하다 보면 위대한 업적을 달성하기 위한 당신의 잠재력, 능력, 영향력이 향상된다. 그 결과 당신의 경력이 쌓이고, 인생이 풍요로워지고, 더불어 더욱더 당신다운 삶을 살 수 있다. 진정한 성공은 인간으로서 당신이 지닌 잠재력을 발견할 수 있도록 도와주고, 더불어 의미 있는 인생을 안겨준다.

Chapter 13

다시 쓰는 돈 이야기

나는 처음 숲에 들어갈 때와 같은 이유로 숲을 떠났다. 어쩌면 내가 살아야 할 인생이 아직도 몇 개 더 남아서 하나의 인생에 조금도 지체할 시간이 없는 것처럼 보였는지도 모른다. 얼마나 쉽게 우리가 어떤 루트에 빠져서는 지겹도록 반복하는 것을 보면 정말 놀랍다. (중략) 지구의 표면은 부드럽고, 인간의 발이 닿는 곳에는 자국이 남는다. 우리 마음이 걷는 길도 마찬가지이다. 우리는 이 사실을 적어도 실험을 통해서는 알고 있다. 꿈을 향해서 자신감 넘치게 나아가고 그동안 머릿속에 그리던 인생을 사는 데 열중한다면, 분명 예기치 않은 곳에서 성공을 만나게 될 것이다.

— 헨리 데이비드 소로(Henry David Thoreau), 《월든(Walden)》의 결론 중

제임스 네스멧James Nesmeth 소령은 베트남 전쟁 중 월맹군에 잡혀 7년간 전쟁포로 생활을 했다. 갇혀 있는 동안 그는 다른 사람을 만날 수도 없었고, 운동도 할 수 없었다. 미치지 않고 온전한 정신을 유지하기 위해서, 제임스 소령은 골프 연습을 하기로 마음먹었다.

물론 실제로 골프 연습을 하는 것은 아니다. 그가 갇혀 있던 곳은 가로와 세로 길이가 각각 120cm밖에 되지 않는 닭장과도 같았다. 하지만 머릿속까지 시간과 공간에 제약이 있는 것은 아니지 않은가? 그는 마음속에 완벽한 골프장을 그리고는, 상상 속 세계에서 혼자 편안하게 골프 연습에 임했다.

상상 속에서 그는 골프 클럽을 골라서 손에 쥐고는, 골프 연습에 몰두했다. 이때 그는 세밀한 부분도 놓치지 않고, 자신의 골프 의상에서부터 나무와 풀 냄새까지도 머릿속에 세심하게 그려 넣었다. 연습을

시작하고 나면 마치 온몸이 움직이면서 정말로 골프를 치는 듯한 기분이 들었다. 7년 동안 육체는 닭장 같은 감방에 앉아 있었지만, 정신은 18홀 코스를 돌며 골프를 만끽했다. 쉬지 않고 4시간 동안 필드를 돌면서, 그는 혹이나 슬라이스로 공을 친 적도 없고, 하나의 샷이나 퍼트도 놓치지 않았다. 어쨌든 이건 모두 그가 머릿속에서 만들어낸 이야기다. 그러니 완벽하지 못할 이유가 뭐가 있겠는가?

사실 제임스 소령은 원래 주말에 골프를 즐기며 잘 쳐야 100타 정도 치는 평범한 사람이었다. 그러다 입대를 하고 월남 전쟁에 참전했다가 7년간 포로생활을 했다. 풀려나서 미국에 돌아와 진짜로 필드를 밟게 되었다. 처음으로 다시 잔디를 밟은 날, 그는 74타라는 놀라운 기록을 세웠다. 한 번도 골프 클럽을 잡아보지도 않고 20타 이상을 줄인 것이다.

─〉 당신 이야기의 주인

제임스 소령의 골프 실력이 향상된 이유는 하나뿐이다. 그런 결과를 볼 수 있도록 두뇌를 프로그래밍 했기 때문이다. 그렇게 그는 새로운 이야기를 만들었고, 그 이야기는 현실이 되었다.

비전을 통해 가능성은 명료한 아이디어로 바뀐다. 비전을 품으면 희망에 구체적인 형태가 생기고, 미래가 변한다. 제임스 소령의 이야기에서 본 것처럼, 우리는 마음속에서 성공에 대한 메시지를 프로그래밍한다.

오늘날 양전자 방출 단층 촬영술PET, Positron Emission Tomography로 뇌를 촬영한 영상을 보면, 실제로 우리의 뇌가 눈으로 직접 본 그림과 제임스 소령처럼 상상으로 그린 그림을 똑같이 받아들인다는 사실을 알 수 있다. 즉, 우리의 두뇌는 마음으로 그린 그림과 눈으로 본 그림을 구분하지 못한다는 말이다.

다음은 그 밖의 연구를 통해서 밝혀진 흥미로운 결과이다.

- 머릿속에 그림을 그리고 생각하다 보면 실제로 뇌에 변화가 생긴다.
- 목표를 성공적으로 달성하는 비전을 반복해서 떠올리면, 머릿속에 그림을 그릴 수 있고, 신경계와 신경전도로neuronal pathway에 성공에 대한 경험을 깊이 각인시킬 수 있다.
- 머릿속으로 복잡한 움직임을 그리다 보면 실제 움직임이 향상된다.

머릿속에 그림을 그리는 과정은 가능성을 명료한 아이디어로 바꾸고, 우리의 뇌를 변화시킨다. 비전은 우리가 생각하는 내용을 실현시키고, 우리가 그렇게 살아갈 수 있도록 안내하는 역할을 한다.

가시적인 목표에 맞춰 우리 생각을 프로그래밍 하면, 두뇌에 인지 부조화라는 일종의 긴장이 발생한다. 즉, 현재 당신이 있는 위치와 머릿속 그림의 위치가 다르다는 점을 감지한다. 그러면 우리의 두뇌는 긴장에서 벗어나려고 발버둥치는데, 이때 사용하는 방법이 몇 가지 있다. 첫째, 머릿속에 그림을 그리는 작업을 그만둔다. 둘째, 이전에 당신이 보지 못한 잠재 자원을 볼 수 있도록 돕는다. 셋째, 새로운 목표 착수에 대한 동기를 강화한다.

인생은 당신의 믿음을 보여주는 거울이다. 당신이 현재 살아가고 있는 이야기가 당신이 쓰는 이야기라는 사실을 깨닫고 나면, 인생에 변화가 찾아올 것이다.

―〉 원점으로 돌아가려는 힘

제니의 빚 이야기는 신용카드에서 시작되었다. 처음에는 만약의 상황을 위해서 신용카드를 하나 발급받았다. 그러다 점점 신용카드는 그녀가 갖고 싶어 하는 것을 선물해주는 산타 할아버지로 변해갔다. 결국 그녀는 두 번째 신용카드를 발급받았고, 세 번째, 네 번째, 머지않아 다섯 번째 카드를 손에 거머쥐었다. 그러고는 매달 최소한도의 납부금만 납부했다. 그러는 사이 그녀의 빚은 눈덩이처럼 불어갔고, 그녀의 시간과 에너지를 조금씩 갉아먹었다.

결국 제니는 빚 문제로 전문가의 상담을 받았고, 상담가가 추천해준 프로그램에 참여했다. 그 결과 그녀는 빚을 거의 다 청산했다. 하지만 이상하게 빚 청산이 거의 마무리되자마자 그녀는 원점으로 돌아갔고, 예전처럼 다시 마구 쇼핑을 해대며 적자를 기록했다. 금세 그녀의 지갑에는 신용카드 다섯 장이 들어 있었고, 빚은 눈덩이처럼 불어났다.

제니는 과거 이야기의 주인공으로 돌아간 것이다. 다시 그 이야기로 돌아가더라도 다른 결론을 얻을 수 있으리라고 생각한 것일까?

어떻게 소위 지식인들이라고 하는 사람들조차도 말도 안 되는 과거의 실수를 다시 반복하는 것일까? 결과가 어떨지 뻔히 보이는데도 마치 '열심히 노력'이라도 하면 결과가 180도 바뀌기라도 하는 것처럼 과거에 지나온 길로 되돌아가는 이유는 무엇일까? 빚으로 통하는 길, 경력을 망치는 길, 관계를 망치는 길, 자신의 건강도 버리는 길 말이다. 물론 좋은 의도로 시작하는 경우도 있지만, 그 길로 되돌아가는 것이 백해무익하다는 증거가 가득한데도 그것이 눈에 보이지 않는단 말인가?

우리가 계속해서 같은 실수를 하는 이유는 우리의 두뇌가 반복을 좋아하기 때문이다. 반복에는 익숙하고 안정적인 무언가가 있다. 결과에 대해서 어느 정도 알고 있기 때문에 같은 이야기를 반복하는 것이다. 결과에 대한 예측 가능성이 마치 효율성이라도 되는 것처럼 말이다. 새로운 것에 대한 두려움 때문에 우리는 과거로 돌아가고, 동시에 더 나은 미래에 대한 기회를 잃는다.

중대한 문제가 원래 있던 자리에서 사라지자 제니는 마치 물에 나온 물고기가 된 기분이었다. 그리고 그동안 익숙해진 불쾌한 감정이 사라지자 오히려 불안했고, 그래서 마음을 안정시키려면 예전처럼 문제가 원래 있던 자리에 있어야 한다는 착각에 빠졌다. 유쾌한 기분이란 그녀에게는 생소한 개념이었고, 이전에 가보지 못한 미지의 영역이었다. 빛이 없다는 낯선 현실이 오히려 그녀를 불안하게 했고, 그 결과 그녀는 익숙한 과거의 이야기로 돌아갔다.

이는 제니에게만 해당되는 이야기가 아니다. 새로운 이야기를 쓰기 전에는 과거의 이야기와 완전히 이별하기 어렵다. 제니의 경우 '새로운 이야기'라는 중요한 연결고리가 빠져 있었다.

오랫동안 지닌 습관과 행동은 출퇴근길과 같다. 항상 반복했던 것이고 익숙하기 때문에 거의 식은 죽 먹기나 다름없다. 그러다 패턴을 바꾼다는 것은 갑자기 이제까지 다니던 길에서 이탈해서 아무것도 모르는 미지의 영역으로 들어가는 행위나 다름없다.

실제로 우리의 뇌를 보면 홈이 패어 있지 않은가? 새로운 이야기를 위해서는 그 홈도 바뀌어야 한다. 새로운 선택은 신경계에도 변화를 가져온다. 그러므로 단순히 인생길만 바꾸는 것이 아니라 시냅스synapse와 신경돌기axon의 길도 함께 바꿔야 한다.

상담을 통해서 제니는 불안감과 공포를 새롭게 해석하는 법을 배웠다. 불안감과 공포는 진전이 있음을 보여주는 증거이다. 결국 그녀는 과거의 습관을 버리고, 새로운 기분으로 새로운 자신을 보게 되었다.

―〉 선택의 힘

영국의 하트퍼드셔 대학교University of Hertfordshire의 벤 플레처Ben Fletcher가 실시한 연구에서, 사람들은 평소와는 다른 행동을 하라는 지시를 받았다. 그는 매일 참가자들에게 평소 습관과 반대되는 옵션을 하나씩 선택하게 시켰고, 참가자는 선택한 옵션대로 하루를 보내야 했다. 예를 들어 내성적인 사람은 하루 동안 외향적으로 행동해야 했고, 활발한 사람은 조용히 지내야 했다. 일주일에 두 번씩은 평소 생활 패턴과는 전혀 다른 무언가를 했다. 이제까지 한 번도 먹어보지 않았던 음식을 먹고, 쳐다보지도 않던 책을 읽었다.

그러자 이상한 일이 일어났다. 4개월 후 참가자들의 몸무게가 평균 5kg 준 것이다! 그동안 다이어트, 운동, 식이요법 등 체중감량과 관련해서는 한 것이 전혀 없는데도 말이다. 더욱이 이들이 6개월이나 걸려 평소 생활 패턴을 완전히 되찾은 후에도 몸무게는 원래대로 돌아오지 않았다.

도대체 왜 예상치도 못한 엄청난 변화가 일어난 것일까? 플레처는 자신의 연구를 면밀히 살펴본 후 하나의 결론에 도달했다. 사람들이 평소 습관을 바꾸라는 요구를 들었을 때, 단순히 평소 습관에서 잠시 이탈하겠다는 선택으로 받아들이기보다는 무언가에 대한 결정으로 받아들인 것이다. 그리고 적극적으로 결정을 내려야 하는 상황에서, 이들은 무엇을 먹을지, 무엇을 먹지 않을지 등 선택범위를 삶 전반으로 확장시켰다.

이는 '이야기 해체story-busting'의 힘이다. 예전에는 별로 깊이 생각하지 않았던 선택에 대해 면밀히 살펴보기 시작하는 순간, 건설적인 자기 결단self-determination 주기가 시작된다. 그렇게 스스로를 돌아보는 과정을 통해서 인생에서 더욱 사려 깊게 자발적인 선택을 하는 데 필요한 잠재력을 깨울 수 있다. 이때 우리는 자신에게 가장 득이 되는 선택과 행동을 결정하고, 자신이 살고자 하는 이야기와 그렇지 않은 이야기를 비교한다.

글쓰기 책의 고전인 《스타일의 요소The Element of Style》의 편집가이자 아동 소설 《스튜어트 리틀Stuart Little》과 《샬롯의 거미줄Charlotte's Web》의 저자, 그리고 퓰리처상 수상 작가인 E. B. 화이트E. B. White는 글쓰기를 한 문장으로 표현했다.

"가장 좋은 글쓰기는 다시 쓰는 것이다."

어니스트 헤밍웨이Ernest Hemingway는 이보다는 약간 애매한 말을 남겼다. "초안은 엉망이다." 이는 "처음부터 제대로 쓸 필요는 없다."라는 말을 다르게 표현한 것이라고 볼 수 있다. 다행히 이는 소설가나 작가에게만 해당되는 것이 아니다. 우리의 인생 이야기도 마찬가지다.

당신의 돈 이야기는 신념의 거울이다. 마음과 신념은 언제든 바꿀 수 있지 않은가!

당신의 기존 돈 이야기는 어떠한가?

돈 이야기가 우리에게 그렇게 엄청난 영향력을 행사하는 이유는 무엇일까? 우리가 돈 이야기를 제대로 살펴보지도, 입 밖에 내지도 않기 때문이다. 대부분의 사람들은 이전과 비슷하게 남은 인생을 살아간다. 하지만 당신까지 그럴 필요는 없다. 돈의 언어가 비밀인 이유는 우리가 비밀로 하기 때문이다. 이제는 속에 있는 이야기를 털어놓고, 밝은 빛 아래에서 자세히 살펴볼 때이다. 그리고 마음에 들지 않는 부분이 있으면 바꾸면 된다.

새로운 돈 이야기를 쓰기 위해서는 다음의 세 단계를 거쳐야 한다.

1. 기존 돈 이야기를 명확하게 확인하라.
2. 그대로 유지하고 싶은 부분과, 바꾸고 싶은 부분을 확인하라.
3. 당신의 새로운 돈 이야기를 안내할 '돈 미션 선언문money mission statement'을 작성하라.

이제까지 앞에서 다룬 질문을 보면 기존 돈 이야기를 확인하는 데 도움이 될 것이다. 아직 질문에 답을 하지 않았다면, 다음 부분으로 넘어가기 전에 지금 답하는 것이 좋다.

1장: 돈이 하는 이야기를 들어라

• 현재 나의 연 수입은 _____다.
• 돈 때문에 걱정하거나 문제에 부딪히는 일 없이 재정적인 만족감과 함께 행복을 얻으려면, 나의 연 수입은 _____가 되어야 한다.

2장: 내게 돈이란 ○○○다

• 내게 돈은 _____다. (한 단어로 답하라.)
• 최근 구입한 상품 중 가격이 100달러 이상인 것 세 가지를 적어 보라.
• 위의 상품이 당신에게 어떤 의미를 지니고 있는가? 다시 말해, 위의 상품에 대해서 당신이 느끼는 감정은 무엇인가?
• 만약 그 상품으로 당신이 위의 감정을 느끼지 못한다면, 그래도 그 상품을 그 가격에 구입하겠나?

3장: 돈이냐 행복이냐 그것이 문제로다

• 인생에서 당신이 소중하게 생각하는 것 다섯 가지를 적으시오.
• 그중 기꺼이 돈과 바꿀 수 있는 것은 무엇인가?
• 지금 당신은 돈을 얻기 위해서 당신의 인생에서 무엇을 희생시키고 있나?

4장: 자신의 이야기를 써라

• 내 인생 이야기는 _____ (비극, 희극, 드라마, 모험물 등)이다.
• 내 인생 이야기에서 내 역할은 _____ 이다.

5장: 돈의 유령에게 물어라

• "현실적으로 가능한 범위 내에서 당신이 벌 수 있는 연간 최고 수입은?"

- -

- "나의 돈 이야기가 내게 허용하는 최대의 연간 수입은?"

- 어떤 신념이 당신의 돈 이야기의 근거가 되는가?
- 각각의 견해나 신념의 토대가 된 처음 결정을 내릴 때가 언제인가?
- 원래 결정과 현재 당신이 지닌 관점은 무슨 관계인가?
- 당신의 인생에서 돈으로 한 경험 중 가장 중요한 경험 세 가지는 무엇인가?
- 위의 경험에 대해서 어떤 기분이 드는가? 왜 중요하다고 생각했는가?
- 위의 경험이 당신과 당신 이야기에 대해서 어떤 이야기를 하는가?

과거에서 온 돈의 영혼

- 어린 시절, 돈에 관하여 어떤 생각을 하고 태도를 보였는가? 그리고 어떤 경험을 했는가?
- 어린 시절, 다른 사람들이 돈의 용도나 중요성에 대해 어떻게 생각하고 행동하는지 보며 자랐는가?
- 부모님은 돈에 대해서 어떻게 생각하시고, 어떻게 행동하셨는가?
- 부모님은 자신들보다 돈이 많은 사람들에 대해서 어떻게 생각하시고, 어떤 말씀과 행동을 하셨나?
- 부모님은 자신들보다 돈이 적은 사람들에 대해서 어떻게 생각하시고, 어떤 말씀과 행동을 하셨나?
- 부모님은 당신에게 돈에 대해서 어떤 말씀을 하셨는가?
- 부모님의 말씀과 행동에 일관성이 있었는가?

현재의 돈의 영혼

• 돈에 대해서 어떤 신념을 갖고 있는가? 예를 들어,

• 무엇을 표현하기 위해서, 혹은 무엇을 하기 위해서 돈을 사용하는가?

 — 당신 자신을 위해서?

 — 다른 사람들을 위해서?

 — 순종이나 성취에 대한 보상으로?

 — 성장을 촉진하기 위해서?

 — 기회를 얻기 위해서?

 — 통제를 위해서? (당신이 스스로 정말로 원하는 것을 가족에게 사주는 등)

 — 처벌을 위해서? (월급이나 용돈을 주지 않는 등)

 — 행동이나 애정을 조작하기 위해서?

• 당신이 돈을 다루는 방법을 통해 자아의 가장 깊은 내면이 직접적으로 드러난다고 하자. 그렇다면 깊은 내면의 어떤 모습이 보이는가?

• 돈을 통해서, 혹은 돈을 좇는 과정을 통해서 당신의 인생 목표에 가까워졌는가? 아니면 멀어졌는가? 대인관계에 대해서도 생각해 보자. 남들과 가까워지는가? 아니면 그 반대인가?

미래에서 온 돈의 영혼

• 무엇을 위해서 돈을 사용하는가? 자유? 창의력? 권력? 권위? 자신의 가치?

• 돈, 재정, 지출, 목표, 저축, 부채 등에 대해서 당신의 배우자와 얼

마나 솔직하게 터놓고 이야기하는가?

- 돈에 관한 세부사항에 대해서 자녀와는 얼마나 개방적으로 이야기하는가?
- 돈에 대해서 자녀에게 어떤 말을 하는가?
- 당신이 자녀에게 말하고 행동하는 것에 일관성이 있는가?

7장: 우리는 버블을 사랑한다

퀴즈: 당신의 투자 마음가짐은?

- 투자를 하면서 계속 돈을 잃는 것처럼 보이는가?
- 돈을 투자할 때 몸이 마비되는 듯하거나 두려운가?
- 자산 관리와 투자에 대해서 더 배워야 한다는 사실에 기가 죽는가?
- 다른 사람이 당신을 위해서 재정 결정을 내려주길 기대하거나, 상대방에게 결정을 맡기는가? 상대가 전문가가 아니더라도?
- 재정 수익에 대해서 우울함이나 죄책감을 느끼는가?
- 손실을 입었을 때 자신을 탓하거나, 화가 나거나, 헛수고했다고 생각하는가?
- 실수를 인정하거나 손실을 줄이는 것이 고통스러운가?
- '과거에 (주식을 더 일찍 매입/매각) 했다면 어떻게 됐을까?'에 대한 생각이 머리를 떠나지 않는가?
- 투자나 비즈니스 결정을 위해서 조언이나 자문 등 다른 사람의 의견을 구하는 것이 껄끄러운가?
- 모든 재정 결정을 혼자서 할 수 있는 능력을 자신이 충분히 갖고 있다고 느끼는가? 현실에서는 아니라는 증거가 계속 나타나는데도?

8장: 당신에게 지름신이 강림할 때

퀴즈: 당신도 강박 쇼핑을 하는가?

- 지루함, 공허함, 좌절감, 분노, 두려움과 같은 감정으로부터 탈출하기 위해서 오프라인 혹은 온라인 쇼핑을 하는가?
- 어떤 일이 좌절되거나 절망이 찾아왔을 때, 돈을 쓰고 나면 기분이 좋아질 거라는 생각이 드는가?
- 당신 자신이나 타인과의 갈등을 일으킬 수 있는 방식으로 쇼핑을 하거나 지출을 하는가?
- 충동적으로 지출을 하고 나서 나중에 그것을 '하지 않았으면 좋았을 텐데'라고 후회하는가?
- 당신의 소비 습관이 당신 삶을 엉망으로 만들었는가?
- 현금으로는 결코 구매하지 않을 물건을 신용카드로 사는가?
- 쇼핑을 하거나 무언가를 구매할 때, 기분이 변하는가?
- 쇼핑을 할 때, 마치 금기시되거나 위험한 무언가를 할 때처럼 은밀한 전율이 느껴지는가?
- 당신 수중에 있지도 않은 돈, 있으면 좋겠다고 생각하는 돈, 혹은 현재 갖고 있는 돈에 대해서 생각하다가 쇼핑을 나서는가?
- 쇼핑으로 생긴 빚을 갚기 위해서 당신의 인생이나 여가를 포기하는가?
- 구매에 대한 죄책감, 수치심, 당혹감 때문에 당신이 구매한 물건을 백분 사용하지 못하는가?
- 당신의 자신감을 높이기 위해서 구매를 하는가?
- 당신이 어떤 물건을 샀는데 아무도 알아봐 주지 않으면, 다시 그

물건을 구매하지 않는가?

커플을 위한 연습활동

• 당신이 돈으로 한 일 중에서 가장 큰 자부심을 느낀 일 세 가지는
  무엇인가?

• 당신이 돈으로 한 일 중에서 가장 큰 당혹감이나 수치심을 느낀
  일 세 가지는 무엇인가?

• 당신이 돈과 관련하여 한 선택 중 가장 현명한 선택 세 가지는 무
  엇인가?

• 당신이 돈과 관련하여 범한 실수 중 최악의 실수 세 가지는 무엇
  인가?

• 당신이 한 최고의 투자 세 가지는 무엇인가?

• 당신이 한 최악의 투자 세 가지는 무엇인가?

• 당신이 돈으로 산 것 중에서 당신에게 가장 중요한 세 가지는 무
  엇인가?

• 당신이 돈을 얻기 위해서 포기한 것 중에서 가장 중요한 세 가지
  는 무엇인가?

• 당신이 돈으로 사려고 하는 것 중에서 당신에게 가장 중요한 것
  세 가지는 무엇인가?

• 당신이 돈으로 살 수 없는 것 세 가지는 무엇인가?

• 돈을 위해 당신 인생에서 포기할 수 있는 것 세 가지는 무엇인가?

• 돈이 더 많으면 하고 싶은 일 중 가장 중요한 일 세 가지는 무엇인가?

9장 : 빚이라는 이름의 수렁에서 탈출하기

빚에 대한 퀴즈

- 반복적으로 신용카드 대금 중 최소한도 납부금을 납부하는가?
- 신용카드 대금이 매달 꾸준히 증가하는가?
- 현재 가지고 있는 신용카드 중에서 총 결제금액이 한도액의 50%를 넘는 카드가 하나라도 있는가?
- 다른 신용카드 대금을 납부하기 위해서 신용카드 현금 서비스를 자주 이용하는가?
- 신용카드 대금을 다른 신용카드로 돌려 막는가?
- 공과금, 집세, 대출금 상환 등의 납기일을 그냥 지나치는 경우가 잦은가?
- 통장에 잔고가 거의 혹은 전혀 없는가?
- 지난 3개월 동안 신용카드 발급이나 사용을 거절당한 적이 있는가?
- 지난 3개월 동안 당신이 발행한 개인 수표가 부도난 적이 있는가?
- 지난 3개월 동안 대금 납부 독촉 전화나 우편물을 받은 적이 있는가?
- 배우자나 가족에게 당신의 빚에 대해서 숨기거나, 줄여서 이야기하거나, 혹은 이야기 자체를 피한 적이 있는가?
- 배우자나 가족이 볼까봐 신용카드 청구서를 숨긴 적이 있는가?
- 청구서를 뒤적거리거나 앉아서 생각하지 않고는, 곧바로 현재 당신의 빚이 얼마인지 말할 수 없는가?

11장: 얼마면 충분한가?

퀴즈: 당신은 일중독자인가?

- 근무 시간이 끝나고 퇴근할 때 업무 관련 문제, 프로젝트, 전화 통화, 약속, 회의까지 집으로 가져와서는 회사 일에 개인 시간을 빼앗기는가?

- 회사 밖에서도 일에 관련된 대화를 하고, 업무 관련 결정에 대해 다시 생각하고, 업무 세부사항을 검토하는가?

- 일과 관련이 없는 일을 즐기지 못할 때가 있는가?

- 출근하지 않았거나 못했을 때 초조함, 우울증을 동반한 금단현상과 비슷한 불안함이 엄습해 오는가?

- 성공을 위해서는 자신의 시간을 헌신해야만 한다고, 원하지 않더라도 야근을 해야 하며 그것이 '일'이 요구하는 바라고 자신을 설득한 적이 있는가?

- 프로젝트에 관한 비난, 평가, 방해를 자신에 대한 비난, 평가, 방해로 받아들이는가?

- '일 = 자신의 존재'라고 생각하는가?

- 일을 통해서 남들에게, 혹은 스스로에게 자신의 가치를 증명하려 하는가?

- 극단적인 노력과 성취만이 당신의 진정한 가치를 제대로 보여줄 수 있다고 믿는가?

- 집안일이나 가족 불화와 같이 원치 않는 일을 피하고 싶을 때, 일을 핑계로 삼는가?

- 주위 사람들이 당신에게 너무 오래 일에 빠져 있어서 주위를 돌아

보지 않는다고 불평하는가?

- 친한 사람이 당신에게 일중독자라고 말한 적이 있는가?

퀴즈: 당신은 '덜'에 중독되었는가?

- 부유한 것보다 가난한 것이 더욱 지조 있고 숭고하다고 생각하는 가?
- 부유한 것보다 가난한 것이 더욱 영적이라고 생각하는가?
- 돈이 들어오면 즉시 충동적으로 돈을 다 써버리고는 다시 가난한 상태로 돌아가는가?
- 그럴 돈이 없다는 생각에 자동차나 집을 수리해야 하는데도 하지 않고, (정기 건강검진과 같은) 의료 서비스도 멀리하는가?
- 자신보다는 다른 사람을 위해 돈을 쓰는 것이 더 편안한가?
- 자신의 업무나 능력보다 낮은 임금을 받는가?
- 받지 못한 월급을 늦게 받을 때 마음이 불편한가?
- 재정적으로 진전을 보이려고 할 때마다 문제가 생겨서 앞으로 나아가지 못하게 방해하는 것 같은가?

12장: 문제의 핵심을 파악하라

당신이 가장 중요하게 생각하는 이상 세 가지를 적어라. 그리고 가장 필요로 하는 것 세 가지를 적어라.

─〉 새로운 돈 이야기를 다듬기 위한 네 가지 질문

다음에 오는 네 가지 질문은 당신의 돈 이야기 중 어떤 부분을 그대로 유지하고, 어떤 부분을 수정하고, 어떤 부분을 버릴지 결정하는 데 도움이 될 것이다.

1. 무엇을 유지 혹은 향상시키고 싶은가?

당신의 돈 이야기에 대해서 잊지 말아야 할 사실은, 잘 돌아가고 있는 부분과 그렇지 않은 부분이 공존한다는 점이다. 그렇기에 두 가지를 모두 인식한 뒤, 잘 돌아가지 않는 부분만 고쳐야 한다. 잘 돌아가는 부분은 수정하거나 버릴 필요가 없지 않은가!

어떤 상황이건 이야기의 모든 부분을 뜯어고쳐야만 하는 경우는 없다. 모든 이야기에는 반드시 좋은 부분도 있게 마련이다. 예를 들어, 결코 다 갚지 못할 것 같은 부채가 있는 사람이라도 투자에는 일가견이 있을 수 있다. 문제가 있거나 나쁜 패턴이 있더라도, 당신이 지니고 있는 모든 신념이 비생산적이거나 파괴적인 것은 아니다. 새로운 돈 이야기를 쓸 때, 아기를 목욕시키다 목욕물과 함께 아기를 함께 버리는 것과 같은 실수를 범해서는 안 된다.

재정적인 생활 중 어느 영역에서 성공했다는 느낌을 받았는가? 자랑스럽게 생각하는 성과는 무엇인가? 돈과 관련하여서 잘하는 것은 무엇인가? 장점과 마찬가지로 실수나 약점에 대해서도 정직하게 답해야 한다.

당신의 기존 돈 이야기 중에서 유지하거나 향상시키고 싶은 부분을 적어라.

----

2. 무엇을 버리고 싶은가?

신념이건 습관이건, 어떤 시점이 되면 "내게 득이 되는가?"라는 질문을 던져야 한다. 그리고 별로 득이 되지 않는 것에 대해서는 처리를 고려해봐야 한다.

이 과정은 항상 쉽지만은 않으며, 정직한 성찰과 반성이 필요하다. 희망하던 바가 이뤄지지 않아서 '~했더라면…'이라는 생각에 사로잡혀 있다면 특히나 기존 신념이나 행동을 버리기 어렵다. 하지만 그럴수록 더욱 정직하게 자신을 돌아봐야 한다. 당신의 돈 이야기 중 당신에게 득이 되지 않는 부분이 있다면, 먼저 그동안 함께 있어준 사실에 감사하고, 눈을 맞춘 상태로 악수를 하며 친절하면서도 확고하게 "안녕히 가세요."라고 말해야 한다.

소설가 F. 스콧 피츠제럴드F. Scott Fitzgerald는 좋은 글을 쓰려면 "좋아하는 것도 죽여야 한다."라고 말했다. 대부분의 경우 우리가 버려야 하는 신념과 습관이 공교롭게도 우리가 특히 애착을 보이는 대상이다. 하지만 아무리 애착을 갖는 대상이라 하더라도 백주 대낮의 환한 빛에서 '내게 득이 되는가?'라는 질문을 가지고 잘 생각해봐야 한다.

이제까지 당신이 보여온 돈에 대한 신념과 습관에 대해 생각해보라. 그중 세 가지를 당신의 인생에서 제거해야 한다면, 어떤 것을 제거해야 가장 큰 효과를 볼 수 있을까?

3. 무엇을 피하고 싶은가?

세상에는 당신의 힘으로 바꿀 수 없는 것도 있다. 당신의 인생에서도 마찬가지이다. 만약 당신의 힘으로 바꿀 수 없는 것 중에서 당신이 원치 않는 것이 있다면 피하는 것이 상책이다. 알코올 중독자가 세상에 있는 술을 모두 없앨 수 없지 않은가? 하지만 최소한 술집 근처에 다시는 가지 않겠다는 결심은 할 수 있다.

당신이 결정할 수 있는 것과 결정할 수 없는 것을 구분하라. 그리고 당신의 힘으로는 이길 수 없는 전투에는 괜히 시간낭비 하지 마라. 가령 다른 사람을 바꾸고자 하는 일은 혼자 힘으로 지구의 자전을 멈추려는 행위나 다름없다.

당신이 피하고자 하는 대상은 단순히 술집, 카지노, 신용카드뿐이 아니다. 다른 사람과의 논쟁이나 직업에 대한 불평 등 생산성은 전혀 없고 기운만 축내는 행위도 될 수 있다.

그렇다면 당신의 돈 이야기를 긍정적으로 다시 쓰는 데 피해야 할 세 가지로는 무엇이 있을까?

----

4. 무엇을 바꾸길 원하는가?

당신에게 별로 득이 되지는 않지만 여전히 당신에게 유리하도록 작용할 수 있는 신념이나 행동도 있다. 문제나 어려움이 닥쳤을 때, 무조건 돌아가려 하기보다는 그것을 뚫고 극복해가는 것이 좋다. 그리고 당신이 이야기를 그렇게 썼기 때문에 그런 문제나 어려움이 닥쳤다는 사실을 기억하라. 그러면 이제 다시 이야기를 쓸 때, 굳이 문제나 어려움을 그 자리에 넣을 필요가 있을까? 다른 것을 넣어보는 것은 어떠한가?

예를 들어 투자에 대해 두려움을 느낀다면, 새로운 정보를 배우려고 노력함으로써 모르는 투자 상황에 대한 두려움을 더 많이 알고자 하는 의지로 바꿀 수 있지 않은가?

수정이나 변경을 통해서 당신의 재정적 성공에 도움이 될 만한 신념이나 습관 세 가지를 꼽아라.

—> '돈 미션 선언문' 작성하기

재정적 성공은 로드맵이 필요한 일종의 여행이다. 이미 6장, 7장, 9장의 지침에서 단순한 재정 계획을 세우는 법에 대해 이야기한 바 있다. 미션 선언문은 재정 계획보다 더욱 단순한 개념이다. 재정 계획을 세울 수 있는 토대, 혹은 반석이라고나 할까? 당신의 '돈 미션 선언문 money mission statement'은 돈으로 당신이 이루고자 하는 바를 보여주는 한 문장이어야 한다. 인생을 영화에 비유한다면, 미션 선언문은 포스터에 실리는 문구라고 할 수 있다.

미션 선언문은 네 가지 요소(이상, 목적, 전략, 목표)로 이뤄진다.

이상은 당신에게 동기를 부여하고 당신을 안내하는 핵심 가치이다. 다른 사람 돕기, 주변 장악하기, 창업하기, 가족을 우선시하기, 세상을 변화시키기, 자신의 생각 표현하기 등이 이상이 될 수 있다. 일반적으로 이상에 따라서 당신이 중요하게 생각하는 대상이 결정된다.

목적은 당신이 달성하고자 하는 내용이다. 성공하기, 돈 벌기, 행복하기, 일찍 은퇴하기 등이 목적의 예이다. 당신이 여행을 하는 이유이자 목적지라고 볼 수 있다. 왜 돈을 더 버는가? 왜 은퇴하고, 왜 100만 달러를 벌고, 왜 시장 점유율을 높이고, 왜 스포츠카를 사고, 왜 여름 별장을 사는가? 강한 목적은 열정에 불을 지피는 법이다.

전략은 목적을 이루기 위한 방법이다. 특정 기술 연마하기, 비용 최소화하기, 재정 전문가 찾아가기, 명상을 위한 시간 따로 떼어놓기, 특별히 잘하는 일을 위한 계획 세우기 등이 있다.

목표는 여행의 끝이 아니다. 여행 중간에 만나는 하나의 이정표일 뿐이다. 당신의 목표가 세계 일주이고, 당신의 전략은 일찍 은퇴하는 것이라고 하자. 이를 위해서는 중간 목표를 먼저 달성해야 한다. 은퇴 연금에도 가입해야 하고, 소득과 저축도 늘려야 하고, 세계 각지에 인맥도 넓혀야 한다.

우리는 항상 목표를 달성하거나, 혹은 의도적으로 달성하지 않는다. 눈에 보이는 명백한 목표를 세워야만 목표를 달성할 수 있다. 효과적인 목표는 SMART한 목표이다. 즉, 구체적이고Specific, 측정가능하고Measurable, 달성가능하고Attainable, 현실적이고Realistic, 정해진 시간 안에 수행할 수 있어야Time-bound 한다.

─〉 당신의 '돈 미션 선언문': 연습 공간

이상: 당신의 재정 결정에 영향을 미치는 가장 중요한 이상 세 가지를 중요한 순서대로 적어라.

1. _____
2. _____
3. _____

목적: 왜 당신의 인생에서 X만큼의 돈을 원하는가? 그 액수의 돈이 당신에게 어떤 도움이 되는가?

1. _____
2. _____
3. _____

전략: 위의 목적을 어떻게 달성할 것인가? 어떤 과정을 밟을 것인가?

1. _____
2. _____
3. _____

목표: 당신의 SMART한 목표는 무엇인가?

1. _____
2. _____
3. _____

각각의 목표를 달성하기 위해 당신이 밟아야 하는 과정을 두세 단계로 생각해보고, 각각에 대한 시간 계획을 세워라.

당신의 '돈 미션 선언문': 한 문장

돈과 관련된 당신의 미션 선언문을 한 문장으로 표현하면?

1. _____

2. _____

3. _____

─〉 이야기를 현실로 만들기

앞서 양전자 방출 단층 촬영술PET, Positron Emission Tomography을 통해서 비전이 실제로 뇌의 주름을 바꿀 수 있다는 사실을 살펴본 바 있다. 그 밖에도 더욱 성공적으로 머릿속에 그림을 그리기 위해 필요한 중요한 요인들에 대해서도 밝혀졌다.

반복

머릿속 그림에 대한 신경계는 정기적으로 갱신되어야 하며, 그렇지 않으면 흐려질 수 있다. 마치 근육을 쓰지 않으면 퇴화하는 것과 비슷하다.

통합

당신의 이야기와 인생의 큰 그림에 새로운 그림을 지속적으로 합성하라. 비전은 고립된 상태로는 의미가 없다. 또한 단순히 비전을 보는 것으로 끝내지 말고, 비전을 당신의 삶으로 만들어라.

구체성

당신의 비전이 더욱 구체적일수록, 당신이 달성하고자 하는 목표가 당신의 두뇌에 새겨질 것이다.

글로 표현

글로 적어라. 기억력에 대한 학자들의 말을 들어보면, 단기 기억에 의존할 경우 새로운 생각과 사실은 평균 40초간 지속된다고 한다. 하지만 나중에 다시 볼 수 있도록 글로 남기면 더 오랫동안 지속된다. 하루를 시작할 때와 마칠 때 글로 적은 내용을 하나씩 읽어라.

제임스 소령은 종이에 자신의 비전을 적을 만한 상황이 아니었다. 하지만 나머지 세 가지는 잘 지켰다. 그의 비전은 상당히 구체적이었고, 인생이라는 큰 그림에 포함되어 있었고, 7년간 하루도 빠짐없이 성실히 반복했다.

당신도 그렇게 해야만 한다. 앞으로 특정 시기에 목표를 달성한 당신의 모습을 그려보라. 이처럼 당신이 성공을 경험하는 순간에 대해 시간, 장소 등 구체적인 내용까지 생각하고, 오감으로 느껴라. 또한 당신이 맺은 결실, 달성한 목표, 성공에 대한 느낌도 놓치지 마라. 성공에 대한 구체적인 장면을 머릿속에서 상상하고, 또한 입으로 이야기하라. 모든 감각, 생각, 감정, 경험까지 구체적으로 그려야 한다.

예를 들어 성공적인 비즈니스를 원한다면, 가죽으로 된 의자에 앉아서 누군가를 움직이는 모습, 가치와 요구, 다른 사람에게 미치는 영향, 수입을 비롯하여 당신의 감정에 대해서 글로 적어야 한다. 믿기지 않을 수도 있지만, 제임스 소령이 처했던 혹독한 환경이 오히려 유리할 수도 있다. 자신이 좋아하건 싫어하건, 조용히 앉아서 아무런 방해도 받지 않고 생각에 전념할 수 있기 때문이다.

물론 우리의 현실은 그렇지 않다. 그렇기에 원하는 결과를 얻고, 원하는 비전을 이루기 위해서는 매일 정해놓은 시간에 조용한 곳에서 보내라.

하루를 시작할 때와 마칠 때, 비전에 대해서 잠시 생각해보라. 비전이 먼저 생겨야 실제 경험도 가능한 법이다.

돈에 대해 자신에게 이야기하는 방법

입에서 나오는 말에는 내면의 생각이 묻어 있다. 미션 선언문을 작성할 때, 아마도 성공에 대한 긍정적인 언어만을 사용하길 원할 것이다.

이는 미션 선언문뿐만 아니라 평소에 사용하는 언어도 마찬가지이며, 평소의 언어의 경우 그 효과는 100배 이상이다. 다른 사람들이 당신에게 시장 폭락에 대해서 하루에 한 번, 두 번, 혹은 열 번 이야기하더라도, 당신이 당신 자신에게 이야기하는 100번, 1,000번에는 미치지 못한다. 어린 시절 아버지께서 "땅 판다고 돈이 나오냐."라는 말을 수십 번, 수백 번 반복하셨어도, 당신이 스스로에게 수백 번, 수천 번 말한 것에 비하면 아무것도 아니다.

한편, 목표 달성을 위해 "노력할게."라고 말한다면, 이는 실패를 예측하고 있음을 암시한다. "노력할게."라는 말에는 100% 전념이 나타나

있지 않으며, 실패할 경우에는 다른 길을 택할 수도 있음을 보여준다. '노력할게', '~해야만 해', '~해야 한다는 거 알고 있어'와 같은 표현은 아직 100% 전념할 의지가 없다는 뜻이다. 즉, 문제가 생기면 곧바로 버리고 다른 곳으로 갈 수 있음을 암시한다. 친구가 "나 이제 담배 끊기 위해 노력할 예정이야."라고 하는 말을 듣는 순간, 우리는 친구가 계속해서 담배를 피울 것이라는 사실을 알고 있다.

성공에 있어서, 당신이 자신에게 하는 이야기보다 더욱 중요한 요소는 없다. 당신이 말하는 언어에 따라서 결과가 달라질 수 있다.

특정하고 명확한 용어를 사용하라

'더'는 목표가 아니며, 결코 달성할 수도 없다. 추상적인 용어나 목표는 정확한 행동을 지연시킬 뿐이다. 불특정한 단어는 경험을 일반화시키고, 그렇게 되면 직접 행동을 취하거나, 초점을 맞출 수 있는 힘이 생기지 않는다. '행복해지기', '세상을 변화시키기', '돈에 대해 편안한 마음 갖기' 등과 같은 목표는 전략과 계획에 대한 방향과도 같다.

다시 한 번 강조하지만, 구체적이고Specific, 측정가능하고Measurable, 달성가능하고Attainable, 현실적이고Realistic, 정해진 시간 안에 수행할 수 있는Time-bound SMART한 목표를 표현하라. 목표에는 기한이나 양과 같이 측정 가능한 기준도 포함되어야 한다. '자유', '안전', '행복'과 같은 추상적인 개념은 이상일 뿐, 목표는 아니다.

능동적인 언어를 사용하라

'나는 ~할 것이다', '나는 ~한다', '나는 ~이다'와 같은 능동적인 언어에는 뭔가를 하고자 하는 능동적인 의지가 담겨 있다. '~해볼게', '~희망한다', '내가 운이 좋다면~'과 같은 수동적 언어를 사용하는 것은 내면에 운명이나 행운에 대한 믿음, 피해의식, 특권의식, 희망 등이 자리잡고 있기 때문이다. 특히 '공포가 나를 사로잡았어', '이번에 주식 시장에 호되게 당했어'와 같은 표현은 당신을 피해자로 만들 수 있으며, 동시에 스스로 가해자도 될 수 있다.

'~해야만 해', '~하지 않으면 안 돼', '~할 필요가 있어'와 같은 의무를 뜻하는 단어는 특정 행동에 대한 외부 압력이 존재하고, 그렇기에 당신의 책임이 아니라는 의미를 내포한다. 하지만 이와 달리 우리는 자신의 인생을 움직이는 사람이 바로 우리 자신이라는 사실을 반영하는 언어를 사용해야 한다. 당신 이야기의 작가는 다른 사람이 아니라 바로 당신이지 않은가.

긍정적인 언어를 사용하라

당신이 원치 않는 것이나 피하고 싶은 것에 대해서 말하기보다는 당신의 계획을 긍정적인 단어로 표현하라. 무엇을 하길 원하는지, 무엇을 할 것인지 등. '~는 불가능해', '~할 수 없어', '~하지 않을래', '~하면 안 돼'와 같이 한계를 뜻하는 단어와 이제 이별하라. 이런 단어는 당신의 앞길에 걸림돌이 있다는 전제와 실패에 대한 예측과도 같다.

돈에 대해서 이야기할 때에는 자신에게 이야기해야 한다. 당신의 돈 이야기는 단순히 돈뿐만이 아니라 당신 자신과 당신의 관계를 보여주기 때문이다. 자신을 얼마나 잘 이해하는지, 이해한 내용으로 무엇을 할 것인지가 당신의 돈 이야기를 결정한다. 당신의 돈 이야기를 바꿔라. 그러면 당신의 인생에 변화가 찾아올 것이다.

Chapter 14

펭귄이 날지
못하는 이유

한번 해보겠다는 정신으로는 안 돼. 하거나,
안 하거나 둘 중 하나야. 그러니 선택해.
— 요다(Yoda), 영화 〈스타워즈: 제국의 역습(Star Wars: The
Empire Strikes Back), 1980〉 중

한 무리의 펭귄이 모여서 그동안 자신들을 괴롭혀온 문제에 대해 논
의했다. 자기들이 새라는 사실과 상식적으로 새는 날 수 있다는 사실
을 알고 있었다. 그리고 다른 새가 나는 것도 본 적이 있었다. 하지만
자기들 중에는 나는 펭귄이 없었다. 솔직히 펭귄이 나는 것을 본 적이
있는지 기억도 나지 않았다. 그렇다면 무엇이 그들의 잠재력이 발휘되
는 것을 방해하는 것일까? 이 질문의 답을 알고 있던 펭귄은 한 마리도
없었다. 그래서 동기부여 세미나에 참석해서 도움을 받기로 결정했다.

드디어 세미나 날이 되었고, 강의에 큰 기대를 건 펭귄들이 하나둘
씩 모여 강당을 가득 메웠다. 몇 가지 광고가 있은 후, 강사 소개와 함
께 본격적으로 세미나가 시작되었다.

"오늘 이 자리에 오신 펭귄 여러분, 저도 그 마음을 잘 이해합니다.
지금 여러분이 겪고 있는 좌절감이 어떤 건지 백분 이해합니다. 오늘

저는 여러분에게 이 말씀을 드리고 싶습니다. 여러분은 날 것입니다. 여러분의 발목을 잡고 있는 것은 다름 아닌 바로 여러분 자신입니다. 그저 스스로 날 수 있다고 믿고, 해보십시오!"

"자, 이렇게 저를 따라 해보십시오." 강사는 양팔을 움직이기 시작했다. 그리고 참석한 펭귄들에게도 양 날개를 파닥여 보라고 했고, 자신이 나는 모습을 머릿속에 그리라고 요청했다. 그 가운데에도 펭귄들에게 힘을 실어주는 격려의 말을 잊지 않았다. 하지만 펭귄들은 꼼짝도 않고 가만히 앉아 있었다. 마침내 펭귄 하나가 일어나서 날개를 움직이기 시작했다. 아주 열심히 빠르게 움직이자, 곧 발이 바닥에서 떨어졌고, 강당을 날아다니기 시작했다! 그러자 다른 펭귄들이 이 모습을 보고는 강한 충격을 받았다. 그러고는 너나 할 것 없이 날개를 움직였고, 곧 강당에는 날아다니는 펭귄과 기쁨의 환호성이 가득했다. 정말로 놀라운 광경이었다.

강의가 끝났을 때, 펭귄들은 너무 고마워서 강사에게 5분간 기립박수를 보냈다.

모든 일정을 마치고 펭귄들은 집으로 걸어서 돌아갔다.

지난 장에서 종이에 몇 글자 적은 것이 있다. 하나하나의 단어를 선택할 때 분명 중요한 의미를 나타내기 위해 주의를 기울였을 것이다. 하지만 여전히 당신의 '돈 미션 선언문'은 그저 종이에 적힌 글씨일 뿐이며, 당신 이야기의 개요에 불과하다. 즉, 아직 당신의 이야기는 아니라는 말이다. 진정한 당신의 돈 이야기는 종이에 적은 내용이 아니라 인생이라는 캔버스에 당신이 그리는 그림이다. 당신이 쓰는 무언가가 아니라 살아가는 무언가라는 말이다.

세미나가 끝나자 펭귄들이 집에 걸어갔듯이, 여러분이 이 책을 내려놓고 집에 걸어가지 않길 바란다. 세미나를 들었으면, 책을 읽었으면, 날 수 있지 않은가!

─〉 **재정 지능** financial intelligence

세계에서 가장 성공한 투자자로 꼽히는 워런 버핏 Warren Buffett은 이런 말을 했다. "투자는 IQ 160인 사람이 IQ 130인 사람을 이기는 게임이 아니다. 보통 이상의 머리만 있으면, 나머지 필요한 것은 충동을 다스리는 능력이다. 이는 사람들이 투자를 하다 잘못되는 가장 큰 원인으로 꼽히기도 한다."

그의 말은 그의 엄청난 실적뿐만 아니라 한 연구를 통해서 증명되었다. 심리학에는 누구나 아는 비밀이 있다. IQ, 학교 성적, 수능 성적으로 인생의 성공 여부를 정확히 예측할 수 없다는 사실이다. IQ보다는 사람들이 지닌 기술이 재정적인 성공에 더 큰 영향을 미친다. 워런 버핏이 말하는 '보통 이상의 머리'와 '자신과 주위 사람들의 행동에 대한 지식'을 통합하는 기본적인 능력을 보면 인생의 성공 여부를 어느 정도 가늠할 수 있다.

〈뉴욕 타임스〉의 과학 기자이자 세계적으로 유명한 심리학자인 대니얼 골먼 Daniel Goleman은 위와 같은 상식적인 지능을 표현하기 위해서 '감성지능 emotional intelligence'라는 말을 만들었다. 그리고 우리의 인생에서 소위 'EQ'가 IQ보다 중요하다는 증거를 제시했다. 1995년 그가 발간한 책 《감성지능 Emotional Intelligence: Why It Can Matter More than IQ》은 30개 언어로 번역이 되었고, 500만 부 이상의 판매고를 기록했다. 골먼에 따르면, 감성지능은 다음과 같은 기본적인 능력으로 구성된다.

- 스스로 동기를 부여하는 능력
- 스트레스와 좌절감에 흔들리지 않는 능력
- 스스로 기분과 감정을 다스릴 수 있는 능력
- 다른 사람의 감정을 이입받아 조율하는 능력
- 이성적인 판단에 방해가 되지 않도록 고통을 관리하는 능력
- 충동을 조절하고, 욕구 만족을 뒤로 미룰 수 있는 능력

버핏의 생각이 옳았다. 성공적인 투자에서는 IQ보다는 EQ가 더 크게 작용하고, EQ와 더불어 (앞에서 살펴본 투자, 소비, 부채 등에 관한) 재정 상식이 중요하다. 즉, 정서지능과 재정 상식이 재정적 성공의 열쇠인 셈이다.

우리는 이를 재정 지능Financial Intelligence이라고 부른다.

재정 지능에 있어서 놀라운 사실은 태어날 때부터 타고난 것이 아니라, 학습을 통해서 습득하고 갈고 닦을 수 있다는 점이다. 골먼의 정의를 토대로 재정 지능에 필요한 자질에 대해서 생각해보자.

욕구 만족을 뒤로 미룰 수 있는 능력delayed gratification

스탠퍼드 대학교Stanford University에서 욕구 만족을 뒤로 미루는 연습에 관한 실험을 실시한 적이 있다. 먼저 4세의 어린이들을 모았다. 그리고 곧바로 작은 마시멜로를 먹을지, 아니면 실험 진행자가 15분간 방을 비운 동안 혼자 마시멜로 앞에서 기다렸다가 더 큰 마시멜로를

먹을지 물었다. 몇몇 아이들은 곧바로 작은 마시멜로를 집었다. 다른 아이들은 실험자가 얼른 돌아와서 자신의 눈을 가리거나, 재우거나, 다른 일을 시켜서 주의를 다른 곳으로 돌려주면 좋겠다는 생각을 하며 15분간 몸부림을 쳤다.

그 후 실험에 참가했던 아이들의 생활을 살펴본 결과, 당시 15분간 기다려서 더 큰 마시멜로를 먹은 아이들이 더욱 자신감 있고 성공적인 삶을 살고 있었다. 예를 들어, 15분간 기다린 아이들의 평균 미국 대학 입학시험SAT 점수는 마시멜로를 즉각적으로 집은 아이들의 점수보다 210점 높았다. 이처럼 실제로 IQ보다는 욕구 만족을 뒤로 미룰 수 있는 능력이 SAT 점수 예측에 두 배 더 도움이 된 것으로 나타났다.

욕구 만족을 뒤로 미룰 수 있는 능력이 성공을 예측하는 데에만 유용한 것이 아니며, 우리의 재정 생활에도 중요한 영향을 미친다. 만성적인 과소비와 지나친 부채는 욕구 만족을 나중으로 미룰 수 없기 때문에 나타나는 것이다. 우리는 단칸방 생활 없이 지금 당장 자신이 원하는 꿈의 집에서 살길 원한다. 그렇기 때문에 이 세상에서 서브프라임 모기지subprime mortgage 기적(?)이 일어난 것이다.

투자 세계에서 사기꾼들의 레퍼토리와 같은 '좋은' 정보와 같이 즉석 욕구 충족에 대한 약속 때문에 신중하게 세운 계획을 망치는 사람들이 많다. 만약 욕구 만족을 미룰 수 있는 능력이 전무하다면, 우리는 뜨는 시장과 막 시작된 버블에 마음을 완전히 빼앗길 수밖에 없다.

낙관주의optimism
낙관주의에서는 최상의 결과에 대한 기대로부터 동기를 부여받는다. 반대로 비관주의에서는 최악의 결과에 대한 예상으로 모든 동기를 잃어버린다. 그러므로 낙관적인 사고를 하는 사람은 불안감, 차질, 좌절감이 발생하더라도 크게 흔들리지 않고 집중력과 열정을 유지할 수 있다. 인생을 살아가면 낙관적인 사고를 많이 할수록 불안감이나 정신적 고통에 시달릴 확률이 낮아진다. (물론 최악의 시나리오에 대해서도 생각하고, 부정적인 가능성을 평가하는 일도 중요하다. 최악의 시나리오와 부정적인 가능성을 생각한다고 해서 무조건 비관주의는 아니다.)

긍정적인 사고를 하는 사람의 성공과 이들이 지닌 능력은 마틴 셀리그만Martin Seligman이 보험 설계사를 대상으로 실시한 연구를 통해서 엿볼 수 있다. 생명보험 설계사의 75%는 입사 후 3년 내에 회사를 그만둔다. 그리고 낙관적인 사고를 하는 보험 설계사는 그렇지 않은 보험 설계사보다 37% 더 큰 성공을 거두는 것으로 나타났다. 연구진은 낙관적인 사고를 하는 사람은 장애가 발생했을 때 자신에게만 일어나는 것이 아니라 남들도 다 겪는 문제로 받아들였다고 설명했다. 그리고 고객에게 '아니요'라는 대답을 들어도 개인적으로 받아들이지 않고, '예'라는 답을 듣기 위한 과정으로 받아들였다.

이처럼 긍정적이고 건설적인 감정을 유지하는 능력은 보험 설계뿐만 아니라 우리의 일상 곳곳에도 적용된다.

낙관주의는 단순히 뭔가를 '희망하는 것'과는 차원이 다르다. '언젠가'에 대한 환상은 미래를 미화시키고, 지나치게 낙관적인 사고에 빠져 현실 밖으로 나가게 만든다. 즉, 비현실적인 '언젠가'로 인해 현실을 무시하는 것이다. 그러면 우리는 우리가 원하거나 우리에게 필요한 모든 것을 채워줄 '완벽한 사람'이나 '완벽한 조건'만을 찾아 헤맨다. 한 예로

50달러에 산 주식이 5달러로 떨어졌는데도, 언젠가 다시 50달러로 오를 거라는 착각에 빠지게 한다. 단순한 희망은 우리를 장밋빛 환상의 노예로 만들지만, 낙관주의는 우리가 지속적으로 최선을 다할 수 있도록 도와준다.

> **추천**: 재정 지능을 키우려면, 긍정적인 사고를 유지하고 원하는 결과를 머릿속에 그리는 능력을 키워라. 이성과 상식을 활용하여 최선의 결과와 최악의 결과, 평균적인 결과에 대해 조사하라. 그리고 마음의 눈을 밝은 면에 고정시켜라.

감정 조절emotional control

우리의 결정은 사실보다는 감정에 많이 좌우된다. 재정 결정 역시 검증되지 않은 감정의 영향을 받는 경우가 자주 있다.

사람들은 무리 안에 있을 때에는 안전하다고 생각한다. 반면, 다수에 속하지 못하고 외톨이가 되었을 때에는 초조함을 느낀다. 즉, 숫자에 따라서 안전에 대한 느낌이 변하기 때문에 대중을 등지면 초조함이 커진다. 인정, 수락, 승인, 연계는 모두 군중심리와 연관이 있다. 이 같은 감정은 논리적인 투자 및 재정 결정을 방해한다. 우리는 고가의 주식을 좋아하고, 저가의 주식은 싫어한다. 주식 가격은 성장에 대한 기대를 보여주고, 이 같은 기대는 투자자가 현실을 왜곡해서 보게 만든다. 강세 시장에서 투자자들은 멀리 내다보려 하고, 약세 시장에서 풀이 죽은 투자자들은 6개월도 채 내다보지 못한다. 이 같은 관점의 변화는 객관적인 현실보다는 감정의 변화가 가져오는 결과이다.

1990년대 후반 닷컴 버블(혹은 1600년대 초반 튤립 붐)은 감정적인 투자의 대표적인 예이며, 대부분의 실수와 손실의 원인은 잘못된 정보나 전략이 아닌 이성적으로 감정을 조절하지 못한 데 있었다. 극단적인 상황이 벌어지거나 스트레스를 받으면, 우리는 돈에 대해서 이성적으로 결정하지 못하고 감정의 지배를 받게 된다.

감성지능이 높다고 '똑똑한' 감정을 지녔다는 말은 아니다. 감성지능은 자신의 감정을 조절하고, 결정을 내릴 때 이성 등 다른 요인들과 감정을 함께 이용하는 능력을 말한다. 위기가 닥쳐서 이성이 가장 필요한 순간일수록 우리가 이성을 저버릴 확률은 높아진다. 대부분의 투자자들은 주가가 최고에 달했을 때에는 너무 흥분해서, 반대로 바닥을 칠 때에는 너무 두려워한 나머지 실패하고 만다.

> **추천**: 재정적인 결정을 해야 하는 순간이 다가오면, 먼저 자신의 감정 상태를 확인하고 표현하라. 그러고 나서는 감정을 잠시 옆으로 치워둬라. 감정은 의사 결정에 있어서 아주 작은 역할을 하는 파트너 정도로만 생각하라.

대중을 무시할 수 있는 능력capacity to ignore the herd

워런 버핏은 자신의 '비결'을 12단어로 요약했다. "Be greedy when others are fearful, and fearful when others are greedy(남들이 두려워할 때 탐욕을 부리고, 남들이 탐욕을 부릴 때 두려워하라)." 바롱 나단 드 로쉴드Baron Nathan de Rothschild는 18세기 말 비슷한 말을 남겼다. "대포 소리가 울려 퍼질 때 사고, 팡파르가 울려 퍼질 때 팔아라." 비록 200년이라는 차가 있기는 하지만, 두 재정 전문가는 우리에게 같은 말을 하고 있다. "역투자자가 되어라."는 것이다. 영화 〈풋볼 대소동Horse Feathers〉 초반부에 그루코 막스Groucho Marx가 "그게 뭐든, 난 반대일세."라고 한 말을 기억하는가?

역투자자는 전반적인 분위기를 거스르는 사람을 말한다. 모두가 주식을 매입하면, 역투자자는 수익을 지키기 위해서 주식을 매각한다. 반대로 시장이 약세일 때에는 주식을 매입한다. 진정한 역투자자는 전반적인 시장 분위기와 마음을 거슬러 높을 때 팔고, 낮을 때 산다.

이론상으로 역투자는 좋아 보이지만, 실제로 행동으로 옮기는 것은 거의 불가능에 가깝다. 스럴리 블로트닉Srully Blotnick 박사는 〈포브스〉에 게재할 칼럼을 위해서 역투자 이론을 연구한 바 있다. 그는 먼저 역투자를 하겠다고 지원한 사람들을 조사했다. 면담 결과 이들 중 90%는 자신이 역투자자라고 대답했다. 이것이 사실이라면 10%만이 이들과 다른 생각을 지닌 '다수'란 말인가!

사실 진정한 역투자자는 흔치 않다. 이성은 이익을 극대화시키고 손실을 낮추려면 "낮을 때 사고, 높을 때 팔아."라고 말하지만 감정적으로는 계속해서 치솟고 있는 주식을 팔기 어렵고, 곤두박질치는 주식을 사기도 어렵다. 대부분의 투자자들은 버핏이 말하는 '비법'을 행동으로 옮기지 못한다. 이는 주가가 오르면 너무 흥분하고, 떨어지면 극도로 좌절하기 때문이다.

사실 버핏과 같은 빈틈없는 투자자의 성공 비결은 무조건 다수의 사람들과는 반대로 움직이는 흑백논리는 아니다. 더욱 엄밀히 말하면 다른 사람들이 무엇을 하건 신경 쓰지 않는 것이 비결이다. 버핏 정도의 전문가는 자신의 감정에 흔들리지 않고 객관적인 시선을 유지하는 능력을 지니고 있다. 아무리 대중이 탐욕이나 공포를 향해 움직여도, 흔들리지 않는 것이 관건이다. 단순히 좋은 정보를 갖고 있다고 성공하는 것이 아니라, 높은 정서 지능이 필요하다.

1871년 프랑스 주식시장이 무너져 내리는 중에도 어떻게 그만한 수익을 낼 수 있었냐는 질문에, 바롱 나단 드 로쉴드는 이렇게 답했다. "파리의 길거리에 피가 낭자할 때, 저는 주식을 샀어요." 남들과는 달리 그는 군중심리에 흔들리지 않았고, 오히려 군중심리를 의사결정을 위한 지표로 삼았다.

> **추천**: "눈은 공에서 떼지 말고, 머리는 게임에 집중하라." 흔들리지 말고 사실에 집중하라. 그리고 당신이 이루고자 하는 큰 그림과 계획을 항상 염두에 둬라.

우리가 말할 수 있나?

물론 재정 지능도 중요하지만, 정말로 성공적인 돈 이야기를 살길 원한다면 재정 지능 하나만으로는 충분치 않다.

13장에서 돈에 대해 자신에게 이야기하는 방법을 배웠다. 자기 자신뿐만 아니라 다른 사람과 이야기를 나누는 것도 똑같이 중요하다. 시인 존 던John Donne은 "그 누구도 섬은 아니다."라는 말을 남겼다. 이처럼 우리는 고립된 상태에서 돈 이야기를 하며 살아가는 것이 아니다. 우리의 재정 관련 의사 결정에 영향을 미치는 사람이 최소한 한 명은 있게 마련이다.

문제는 우리가 어떻게 돈에 대해서 이야기해야 하는지 정말로 모른다는 사실이다. 섹스나 죽음과 마찬가지로 돈은 그동안 우리 문화에서 금기시되었다.

그래서 우리는 약간 돌려서 이야기하거나, 농담을 하거나, 완곡하게 표현하거나, 아니면 아주 언급조차 하지 않는다. 돈에 대해서 우리가 하는 말은 절반만 진실이며, 우리는 돈 문제에 있어서는 방어적인 태도를 취한다. 돈 문제에 대한 걱정이 있어도 입 밖으로 내길 두려워하고, 이를 토대로 이야기를 구성한다. 거짓 없이 진실만을 말하는 것, 그것이 우리가 유일하게 하지 않는 일이다. 사실 돈에 대해서 제대로 의사소통을 하지 않기 때문에 부부 갈등이 발생하는 경우가 많다. 성관계에 대해서 제대로 대화를 나누지 못하는 것과 비슷한 성질의 문제이다.

지금쯤이면 우리 삶에서 돈이 다양한 역할을 할 수 있고, 다양한 문제의 중심에 있다는 사실은 잘 알고 있을 것이다. 그러나 돈 문제가 단순히 돈에 관한 것만은 아니다. 우리는 먼저 진짜 돈 문제에 대해서 이야기하는 법을 배워야 한다. 더욱 건강하고, 생산적이고, 만족스러운 돈 이야기를 위해서 할 수 있는 일은 다양하다. 그중에서도 가장 효과적인 것은 돈에 대해서 개방적으로, 정직하게, 생산적으로 의사소통하는 법을 배우는 일이다. 개방적으로, 정직하게, 생산적으로, 이 세 단어는 각각 중요한 의미를 담고 있다.

다음 지침은 돈에 대한 명확하고 효과적인 의사소통 기술을 연마하는 데 도움이 될 것이다. 그리고 그 기술을 연마하고 나면 관계가 얼마나 더 끈끈해지고, 즐거워지고, 만족스러워지는지 보고 놀랄 것이다.

—〉 돈에 관한 효과적인 대화를 위한 7가지 지침

1. 대화를 나눌 때에는 상대방의 감정을 존중하라

100% 똑같은 관점을 지닌 사람은 없다. 더욱이 다른 사람의 관점을 완전히 짓밟고 자신의 관점을 관철시키는 것은 대화가 아니다. 먼저 서로 다른 관점을 이해하고, 공통점을 찾는 것이 중요하다. 그래야만 상호 협력과 계획을 구축할 수 있다.

특정한 방법으로 상대방이 당신에게 반응할 것을 요구하는 행위는 상대방의 정직한 반응을 가로막는다.

그러므로 가장 먼저 다른 사람의 감정을 이해해야 한다. 만약 자신이 세상을 경험하는 방식에 대해서 제대로 이해하지 못한다면, 다른 사람의 관점도 이해하기 어렵다. 공감은 본인 스스로의 목소리와 다른 사람의 목소리를 듣는 방법이며 여기에는 감정, 생각, 이해, 행동 등 모든 것이 반영된다.

'신뢰rapport'도 비슷한 내용이다. 'rapport'라는 단어는 프랑스어 'rapporter'에서 비롯되었으며, 'rapporter'의 뜻은 '가지고 돌아온다bring back/carry back'이다. 다른 사람과 신뢰를 형성한다는 것은 상대방의 세계에 들어가서 그들의 입장이 되어보고 난 뒤, 상대방의 존재와 관점을 가지고 자신의 세계로 돌아오는 과정이다.

2. 바꾸려 하지 말고 이해하라

다른 사람과의 관계에서 겪는 문제 대부분은 자신이 상대방의 행동이나 태도를 바꿀 수 있다는 생각에서 비롯된다. 하지만 당신이 바꿀 수 있는 유일한 사람은 당신뿐이다. 상대방의 행동을 바꾸고 싶은 충동은 보통 자신의 불만족에서 비롯된다. 당신의 숨은 욕구를 충족시키기 위해서 상대방을 당신 뜻대로 움직이려는 시도는 오히려 또 다른 불만을 낳는다. 결국 다른 사람의 인격, 태도, 기분 등을 바꾸고자 노력하다 보면 오히려 관계를 망치기 십상이다.

상대방이 믿는 내용은 당신이 알고 있는 내용보다 더욱 중요하다. 그러므로 상대방의 신념에 대해서 배워라. 그러면 상대방이 왜 그렇게 행동하는지, 왜 그런 말을 하는지 이해하게 될 것이다.

3. 질문을 통해서 명확하게 하라

대기업의 관리팀원들이 카세트 주위에 옹기종기 모여 앉아 있었다. 그러고는 최근 회사 CEO가 한 연설을 듣고, 되감기를 해서 다시 듣기를 반복했다. 그때 한 직원이 사무실에 들어와서 이 광경을 보고는 얼굴에 당혹감을 감추지 못했다. 그리고 무슨 일이냐고 물었다.

직원들은 CEO의 연설 중에서 우리 조직이 "더 많은 색을 포용해야한다."라는 말을 듣고, 도대체 그 말이 무슨 의미인지 다양한 해석이 있다고 설명했다. 복장 규정이 변하는 건가? 메이크업을 하라는 건가? 아니면 사무실 실내 디자인? 마케팅 메시지? 회사 로고? 정말로 다양한 버전의 해석이 나왔다. 그래서 그들은 대체 CEO가 무슨 생각으로 그 말을 했는지 알아내기 위해 계속해서 연설을 들으며 한 단어도 빠뜨리지 않고 꼼꼼히 분석하고 있었다.

"혹시 전화기를 들고 직접 CEO에게 물어본 사람은 없나요?"라고 물었다.

아무도 미처 그 생각은 하지 못하고 있었다.

소크라테스는 다른 사람과 어울릴 때 질문을 하는 것이 대답을 하는 것보다 효과적이라고 말한다. 이 과정이 없다면 감정과 같은 세밀한 내용은 그냥 대충 짐작하고 넘어가기 쉽지만, 이 과정을 거치면 그럴 가능성을 줄일 수 있기 때문이다.

4. 들은 내용을 반영하라

돈과 같이 감정적으로 민감한 사안에 대해 논의할 때에는 자신의 생각과 감정을 토대로 반응하기 전에 먼저 상대방이 한 말을 생각해보라. 그래야만 상대방이 한 말을, 더 나아가 상대방이 의미한 바를 정확히 이해할 수 있다. 필요한 경우에는 상대방에게 부연 설명할 기회를 주는 것이 좋다.

이는 상대방에 대한 존중과 배려를 보여주는 방법이기도 하다. 즉, 이 과정을 통해서 당신이 당신의 생각을 말하기 전에 먼저 상대방의 말을 제대로 이해했는지 확실히 하고 싶다는 메시지를 전달하게 된다. 그러면 상대방은 당신이 자신을 중요하게 생각한다는 인상을 받아 기분 좋아진 상태로 당신의 생각을 듣게 된다.

5. 숨겨진 뜻을 이해하라

전 야구선수 요기 베라Yogi Berra는 이런 말을 했다. "집중해서 보면 더 많은 것을 볼 수 있다." 마찬가지로 집중해서 귀를 기울이면 더 많은 것을 들을 수 있다. 하던 일을 잠시 내려놓고 직접 집중해서 누군가의 말에 귀기울여 보라. 이 말이 사실임을 알게 될 것이다. 더욱이 다양한 언어와 단어를 사용하고 있는 현실에서는 말이다.

다른 사람의 감정은 '일식'과 비슷하다. 일식이란 태양이 다른 행성에 가려서 보이지 않는, 그래서 마치 사라진 것처럼 보이는 현상이다. 이와 마찬가지로 사람들은 다른 사람의 감정이 보이지 않으면, 상대방에게는 감정이 없다고 생각하고는 상대방에게 상처를 준다. 때로는 감정의 일식 현상을 이용하여 라이벌 의식이나 질투심을 위장할 수 있을지는 모르지만, 그렇다고 그런 감정이 사라지는 것은 아니다.

여기에서 중요한 것은 다른 사람의 말에 귀를 기울이고, 그래서 상대방이 원하는 것이 무엇인지, 필요로 하는 것이 무엇인지에 대한 힌트를 얻는 것이다. 그래서 현실과 진실을 모두 인식해야 한다.

6. 각자 맡은 역할이 다르다는 사실을 인정하라

똑같은 사람은 없으며, 인간관계에서 양측이 똑같을 수는 없다. 그러므로 각자 맡은 서로 다른 역할을 인정하고 인식해야 한다. 이때 성별, 수입, 기술, 돈 관리 능력(예: 청구서와 영수증을 쉽게 알아볼 수 있게 관리하는가?), 자녀 양육 역할 등이 반영된다.

이런 역할의 차이를 인정한다고 하여 각자의 역할이 변해서는 안 된다는 말은 아니다. 서로의 역할에 대해서 암묵적으로, 혹은 명시적으로 합의를 했음을 의미한다. 만약 역할을 바꾸길 원한다면 서로 논의하면 되는 것이다. 하지만 현재의 상태에 만족한다면 굳이 '고장 나지도 않을 것을 고칠 필요는 없다'는 논리가 적용된다. 상대방에 대해서 전혀 모르는 상태에서 역할을 제대로 분담하는 것은 불가능하다. 그러므로 먼저 대화를 해야 한다.

특히 당신과 배우자의 수입 및 역할에 대해 알아가는 과정은 상당히 중요하며, 더욱이 힘의 균형과도 연관이 있기 때문에 그 의미는 더욱 크다. 어쨌든 상대방과 다를 수밖에 없는 것이 우리의 현실이므로, 다른 점을 인정하고 존중하라. 또한 누가 결정을 내릴지, 누가 돈 관리를 할지, 누가 살림이나 양육 등 일상의 문제를 담당할지 등에 대해 언급된 혹은 언급되지 않은 규칙 역시 염두에 두고, 역할을 성실히 수행한 사람에게는 가정 내에서 보답을 해주는 것이 좋다. 살림과 재정에 있어서 역할 및 권력을 위임하는 방법에 대해서도 명확히 해야 한다.

7. 대화가 끊어졌을 때에는 다가가서 말을 걸어라

때때로 다른 사람의 감정을 존중하지 못할 때가 있다. 좋은 의도에서 뭔가를 시작했더라도, 결과적으로는 문제를 일으킬 때도 있다. 이는 인간이기 때문에 당연한 일이다. 관계에 있어서 가장 중요한 것은 이런 문제가 생겼을 때 진정으로 상대방을 이해하고 관계를 회복하는 능력이다. 때로는 당신이 무엇을 했는지보다, 그 일을 한 뒤 어떻게 했는지가 더욱 중요하다.

의사소통의 문제나 의도치 않은 실수로 중요한 관계가 틀어졌을 때에는, 자신이 '옳다'고 생각하는 것을 잠시 접어두는 것이 좋다. 상대방을 용서해야만 자신이 자유로워질 수 있다는 사실을 기억하자.

─〉 새로운 돈 이야기로 살기 위한 25가지 지침

마지막으로, 당신의 행동은 당신의 돈 이야기가 세상에 나오기 위해 사용되는 언어이다. 무언가를 살지 말지, 저축할지, 투자를 할지, 혹은 결정을 하지 않을지 등 돈에 관한 우리들의 행동은 우리의 신념을 보여주며, 재정적 성공을 결정한다.

앞으로 설명할 지침 중에는 이미 앞에서 설명한 내용도 있고, 새로운 내용도 포함되어 있다.

1. '돈 미션 선언문'을 항상 보이는 곳에 두고 집중하라

'돈 미션 선언문'은 당신의 재정 목표의 핵심, 기저에 깔려 있는 이상理想과 원칙을 보여준다. 당신에게 돈이 어떤 의미인지, 어떤 용도인지, 어떤 가치를 지니는지에 대해 보여주며, 장단기 계획과도 연관이 있다. 그러므로 책상, 벽, 컴퓨터 등 자주 볼 수 있는 곳에 붙여둬라. 그리고 정기적으로 확인한 뒤, 항상 당신의 목표와 철학에 어긋나지 않도록 필요한 경우에는 수정하라.

2. 계획을 가져라

전략과 더불어 올바른 정보를 토대로 체계적인 재정 계획을 세워라. 이때 당신의 '돈 미션 선언문'에 맞는 저축 및 투자 내용도 포함시켜야 한다. 그리고 항상 감정보다는 사실을 토대로 계획을 세워라. 계획을 세우고 나서는 정기적으로 점검하여 당신의 목표, 가치, 최신 정보, 믿을 만한 전문가의 조언을 반영시켜야 한다.

3. 당신의 계획을 고수하라

트라우마, 위기, 당신이 손쓸 수 없는 상황이 찾아와도 계획을 고수하라.

갑자기 주가가 뛰어오르거나, 예상치 못한 성장이 있거나, 엄청난 성공이 찾아오더라도 계획을 고수하라.

지나치게 예민하게 대응하기 쉬운 상황에도 계획을 고수하라.

행동을 취할 좋은 시기를 놓쳤거나, 결과가 실패라고 생각될 때에도 계획을 고수하라.

계획이 별로 효과가 없을 때에는, 본인이 계획을 제대로 수행하고 있는지 생각해보라. 만약 제대로 하고 있는데도 효과가 없다면 아직도 자신의 계획이 유효한지 생각해보라. 일단 현재 계획에 문제가 없다고 확신이 서면, 계획을 고수하라.

4. 제안, 비평, 조언, 전문가의 의견을 구하라

특정 분야에 전문적인 지식을 갖춘 사람과 상담하라. 때때로 우리의 마음은 자신의 생각에 전적으로 동의해줄 사람과 이야기하길 원한다. 일반적으로 이런 마음은 안전지대에 계속 머물면서 변화를 피하고자 하는 마음에서 비롯된다. 하지만 자신과 의견이 같은 사람에게만 조언을 구하는 행위는《백설공주Snow White》에서 마녀가 거울을 보며 질문을 하는 것이나 다를 바 없다. 거울은 화장을 할 때나 사용하고, 상담은 객관적인 의견을 말하는 전문가에게 받아라.

당신의 전문 분야 이외의 분야에서 전문가의 상담을 받는 것이 좋다. 그래야 다양한 관점에서 문제를 바라볼 수 있다. 상대방의 의견을 들을 때에는 귀를 기울이되, 그렇다고 자신의 생각을 무조건 버려서도 안 된다. 새로 확보한 정보를 유연하게 활용하는 것이 좋다.

재정 전문가나 특정 분야의 전문 상담자 외에도 멘토나 조력 집단에게 도움을 받을 수도 있다. 이들로부터 당신의 행동, 결정, 이상이 효과적으로 조화를 이루고 있는지에 대한 소중한 의견을 구하라. 조화를 이루지 못하고 있는 경우에는 재정비를 통해 조화를 이룰 수 있도록 도움을 받아라.

5. 구체적으로 지출을 예상하라

메릴랜드 대학교University of Maryland 경영대학School of Business의 로버트 H. 스미스Robert H. Smith 교수는 구체적으로 지출을 예상한 사람이 상대적으로 소비를 덜 한다는 사실을 밝혀냈다.

당신의 인생이나 인생을 구성하는 요소의 가격을 어림짐작하지 마라. 대충 때려잡아도 되는 게임이 아니라, 지금 우리가 이야기하고 있는 것은 바로 당신의 인생이다. 그러므로 근거를 토대로 해서 구체적으로 예상하라.

6. 우선순위를 정하라

핵심 이상과 요구를 토대로 계획의 우선순위를 정하라. 반드시 돈과 재정 문제는 가족, 직장, 건강, 우정, 여가, 지역사회에의 기여, 자신을 돌보는 일과 균형을 맞춰야 한다. 한 부분이라도 무시하여 균형이 깨지면, 다른 부분에 지나치게 집중하게 된다.

우선순위가 변하지 않고 항상 그대로인 것은 아니다. 또한 며칠이란 시간을 투자해서 우선순위를 정하고 나면 1년 동안 건드리지 않고 옆으로 치워둬도 되는 그런 성질의 것도 아니다(펭귄 이야기를 생각해보라). 우선순위는 매일 생각하고, 다듬고, 심지어는 다시 정해야 한다.

또한 "진짜 중요한 것은 무엇인가?"라는 근본적인 질문에 대한 최신 대답을 반영해야 한다.

7. 재정 목표를 내면의 이상에 맞게 조정하라

이상은 자신의 존재를 보여주는 거울과도 같으며, 우리는 이상을 토대로 활동한다. 그러므로 겉으로 내세울 목표를 정할 때에도 이상에 부합하게 만들어야 한다. 명확하고 지속적인 목표가 있어야만 긴급 상황이 찾아오거나 혼란스러운 시기에도 큰 그림을 볼 수 있다. 내면의 목표와 겉으로 내세우는 목표가 상충되어서는 안 되며, 당신이 이루고자 하는 내용이 이상과 어울려야 한다. 이처럼 내면의 목표와 겉으로 내세우는 목표, 이루고자 하는 내용과 이상이 부합해야만 야망을 향해 체계적으로 박차를 가할 수 있다.

8. 요구와 욕구를 구분하라

요구needs는 정신, 육체, 영혼을 위해서 반드시 필요한 것이다. 영양소, 손길, 휴식, 안전 등과 같은 필요한 것을 충분히 얻지 못하면 아플 수 있다. 이 같은 요구에 대해서는 만족할 수 있다.

우리는 또한 원하는 것(want : 멕시칸 음식, 술, 성적 자유, 고독)을 너무 많이 즐기면 아플 수 있다.

원하는 것(욕구, 욕망)은 다른 것으로 대체할 수 있다. 하지만 요구는 다른 요구로 대체할 수 없다. 또한 요구가 아닌 욕구는 충분히 채울 수 없다.

9. 충분한 게 얼마만큼인지 결정하라

완벽을 추구하는 이유는 충분한 게 얼마만큼인지에 대한 기준이 없기 때문이다. '더'는 목표가 아니다. 완벽과 마찬가지로 더 많은 돈은 결코 성취할 수 없는 목표이다. 완벽주의자들은 실패를 했을 때 오히려 앞으로도 계속해서 추구할 수 있는 여운이 남아 있기 때문에 안도한다. 충분한 게 얼마만큼인지 결정하지 않은 채 '더'를 추구했을 때 맞이하는 결과는 실패뿐이다.

극작가 닐 사이먼Neil Simon은 이렇게 말했다.

"돈은 약간의 행복을 안겨준다. 하지만 어떤 시점이 지나면, 돈은 더 많은 돈을 안겨줄 뿐이다."

결승점을 정해놓아야만 결승점에 도달했는지 알 수 있고, 만족감을 느낄 수 있다. 또한 목표 달성에 대한 효율성과 우월감을 경험할 수 있다.

10. 목표 달성을 통해 무엇을 얻을 수 있고, 얻을 수 없는지 파악하라

재정적인 성공은 즐거움, 사치, 재정적 안정을 안겨준다. 하지만 돈이 많다고 결혼 생활이 나아지는 것은 아니다. 이렇듯 목표 달성을 통해 얻을 수 있는 것을 파악하고, 이로써 얻을 수 없는 것이 무엇인지 명확하게 아는 것이 중요하다.

사람들이 희망을 잃지 않기 위해서 자주 사용하는 방법은 목표를 달성하기 직전에 멈추는 것이다. 그러면 목표를 달성하면 얻을 수 있으리라고 희망하는 해결책에 대한 환상을 깨지 않고 그대로 유지할 수 있기 때문이다. 목표를 달성한다고 과거가 변하는 것은 아니며, 다른 문제까지 모두 해결할 수 있는 것도 아니다.

11. 마음으로 투자하지 마라

절대로 주식과 사랑에 빠져서도, 주식을 증오해서도 안 된다. 당신이 주식을 사랑한다 하더라도 주식은 당신을 사랑해주지 않는다. 주식은 심지어 당신이 자신의 주인이라는 사실조차 알지 못한다. 간단히 말해서, 당신이 정말로 갖고 싶은 주식이나 채권에 투자하라. '좋은 정보'나 '분위기'를 따라가서는 안 된다. 만약 누군가 당신에게 "이건 정말 확실한 정보예요."라고 말한다면 사실이 아닐 확률이 높다.

12. 신용카드를 사용하지 마라

수많은 연구 결과 사람들이 현금이나 수표로 결제할 때보다 신용카드를 사용할 때 (평균 23%) 더 많이 소비하는 것으로 나타났다. 신용카드를 이용하면 돈을 추상적인 개념으로 보게 되며, 지금 당장 돈이 없어도 지출하게 된다. 그러므로 신용카드보다는 현금으로 결제하는 것이 바람직하다.

13. 구매를 할 때에는 기회비용을 따져라

무언가를 사기 위해서 목돈을 지출하기 전에는 만약 당신이 그 돈을 투자할 경우 5년 후 얻을 이익을 계산해보라. 그리고 10년 후에 대해서도 생각해보라.

14. 세일 가격보다는 절대적인 가치를 생각하라

원래 가치의 세 배에 달하는, 말도 안 되는 가격표가 붙은 외투는 75% 세일을 한다 하더라도 전혀 저렴한 게 아니다. 즉, 애초에 높은 가격이 책정된 상품에 있어서 '세일 가격'은 무의미하다.

15. 어떤 상품을 구입하면 그 상품으로 무엇을 할지 생각해보라

당신이 정말로 그것을 사용할 것인가? 얼마나 오래? 지금 그 상품을 구매한다면 1년 후에도 후회하지 않을까?

16. '특별'이라는 말을 의심하라

특별한 기회라든가, 당신이 선택되었다든가 하는 말을 들으면 우리는 필요하지 않은 것도 사게 된다. 특별하고, 독점적이고, 유일한 기회라는 말은 오히려 소비자가 판매자에게 고마움을 느끼고 기꺼이 지갑을 열게 만드는 상술인 경우가 많다. 그러므로 '특별'이라는 말이 들리면, 일단은 먼저 의심해보라.

17. 상징을 단순화하라

명품은 제품의 질, 제품으로부터 예상되는 혜택, 제품을 통해 하게 될 경험을 상징적으로 보여준다. 그렇게 특별하다는 상징이 더해져서 가격이 비싼 것이다. 이런 요인들로 인해 우리는 브랜드의 가치를 결정하고, 이에 따라서 기꺼이 돈을 지불할지 결정한다. 구매를 하기 전에는 브랜드가 없더라도 같은 가격으로 같은 제품을 구매할지 생각해보라.

18. 감정은 집에 두고 나가라

감정은 논리적인 사고와 합리적인 결정을 방해한다. 불안감, 인정받고 싶은 욕구 등의 감정을 달래기 위해서 쇼핑을 하는 경우가 있다.

하지만 재정 결정을 할 때에는 감정을 개입시켜서는 안 된다. 당신의 기분을 풀어줄 수 있는 결정이 아니라 옳은 결정을 내려야 한다.

19. 혼자 쇼핑하라

친구와 함께 쇼핑을 하면 어색함이나 긴장감이 떨어지기 때문에, 더 많이 사게 된다. 또한 친구에게 보여주기 위해서 필요 없는 것을 사는 경우도 있다.

20. "아니요"라고 말할 수 있는 권리가 있음을 기억하라

'아니요'라고 말하기를 주저하지 마라. 또한 당신이 원하는 것과 필요한 것이 무엇인지 명확하게 알고 있을 때에는 주저하지 말고 '예'라고 말하라. 상대방 역시 '예' 혹은 '아니요'라고 답할 권리를 가지고 있음을 기억해야 한다.

더불어 당신이 제공한 서비스의 가치에 상응하는 가격을 요청하기를 주저하지 마라.

21. 자유롭게 '예'라고 말할 수 있기에 앞서 '아니요'라고 말할 자유가 있다

'아니요'라고 말할 자유가 없다면, '예'라는 답은 무의미하다.

22. '과거에 ~했으면 어땠을까'라는 생각을 버려라

과거에 그토록 원하던 것을 얻었을 때 생각만큼 기분이 좋지 않을 수 있다. 이는 더 이상 과거가 아니기 때문이다. 당신이 과거의 이야기에 다시 들어가서 과거에 놓친 것을 잡으려고 발버둥치더라도 나아지는 것은 아무것도 없다. '~했다면'이라는 환상은 현재의 힘을 갉아먹을 뿐이다.

항상 목표를 달성하지 않고 주위를 맴돌면 '언젠가'라는 환상이 따라다닌다. "5kg 뺄 거야. 그럼 나는 행복해질 거야." 체중감량 목표는 달성하기 위한 목표로 남아 있어야 한다. 그래야만 살을 빼면 행복해질 거라는 환상을 유지하고 희망을 가질 수 있다. 또한 이룰 수 없는 목표에는 중독성이 있다.

폭락한 주식을 팔기란 여간 어려운 게 아니다. 이는 주식을 팔기 전에는 이론상으로 종이의 가치가 떨어졌다는 정도로만 생각하지만, 팔고 나면 재정적 손실이 현실이 되기 때문이다. 또한 팔아버리면 앞으로 다시 오를 수도 있다는 희망도 함께 사라진다.

앞으로 나아가기 위해서는 과거에 대해서 단념해야 한다. 과거를 보내고 나면, 현재에서 다시 활기를 찾고 효율적으로 움직일 수 있다.

23. 큰 그림을 염두에 둬라

조셉 라운트리 자선기금Joseph Rowntree Foundation의 연구에 따르면, 부유한 런던 시민들은 자신이 부유하다고 느끼지 못한다고 한다. 이는 이들이 자기만큼 부유하지 않은 사람들과 어울리지 않기 때문인 것으로 나타났다. 하지만 멀리 세계를 보면 하루에 3달러도 되지 않는 생활

비로 살아가는 인구가 절반에 가깝다는 사실을 알 수 있다. 캘리포니아 대학교University of California의 윌리엄 돔호프William Domhoff 교수는 "미국의 인구 20%가 전체 부의 85%를 갖고 있으며, 나머지 인구 80%가 전체 부의 15%를 갖고 있다."는 연구 결과를 발표했다. 이와 같은 큰 그림을 생각하는 것이 중요하다.

큰 그림에는 당신의 이상과 원칙이 포함되어야 하며, 신념에 따라 당신에게 득이 되는 방향으로 결정하고 인생을 설계해야 한다. 세부사항이나 감정이 걸림돌이 될 때에는 이렇게 물어라. "내게 가장 득이 되는 것이 무엇인가?"

다음 단계에 어떤 행동을 해야 옳은지 명확하게 보이지 않을 때도 있다. 하지만 그럴 때에도 무엇이 옳지 않은 것인지는 명확하게 알 수 있다.

24. 철은 차가울 때 쳐라

UCLA의 연구진은 구매 과정에서 의식적으로 구매를 중단할 경우, 구매자는 자신이 무엇을 사야 할지에 대해서 더욱 객관적이고 분별 있는 사고를 하게 된다는 사실을 밝혀냈다. 에모리 대학교Emory University의 신경과학자들은 구매 과정이 지연되면 도파민 생성이 중단된다고 발표했다. 구매 후에 도파민 수치가 떨어지면 우리는 그걸 '구매자의 후회buyer's remorse'라고 부른다. 반대로 구매 전에 도파민 수치가 떨어지면 '정신을 차렸다coming to your sense'라고 말한다.

인생에서 정말로 위급한 상황은 몇 번 오지 않는다. 돈 문제 역시 마찬가지이다. 즉, 돈 문제에 대해서는 생각할 시간이 충분하다는 말이다. 다양한 요인을 따져보고, 정보를 수집하고, 전문가와 상담하며 최선의 선택을 위해 노력해야 한다. 일반적으로 이런 단계를 뛰어넘고 곧바로 결정을 해야 하는 상황은 거의 없다.

욕구와 행동 사이에는 틈이 있다. 이때 감성 지능은 그 틈에서 벗어나기 위해서 발버둥치지만, 충동은 그 틈을 메워버린다. 무언가를 선택한 뒤, 값을 지불하기 전에 잠시 멈춰서 생각하라. 충동, 절망, 분노에서 시작된 결정은 객관적인 사고가 가능할 때까지 연기하라.

감정과 연관된 문제에서 시간을 버는 것은 유용한 전략이다. "잠시 생각해볼게. 그리고 나서 답해줄게."도 하나의 결정이다. 한 현자는 이런 말을 남겼다. "당신의 생각이 명확하지 않다면, 명확한 대답은 하지 마라."

25. 처음부터 편안함을 안겨주는 일은 하지 마라

성장을 하거나 앞으로 나아갈 때 처음에 찾아오는 불안감은 당연한 것이다. 처음에 수영을 배우기 위해서 수영장에 뛰어드는 사람에게는 두 가지 선택권이 있다. 지금의 불안감을 감수하고 뛰어들든지, 아니면 포기하고 곧바로 불안감에서 벗어나든지. 불안감은 당신이 앞으로 나아가고 있다는 증거이지, 위험하다거나 당신이 무능하다는 신호는 아니다. 일을 완수하기 위해서는 불안해도 앞으로 나아가야 한다.

미래에 대한 걱정이 현재를 점령하면, 현재와 미래는 동시에 사라진다. 계획은 하나의 지침일 뿐 확실한 것이 아니다. 그러므로 불확실함을 감수하는 능력이 있어야만 성장할 수 있다.

당신이 익숙한 곳은 과거뿐이다. 덴마크의 철학자 쇠렌 키에르케고

르Soren Kierkegaard는 이렇게 말했다. "인생에서 뒤는 이해할 수 있다. 하지만 앞으로 살아가야 한다."

성장과 변화는 어렵다. 하지만 더 어려운 것은 성장하지 않고 변하지 않는 것이다.

'돈이라는 지뢰밭에도 길은 있다'는 사실을 1장에서 살펴봤다. 그 길을 찾는 작업은 아주 단순한 질문에서 시작된다.

돈이란 무엇일까?

그 답은 간단하다. '돈은 그저 돈일 뿐이다.' 그 이상도 그 이하도 아니다. 그동안 돈을 싸고 있던 의미, 드라마, 감정, 복잡한 문제를 모두 벗기고 나면, 돈이 당신을 지배하는 데 이용한 신비한 힘이 사라질 것이다. 그리고 원래 돈으로서의 의미만을 갖게 된다. 즉, 당신이 생각하는 인생을 만드는 데 사용할 수 있는 강력한 힘이 된다.

돈이 비밀의 언어를 사용할 수 있는 것은 당신이 돈 이야기를 비밀로 유지할 때에만 가능하다. 과거의 경험이라는 먼지를 날려버리고, 감정이라는 거미줄을 치워라. 그리고 당신의 돈을 잘 보이는 곳, 밝은 곳에 놓아라. 돈이 당신의 주인이 되는 것이 아니라 당신이 돈의 주인이 되어야 한다. 그러기 위해서는 먼저 당신 이야기의 주인이 되어야 한다.

당신의 꿈과 목표, 관계, 이상, 가치, 목표가 어우러져 인생이 되는 것이다. 또한 당신은 당신이 원하는 의미를 돈에게 부여할 수 있다. 돈은 비즈니스의 언어이자 활용할 수 있는 에너지, 거래와 서비스의 언어, 기발한 재주, 열망이다. 돈은 그 밖에도 수많은 이야기를 한다.

이것이 바로 당신의 돈 이야기이다. 당신은 원하는 대로 이야기를 쓰고, 말하고, 살아갈 수 있다.

감사의 말

이 책이 나오기까지 도움을 아끼지 않은 정말 소중한 분들께 진심으로 감사의 인사를 전하고 싶다.

먼저 내게는 여신과 같은 존재이면서 항상 나를 격려해주고, 힘든 기색 없이 함께 브레인스토밍을 하고 내용 구성에 힘써 준 칼리 제닝스Carly Jennings.

〈네트워킹 타임스Networking Times〉의 정규 칼럼을 맡을 당시 수석편집장으로 만난 후, 이번 책의 구성, 내용 등에 도움을 아끼지 않은 존 데이비드 만John David Mann.

존의 동료이자 이 책이 세상에 나오기까지 내 글을 다듬어주고 책 구석구석에 세심한 주의를 기울여준 댄 클레멘츠Dan Clements.

나를 믿고 아낌없이 격려를 해준 나의 멋진 문인 대리인literary agent 마가렛 맥브라이드Margaret McBride와 도나 드구티스Donna DeGutis.

내 부족한 원고가 멋진 출판본으로 나오기까지 전문가다운 실력을 발휘해준 출판사 식구들, 특히 메리 글렌Mary Glenn과 모건 에르텔Morgan Ertel.

더불어 지난 10여 년간 함께 하면서 내게 많은 것을 가르쳐준 고객과 학생들에게도 감사의 인사를 전하고 싶다. 항상 배움은 내게 힘이 된다. 또한 코치 트레이닝 연합Coach Training Alliance의 설립자인 윌 크레이그Will Craig와 지원과 협조를 아끼지 않은 동료들이 큰 힘이 되었다.

데이비드 크루거

머니 바이블

초판 1쇄 인쇄 · 2021년 8월 10일
초판 1쇄 발행 · 2021년 8월 16일

지은이 · 데이비드 크루거 · 존 데이비드 만
옮긴이 · 한수영
펴낸이 · 김형성
펴낸곳 · (주)시아컨텐츠그룹
편 집 · 강경수
디자인 · 이종헌
인쇄제본 · 정민문화사

주 소 · 서울시 마포구 월드컵북로5길 65 (서교동), 주원빌딩 2F
전 화 · 02-3141-9671
팩 스 · 02-3141-9673
이메일 · siaabook9671@naver.com
등록번호 · 제406-251002014000093호
등록일 · 2014년 5월 7일

ISBN 979-11-88519-28-6 (03320)